elefante

HERIBERTO PAREDES

HERIBERTO PAREDES

VANESSA OLIVEIRA

CONSELHO EDITORIAL
Bianca Oliveira
João Peres
Tadeu Breda

EDIÇÃO
Tadeu Breda

ASSISTÊNCIA DE EDIÇÃO
Luiza Brandino

PREPARAÇÃO
Laura Castanho

REVISÃO
Laura Massunari
Denise Pessoa Ribas

FOTOS
André Dardengo
Heriberto Paredes
Vanessa Oliveira

CAPA & DIREÇÃO DE ARTE
Bianca Oliveira

DIAGRAMAÇÃO
Lívia Takemura
Daniela Miwa Taira

ORGANIZAÇÃO

–

ALINE
MARCONDES
MIGLIOLI

–

FABIO LUIS
BARBOSA DOS
SANTOS

–

VANESSA
OLIVEIRA

ENTRE A UTOPIA E O CANSAÇO

PENSAR CUBA NA ATUALIDADE

13 INTRODUÇÃO

20 PARTE I
REFLEXÕES A PARTIR DA HISTÓRIA

1   CHE GUEVARA TEM LUGAR NO
MUNDO DOS DRONES? **21**

2   A ECONOMIA CUBANA:
ENTREVISTA COM JOSÉ LUIS RODRÍGUEZ **41**

3   CUBA: TRANSIÇÃO SOCIALISTA E AS VICISSITUDES
DA FORMAÇÃO ECONÔMICA NACIONAL **59**

78 PARTE II
DIMENSÕES MATERIAIS

4   CUBA É AGROECOLÓGICA? **79**

5   O SETOR NÃO ESTATAL CUBANO:
CUENTAPROPISMO, COOPERATIVAS NÃO
AGROPECUÁRIAS E MIPYMES **97**

6   *SE ALQUILA PARA TURISTAS!* CONSEQUÊNCIAS
ECONÔMICAS E SOCIAIS DO USO COMERCIAL
DA MORADIA **113**

7   MERCADORIA E DINHEIRO EM CUBA:
A LUTA COTIDIANA PELO ACESSO
A BENS DE CONSUMO **133**

8   POR QUE IRROMPERAM PROTESTOS EM CUBA? **149**

9   FORÇAS ARMADAS CUBANAS:
OS NEGÓCIOS SÃO A PÁTRIA **163**

10 A POLÍTICA DOS ESTADOS UNIDOS COM
RELAÇÃO A CUBA DURANTE A GESTÃO BIDEN:
MUDANÇA OU CONTINUIDADE? **175**

190 PARTE III
SER CUBANO NO SÉCULO XXI

11 (DES)CONEXÃO: APONTAMENTOS SOBRE
A INTERNET EM CUBA **191**

12 DÁ PARA JUNTAR MADONNA,
REGGAETON E REVOLUÇÃO? **211**

13 CRESCE UMA CUBA EVANGÉLICA E DEFENSORA
DA FAMÍLIA E DOS "BONS COSTUMES"? **225**

14 CASAMENTO IGUALITÁRIO EM CUBA:
MARCOS HISTÓRICOS DO DEBATE **241**

15 NEGRO E SOCIALISTA: UM OLHAR SOBRE
A DESIGUALDADE RACIAL EM CUBA **255**

16 A REVOLUÇÃO CUBANA E AS QUESTÕES DE
GÊNERO, RAÇA E INTERSECCIONALIDADE **271**

17 O MIGRANTE CUBANO NO CONTEXTO REGIONAL:
SIMILARIDADES E PARTICULARIDADES **287**

300 PARTE IV
SOBRE O PRESENTE E O FUTURO

18 MIGRAÇÃO, POLARIZAÇÃO E DESESPERANÇA:
UMA CONVERSA COM RAFAEL HERNÁNDEZ **301**

19 "NÃO HÁ MAIS O QUE DEFENDER,
ME JOGUE UMA CORDA": QUANDO NÃO
HÁ SAÍDA DO LABIRINTO CUBANO **319**

20 O QUE MUDOU E O QUE NÃO MUDOU COM
A NOVA CONSTITUIÇÃO CUBANA, DE 2019? **333**

21 A JUVENTUDE É A REVOLUÇÃO,
OU VICE-VERSA? **347**

22 A UTOPIA E SEUS PROBLEMAS **361**

374 SOBRE OS AUTORES

HERIBERTO PAREDES

INTRODUÇÃO

Por que as moradias em Cuba estão tão deterioradas e os carros são tão antigos? Existe internet na ilha? Por que tantos cubanos emigram? Por que existiram duas moedas e como está o cenário econômico do país? Há racismo e machismo em Cuba? E quanto à desigualdade social? Qual a situação da comunidade LGBTQIA+? Quais dificuldades o país enfrenta desde a morte de Fidel Castro?

Todo mundo que estuda Cuba já teve de se debruçar sobre o conjunto de contradições que cada uma dessas perguntas suscita. Para o pensamento conservador, da extrema direita ao liberalismo democrático, só há uma explicação pueril: o socialismo falhou. Resta ao militante de esquerda ou aos estudiosos do tema contrapor essa simplificação com uma argumentação que, apesar de calcada na realidade, tornou-se um lugar-comum: a evocação da eficácia dos sistemas de saúde e educação gratuitos, que rendem à ilha ótimas posições nos rankings mundiais, a qualidade da pesquisa farmacêutica e a persistência do bloqueio econômico e financeiro imposto ilegalmente pelos Estados Unidos contra o país. Esses dois polos, embora desiguais no método e na orientação política, cristalizam a discussão acerca de Cuba aplainando suas complexidades, o que bloqueia as possibilidades de construção de conhecimento e reflexão.

Nosso projeto nasce de uma tentativa engajada de enfrentar esse aplainamento. A proposta era apresentar uma coletânea de artigos escritos de forma simples, mas rigorosa, que qualificasse o debate sobre Cuba, munindo estudiosos e leigos para a compreensão das novas dinâmicas sociais, políticas, econômicas e culturais que atravessam a ilha no século XXI.

Inicialmente, reuniríamos textos de uma nova geração de pesquisadores brasileiros que produziram trabalhos de campo de alto nível, a partir de uma perspectiva empática, mas não dogmática, sobre a revolução.

No entanto, as notícias que chegaram no período pós-pandemia nos instigaram a uma nova visita à ilha. Realizadas entre o final de 2022 e o início de 2023, essas breves incursões acompanharam a reabertura do país ao turismo, por exemplo, e foram importantíssimas para uma leitura mais detalhada da atualidade cubana. À medida que recebíamos textos, conversávamos entre nós ou abríamos os ouvidos às ruas de Havana, novos temas surgiam, revelando diálogos com a realidade latino-americana — como a influência neopentecostal nas pautas morais, a resistência ao reconhecimento dos direitos da comunidade LGBTQIA+ ou o papel dos militares na política e na economia do país.

Para transmitir essas tensões, convocamos vozes cubanas, mas também de outros lugares da América Latina[1] que, de diferentes maneiras, parecem exigir um acerto de contas com a utopia que a revolução encarna. Os textos escolhidos são plurais e não refletem necessariamente as opiniões dos organizadores. No seu conjunto, esta investigação sobre uma Cuba contemporânea, em que carros dos anos 1950 rodam com aplicativos de 2020, convida a repensar o lugar que a revolução ocupa no imaginário daqueles que lutam pela emancipação social. E, talvez, a repensar o lugar que a própria noção de revolução ocupará no imaginário político do século XXI.

É preciso, ousamos dizer, reavaliar a visão romântica sobre a Revolução Cubana, o que não significa diminuir sua grandeza. Constatar que a Cuba embargada há muito deixou de avançar internamente na direção do socialismo não é uma forma de

---

1   Os textos originalmente escritos em espanhol foram traduzidos por Ana França, Leila Giovana Izidoro e Juliana Bittencourt, do Coletivo Sycorax. [N.E.]

difamar o processo revolucionário, mas de humanizá-lo, nos afastando de uma visão idealizada da ilha na qual poucos cubanos se reconhecem. É uma forma de nos aproximarmos dos cubanos como um povo latino-americano, não como uma ideia.

Os organizadores desta obra acreditam na necessidade da transformação social: o ideal que moveu a revolução segue vivo e necessário. Mas essa utopia precisa se alimentar de possibilidades concretas, não de ilusões. A vida em Cuba, sintetizada na expressão popular *"no es fácil"*, além de estar mais difícil, perdeu a verve utópica de seus líderes originais. O cansaço que assola as ruas de Havana tem atingido intelectuais e militantes até há pouco inabaláveis no seu discurso. O fenômeno da emigração revela uma narrativa que nem chega mais a ser contrarrevolucionária: muitas vezes é apenas descrente, expressando um esforço para se movimentar diante de uma realidade cujo horizonte de expectativas se estreita. É como se existisse uma consciência coletiva de quão profunda é a falta de perspectiva de futuro para os mais jovens, a exaustão dos mais velhos e a escassez que atinge adultos e crianças, simplesmente porque a história não cansa de ser cruel com a revolução.

É preciso que seus aliados coloquem a Cuba de carne e osso à frente do apego a uma ideia de revolução. Humanizar a revolução é tirá-la de um lugar fetichista para colocá-la nas águas revoltosas da crise que vivemos, o que não anula as particularidades da sua história e do seu presente. Afinal, como seria possível, para uma pequena ilha caribenha de passado colonial, remar contra a maré de um sistema global cada vez mais violentamente antipopular e antidemocrático? Cuba rema, mas não controla esse mar.

Acreditamos que a Revolução Cubana — por décadas isolada, agredida e difamada — é o processo mais corajoso, radical e digno da história da América Latina no século xx. É difícil superestimar o significado e a grandeza dessa experiência emancipatória coletiva que floresceu em meio a tantas adversidades. E defendemos que os impasses da Revolução Cubana têm menos a ver com a inviabilidade da ideia socialista do que com a brutalidade do sistema que a cerca: uma dinâmica totalizante que não admite um lado de fora e impede que se produzam formas de vida para além do mundo da mercadoria. Desse ponto de vista, Cuba nunca foi uma ilha.

Compreender o capítulo cubano da crise global deve ser um convite a radicalizar posições contra uma existência capitalista que essa experiência desafiou e desafia. Para dar um futuro ao mundo, será preciso pensar além da Revolução Cubana, e não ir contra ela. Isso exige conhecer esse processo em vez de idealizá-lo. Este livro é uma colaboração nessa direção.

HERIBERTO PAREDES

VANESSA OLIVEIRA

PARTE I
REFLEXÕES A PARTIR DA HISTÓRIA

1
CHE GUEVARA TEM LUGAR NO MUNDO DOS DRONES?

FABIO LUIS BARBOSA DOS SANTOS

Em 2000, visitei Cuba com uma delegação organizada por Frei Betto. Em uma das atividades, Betto se encontrou com Fidel Castro e o presenteou com uma caixa de bombons Garoto. Enquanto trocavam palavras na presença do grupo, um jornalista da Rede Globo estendeu uma foto e uma caneta às mãos de Fidel, pedindo um autógrafo. Com um gesto discreto, o comandante desviou-se. Pouco depois o jornalista insistiu, ainda sem sucesso. Quando investiu pela terceira vez, Fidel interrompeu a conversa e disse algo assim: "Deixe eu te explicar — nós, aqui, construímos o socialismo. Socialismo significa que aquilo que um tem todos terão. Eu não vou assinar foto para todo mundo que está aqui. Então, não assinarei para você". E continuou a conversa com Betto.

INTRODUÇÃO

A Revolução Cubana é uma realização histórica extraordinária. Ao longo do século XX, numerosos processos políticos tentaram construir um caminho próprio na América Latina, de um jeito ou de outro. Mas todos foram dobrados, de um jeito ou de outro.

Todos menos a Revolução Cubana. Independentemente do juízo de valor que se faça, a mera sobrevivência de uma revolução há mais de sessenta anos, a poucos quilômetros dos Estados Unidos, é indício de uma notável sabedoria política. Do ponto de vista da sua radical improbabilidade, a Revolução Cubana só tem comparação com outro feito extraordinário no Caribe: a revolução que culminou na independência do Haiti, em 1804. No longo prazo, há conexões entre os dois processos. Quando a revolução dos negros varreu do mapa a colônia francesa de São Domingos, maior produtora de açúcar e café do mundo, Cuba ocupou o seu lugar. A colônia espanhola conheceu uma floração tardia da plantation (a grande produção monocultora para exportação baseada no trabalho escravo), o que levou as elites nativas a renovar o pacto colonial para preservar o negócio açucareiro alimentado pelo braço escravizado. Cuba e Porto Rico foram os dois únicos territórios da América espanhola que não se emanciparam no começo do século XIX. E Cuba foi o penúltimo a abolir a escravidão nas Américas, pouco antes do Brasil.

Em decorrência, a Guerra de Independência Cubana aconteceu no final do século XIX (1895–1898), liderada pelo maior intelectual latino-americano daquele século, José Martí. Os anos de exílio o levaram a compreender a natureza do poder ianque: "Vivi no monstro, conheço suas entranhas".[1] Martí percebeu que, para serem independentes, os cubanos teriam de enfrentar não só a Espanha mas também os Estados Unidos. Isso exigiria que os países ao sul do Rio Bravo se unissem em torno de um projeto civilizatório alternativo, reivindicando as culturas aborígines e a presença negra, na contramão das ideologias racistas da época. A independência de Cuba e Porto

---

1   Sua oposição ao regime colonial levou Martí a ser deportado duas vezes para a Espanha, com passagens por Nova York, antes de dar início ao processo que levou à guerra de independência. [N.E.]

Rico era uma dimensão dessa utopia civilizatória, que Martí não nomeou como América Latina, mas como "nossa América" (Santos, 2016).

O líder cubano morreu nos primeiros combates da guerra de independência, mas sua influência na cultura política da ilha se tornou indelével. Depois do assalto frustrado ao quartel Moncada em 26 de julho de 1953, o juiz perguntou ao réu Fidel Castro quem era o mentor intelectual da ação. O líder do então incipiente Movimento 26 de Julho apontou José Martí. Quem visitar Cuba dificilmente verá estátuas de Marx ou Lênin, mas ouvirá o nome de Martí ao desembarcar no aeroporto.

A emancipação cubana foi frustrada quando os Estados Unidos invadiram a ilha em 1898, a pretexto da explosão de um navio no porto de Havana, e declararam guerra à Espanha. A Guerra de Independência Cubana se perverteu, tornou-se uma guerra hispano-americana. Em poucos meses, os Estados Unidos se apropriaram de Cuba e Porto Rico, e também das Filipinas e da ilha Guam, no Pacífico. Formalmente, Cuba se emancipou, mas os fuzileiros navais ianques impuseram duas condições para deixar a ilha: a cessão de um território para uso militar, que é a origem da famigerada base de Guantánamo; e uma emenda na Constituição cubana (a emenda Platt) facultando aos Estados Unidos o direito de intervir na ilha, que foi exercido em 1906, 1912, 1917 e 1921.

Como outros países da América Central e do Caribe, Cuba foi vítima de ocupações militares antes da Guerra Fria e de ditaduras apoiadas pelos Estados Unidos. A réplica do Capitólio que se vê em Havana foi construída sob a ditadura de Gerardo Machado, que comandou o país entre 1925 e 1933, quando foi derrubado por um amplo movimento de massas que incluiu uma greve geral. O ditador se foi, o Capitólio ficou. O detalhe é que a réplica é maior do que o original.

Sujeitado por uma dominação neocolonial, o país em que brotou a insurgência nos anos 1950 era essencialmente um canavial, dependente da exportação de açúcar para os Estados Unidos. E um bordel, ou seja, o destino favorito de estadunidenses em busca de cassinos e turismo sexual. Las Vegas só existe como tal porque a revolução inviabilizou esses negócios na ilha.

De forma muito sucinta, esse é o pano de fundo em que se formou, em 1956, a guerrilha que precipitou a revolução pouco depois. A seguir, reflito sobre a radicalidade — e sobre os limites — desse processo, visto pelas lentes de quem anseia transformar o mundo em uma direção revolucionária no século XXI.

1

A Revolução Cubana não foi e não é feita por ideais, mas por seres humanos. São seres humanos comprometidos com ideais maiores do que eles mesmos — em outras palavras, homens e mulheres que atrelaram o sentido da própria vida a um processo histórico no qual acreditam.

Nesse sentido, o compromisso revolucionário é o oposto do narcisismo imperante no mundo contemporâneo. Ao escrever sobre a "cultura do narcisismo", Lasch associa o vazio existencial com que muitos se defrontam na velhice à percepção de que o sentido da vida se esgota com a morte: a existência em uma sociedade narcisista não é parte de um ideal maior que continuará — como a própria história continua (Lasch, 1979 [2023]).

A Revolução Cubana foi levada a cabo por gente que sabe que a história é feita por pessoas e que a história é maior do que elas. Gente que preencheu sua vida com sonhos que se sonham junto. E que, assim como Trótski em seu testamento, depositou sua fé na própria humanidade.

As entrevistas de Fidel Castro revelam um líder que se colocou na primeira pessoa do plural. É uma posição diferente, por exemplo, daquela que emana da entrevista de Lula publicada com o título *A verdade vencerá*, no contexto da sua prisão. Em parte, isso remete a um léxico revolucionário que nunca permeou o discurso do líder operário brasileiro. Mas também pode ser a diferença entre um ego que se dissolve na história e a história que se dissolve no ego (Ramonet, 2016; Silva, 2019). Em todo caso, a hostilidade de Fidel a qualquer culto à personalidade foi respeitada depois da sua morte. Apesar do recém-fundado Centro Fidel Castro Ruz, não há ruas ou avenidas na ilha nomeadas em sua homenagem.

2

A maior força da guerrilha nunca emanou das armas, e sim dos ideais que ela encarnou como possibilidade concreta. Em outras palavras, a guerrilha foi um instrumento político exitoso em romper com o conformismo. Vista desse ângulo, a distância entre Che Guevara e o mundo dos drones se relativiza.

O movimento revolucionário sempre foi mais amplo do que a luta armada, tanto nas cidades como no campo. Esse apoio popular não foi conquistado pelos fuzis, mas pelo que o movimento fazia enquanto lutava, entre escolas, auxílio médico e redistribuição de terras. José Martí já dizia que a melhor maneira de dizer é fazer. Foi dizendo o que fazia e fazendo o que dizia que a revolução cresceu em apoio popular depois de tomar o poder.

Por que os Estados Unidos nunca invadiram Cuba? Houve uma tentativa em 1961, na chamada invasão da Baía dos Porcos, ou Playa Girón. Mas os mercenários apoiados e armados pelos ianques foram derrotados. Ao contrário de um levante contra o governo revolucionário, o que se viu foi uma solidariedade maciça com o regime atacado. Desde então, os Estados Unidos se deram conta de que, se invadissem Cuba, enfrentariam não um governo, mas um povo. Ainda hoje, todo cubano tem críticas à revolução, mas o Estado revolucionário construiu uma legitimidade única, embora cada vez mais questionada. Todo cubano preza a igualdade e a soberania como conquistas que esse Estado, com as suas imperfeições, promoveu e defendeu.

O Movimento 26 de Julho soube romper com o conformismo reinante e deu uma direção à rebeldia latente. Assim como na América Latina de hoje, as condições objetivas da revolução estavam dadas — um canavial e um bordel. Hoje, porém, os olhos do nosso mundo estão nas telas, e os corpos, no sofá.

3

O triunfo cubano em 1959 atiçou a chama revolucionária na América Latina e além. Assim como a Revolução Russa incitou a fundação de partidos comunistas em todo o mundo, os movimentos guerrilheiros se intensificaram e se espraiaram por todo o continente.

Por outro lado, também soou o alarme da contrarrevolução. Nas décadas seguintes, quase toda a América Latina sofreu ditaduras militares escoradas nos Estados Unidos. E esse isolamento hostil foi determinante para empurrar Cuba à órbita soviética. Em 1972, quando Cuba ingressou no Conselho para a Assistência Econômica Mútua (Comecon), bloco econômico liderado pelos soviéticos, a revolução já tinha mais de uma década de vida.

A hostilidade dos Estados Unidos não está fundada na economia, assim como a Guerra do Vietnã não foi movida pelo arroz vietnamita. Cuba se afirmou como uma espécie de "alef", do conto de Jorge Luis Borges: um pontinho por meio do qual se entreveem as infinitas possibilidades de realização do ser humano, se libertado do capital. Cuba é a lembrança presente de que uma alternativa ao mundo do capital foi e será possível.

4

Cuba é antípoda do bordão neoliberal *"There is no alternative"*. A revolução é uma amostra viva de que a vida, assim como a política, é feita de escolhas. Escolha sempre há, mas toda escolha tem seu preço.

Sete anos antes de Cuba, a Bolívia foi atravessada por um processo revolucionário em que até o Exército se desmilinguiu. Os Estados Unidos dobraram a Revolução Boliviana pela economia: de um lado, a ameaça de boicote e sanções; de outro, a oferta de ajuda e créditos. A pressão funcionou, o que levou Kennedy a dizer que "a Revolução Boliviana abriu um caminho para outras seguirem" (United States Government, 1962).

Só que não. Quando os ianques cortaram as importações de açúcar que sustentavam a ilha, a revolução nacionalizou as usinas. "Eles vão cortar a nossa cota libra por libra, e nós vamos tomar os engenhos deles um por um", anunciou Fidel. Em seguida, as refinarias estadunidenses se recusaram a refinar o petróleo que os cubanos importavam, e também foram nacionalizadas.

Foi essa dinâmica que levou à radicalização da revolução. E da contrarrevolução. Às vésperas da invasão da Baía dos Porcos, falou-se pela primeira vez em socialismo. Era um aceno na direção soviética rogando proteção, pedido que os soviéticos atenderam de forma desastrada no ano seguinte, gerando a crise dos mísseis que levou o mundo à beira de um conflito nuclear.

As escolhas feitas para defender a soberania precipitaram a revolução no caminho do socialismo, revelando como a questão nacional e a opressão de classe se entrelaçam na América Latina (Fernandes, 2007). Mas essas escolhas tiveram um preço altíssimo, na forma da hostilidade militante e ininterrupta da maior potência da história. E quase levaram o povo cubano à imolação nuclear em 1962.

5

Se sempre há escolha, é porque é possível mudar. E também é possível parar.

Na pandemia de covid-19, porém, parar não pareceu ser uma possibilidade. No mundo presidido pela dinâmica do capital, parar significa crise. A pressão contra a pausa englobou todas as esferas da existência, inclusive a educação. No Brasil, a adoção do ensino a distância agravou o fosso entre quem tem acesso a internet e computadores e aqueles que não têm. Apesar da injustiça de manter o vestibular nessas condições, foi o que aconteceu. Afinal, se a educação parar, como fica o negócio do ensino privado? Mas seria possível parar?

No começo da Revolução Cubana, o ensino médio e as universidades pararam. Não por causa da peste, e sim para que os estudantes se engajassem em uma campanha nacional que erradicou o analfabetismo em Cuba. Haveria causa mais digna e justa do que dar uma pausa para engajar os que sabem ler num esforço coletivo para que todos saibam ler?

A cartilha de alfabetização começava com as letras "OEA", em referência à Organização dos Estados Americanos, da qual Cuba acabara de ser expulsa: método Paulo Freire *avant la lettre*. A campanha estava a toda quando a invasão da Baía dos Porcos aconteceu.

6

A campanha de alfabetização oferece um ponto de partida para refletir sobre a democracia em Cuba. Afinal, uma democracia que não seja um ritual ou uma casca vazia exige indivíduos que pensem com a própria cabeça. Autonomia supõe consciência crítica, o que, por sua vez, requer conhecimento histórico. Mas tudo isso tem como premissa necessária, embora insuficiente, o acesso à educação e à cultura.

Pode ser que os cubanos não tenham sido formados para a autoinstituição política e a autogestão econômica, mas foram suficientemente educados para ter uma leitura de mundo informada e crítica. Em contraste com as sociedades capitalistas, onde o desinteresse e a desinformação são estruturais, é comum em Cuba que turistas desavisados se surpreendam com os trabalhadores que lhes servem. Da boca de motoristas, garçons ou camareiras podem sair complexas análises de política externa, ponderações sobre as agruras econômicas enfrentadas, opiniões sobre a conjuntura de outros países, além de reflexões sobre a história e o lugar de Cuba no mundo.

Quando a União Soviética deixou de existir, nos anos 1990, a economia cubana entrou em colapso. Durante o chamado Período Especial em Tempos de Paz, os cubanos comeram o pão que o império amassou. Mas a revolução não desmoronou.

Por quê? Entre outros motivos, porque o povo confiou em uma liderança que, em trinta anos, não se corrompera nem econômica nem ideologicamente. Ao mesmo tempo, muitos dos cubanos olhavam para o lado e viam o que acontecia na América Latina ou no Leste Europeu, devastados pelo neoliberalismo. E valorizavam o que tinham.

É certo que cubanos emigram, como em todos os países latino-americanos. O alto nível de escolaridade não evita ilusões, mas ajuda a ter consciência do que se deixa para trás. Como me disse um cubano, muitos emigram como um jovem que sai de casa porque não aguenta mais morar com os pais — o que não quer dizer que já não os ame.

7

Como toda crise aguda, o Período Especial explicitou as fortalezas — e também os limites — da Revolução Cubana. A força é óbvia: enquanto socialismos reais desabavam mundo afora, Cuba permaneceu firme, porque a legitimidade da revolução fora construída por dentro.

Por outro lado, revelaram-se as debilidades econômicas e políticas derivadas da aproximação com a União Soviética nos anos 1970. No plano econômico, a inserção especializada nos marcos de uma relação comparativamente favorável foi tratada como um dado permanente. Com isso, o enfrentamento de dimensões estruturais do legado colonial foi colocado em segundo plano. A principal expressão desse legado é a incompatibilidade entre uma base produtiva relativamente estreita e a universalização do padrão de consumo associado às sociedades industriais. Em outras palavras: como fazer o comunismo na pobreza? Esse gargalo voltou a estrangular a ilha com o fim da União Soviética.

Apesar do importante crescimento econômico nos anos 1970, o intercâmbio com Moscou frustrou qualquer expectativa de acumulação industrial. Cuba não superou a condição primária exportadora e dependente, e as fragilidades de uma economia subdesenvolvida voltaram à superfície quando a União Soviética ruiu. É inegável que o bloqueio agrava o fardo da pobreza, mas não é a sua causa. E sua eventual supressão não será a solução.

A debilidade econômica poderia ser compensada com potência política, com poder popular. Uma alternativa às limitações econômicas seria radicalizar o lastro político, o que ensejaria um padrão civilizatório alternativo ao capitalismo — e também ao comunismo. Isso porque a versão cubana do "socialismo primitivo", como dizia Fernando Martínez Heredia,[2] enfrenta a desigualdade em condições nas quais a igualdade na abundância material é impossível.

Esse dilema se evidencia no presente: diante dos entraves para se sustentar materialmente, do isolamento político mundial e da avassaladora indústria do entretenimento, da sedução consumista e das modernidades do mundo digital, restaria ao socialismo primitivo fundar-se em valores radicalmente diversos, para além da igualdade e da soberania.

8

A pesada mão soviética incidiu, porém, em todas as dimensões. O burocratismo na economia militou contra o trabalho livre; o realismo socialista, contra a originalidade criadora; e o dogmatismo na política, contra o poder popular.

Ainda que se admita a aproximação com os soviéticos como uma necessidade, justificar esses traços pelo imperativo da unidade é discutível. Considerando a escassa ingerência da superpotência nos assuntos internos da ilha, o mais provável é que a opção cubana expressasse uma crença genuína nos méritos do padrão soviético.

A convergência entre burocratismo, dogmatismo e realismo socialista constrangeu a renovação política em termos geracionais. E afetou principalmente as possibilidades de revolução dentro da revolução. Ou, para usar um termo de Heredia,

---

2 Fernando Martínez Heredia, "En Cuba tenemos que combinar bien el realismo terco con la imaginación", *CubaDebate*, 11 fev. 2014.

revolução permanente: a compreensão de que a tomada do poder é o ponto de partida da mudança social, não o de chegada.

9

Ao gravitar para o campo soviético e adotar práticas políticas e culturais a ele associadas, a Revolução Cubana aprofundou a aposta em um caminho referido ao paradigma do progresso — o que, na linguagem marxista, é o desenvolvimento das forças produtivas. Esse enfoque incidiu em todas as esferas da existência. Por exemplo, havia a expectativa de que, com o desenvolvimento e a igualdade econômica, o racismo e o machismo seriam superados enquanto resquícios de uma sociedade atrasada. Efetivamente, o lugar social das mulheres negras mudou com a revolução. Mas o racismo e o machismo persistem.

A opção por um padrão civilizatório referido à noção de desenvolvimento teve como decorrência a adoção de políticas antitéticas à autogestão econômica, à formação crítica e à liberdade criativa. A ênfase na dimensão econômica, que marcou a ortodoxia marxista no século xx, colaborou para constranger a dimensão cultural da revolução, que supõe a construção de outros valores e modos de vida. No conjunto, foram fatores conservadores que limitaram a realização do ideal humanístico da revolução: o *"hombre natural"* de Martí, ou o "homem novo" de Che Guevara.

As escolhas passadas condicionaram as opções políticas futuras, na medida em que a revolução dos valores, que ampliaria o campo das alternativas (inclusive econômicas), se viu limitada pelo truncamento da radicalização democrática e cultural. É provável que o próprio campo de alternativas teóricas e políticas considerado pela liderança revolucionária — a "máxima consciência possível", nos termos de Lukács — tenha se estreitado. Há nexos objetivos e subjetivos entre a necessidade de aproximação com os soviéticos, no passado, e a necessidade de abertura mercantil, no presente.

10

No mundo atual, a vida em abundância e livre do trabalho como relação coerciva é tecnicamente possível, mas politicamente impossível. A Revolução Cubana viveu essa equação com sinal contrário. Embora os limites da política tenham se expandido, o legado colonial e o isolamento geopolítico limitaram o desenvolvimento técnico.

A radicalidade política é ilustrada pela revolução urbana. Ao extinguir aluguéis e expropriar o segundo imóvel de todos os proprietários, ao mesmo tempo que criava condições de acesso a moradia para todas as famílias, aboliu-se o mercado imobiliário. Os imóveis perderam qualquer finalidade mercantil (valor de troca): a revolução impôs o valor de uso das moradias de maneira universal.

No entanto, a abolição do mercado de moradias foi também um congelamento. Embora permutas fossem possíveis, a troca de casa não era fácil para uma família que crescia ou diminuía. Quando as pressões para trocar moradias ganharam força, foi adotada a forma mercantil. A forma que a revolução encontrou de circular valor de uso implicou restituir o valor de troca, 25 anos depois (Miglioli, 2022).

Essa constatação é um indício dos limites da luta anticapitalista, no século xx, para construir formas sociais contra o capital. Como criar formas de troca que não passem pelo mercado nem pela mercadoria?

11

Assim como aboliu e reconstituiu um mercado de moradia, a Revolução Cubana aboliu, mas depois restituiu, o direito à herança de imóveis. Foi o indício de uma importante mutação, porque a herança é mais do que uma instituição material: é também o alicerce de uma cultura.

O direito à herança não faz sentido em uma sociabilidade do usufruto e da fruição, em oposição à acumulação e ao consumo. Para que acumular, se minhas necessidades são atendidas? E para que transmitir esse acúmulo aos descendentes, se eles têm o futuro assegurado?

A restituição do direito à herança em Cuba reforçou a propriedade privada, mas sobretudo indicou a impossibilidade de o Estado (a coletividade) garantir um futuro comum. É sinal de um presente que se privatiza e se individualiza. Com a herança, se restituem preocupações associadas à incerteza futura: o espectro do desamparo volta a rondar.

12

A Revolução Cubana suprimiu a preocupação com a reprodução da vida e também suprimiu a possibilidade de acumular. Esvaziaram-se, assim, os dois pilares que vertebram uma existência capitalista: em Cuba não haveria desamparo, mas tampouco haveria acumulação. No lugar disso, que sentido foi possível produzir?

A defesa da revolução foi o esteio de uma narrativa produtora de sentido que encontrou lastro nas conquistas das décadas iniciais. Quando essas conquistas começaram a recuar, também a narrativa perdeu força. A revolução arriscou tornar-se uma abstração.

Ao esmorecer o sentido da revolução, o mundo das mercadorias coloniza imaginações e vidas. Diante desse apelo sedutor, emerge a questão: até que ponto a Revolução Cubana foi capaz de produzir outra cultura? De oferecer respostas diferentes à fome de cultura dos seres humanos que não o consumo de mercadorias?

Che Guevara atacou a sociedade mercantil também no plano da subjetividade. A ideia do "homem novo" supunha uma existência que extraísse sentido de valores não mercantis. É uma existência cujo sentido está ligado a um projeto coletivo — a uma realização histórica, diante da qual o apelo consumista se apequena. É uma existência imune à sedução da mercadoria, porque esta não lhe interessa — tanto quanto uma criança que não assiste à televisão porque gosta mesmo é de brincar. Nesse sentido, o homem novo seria incorruptível.

Nessa teia tecida por Che, unindo a produção de sentido a uma existência coletiva, não cabe o direito à herança.

13

No tempo de Che, essa ética se confrontava com um limite material: o imperativo do trabalho como premissa para o desenvolvimento das forças produtivas. Mas imaginemos que a dimensão material do dilema revolucionário fosse equacionada. Ainda assim, o problema do sentido da existência não se apagaria.

Che apontou uma resposta que passava por estímulos morais ao trabalho. Talvez essa proposição fosse abstrata, não porque tais gratificações tenham pouco apelo, e sim porque os trabalhadores protagonizavam a produção, mas não as decisões da produção.

Deparamos com o problema do Estado que é instrumento da transição ao comunismo, mas que é, também, um instrumento de alienação. O Estado pode ser um instrumento de expropriação econômica, como na revolução urbana. E também pode servir à expropriação política. O dilema pode ser enunciado da seguinte forma: a centralização estatal foi necessária para defender a revolução em todos os campos, ao passo que foi um fator de congelamento, bloqueando a revolução na revolução.

Formas hierárquicas e verticais de produzir mercadorias e de produzir política não contrariam uma cultura revolucionária? A reapropriação de *como* se faz, e *para quê*, não seria tão ou mais importante que o produto — que será necessariamente escasso em uma economia periférica? Produzir sentido não seria tão ou mais importante que produzir dirigentes e mercadorias?

Se houvesse cimento para todas as casas, será que a revolução resistiria à sedução do mundo das mercadorias? Se todos tivessem banda larga e iPhone, é possível que as tensões do presente se diluíssem. Mas em nome de quê?

14

Na teoria, é possível argumentar que a Revolução Cubana se defrontou com limites referentes ao marco conceitual do socialismo do século xx, com sua ênfase na economia, balizado pela gramática do progresso e do desenvolvimento das forças produtivas. Na prática, Cuba protagoniza a experiência revolucionária mais radical e longeva na periferia do capitalismo. Se o seu potencial criativo sofre, desde a origem, com o acosso de um entorno hostil, isso tem a ver com o mundo em que essa experiência aflorou.

Do ponto de vista do sistema do capital, Cuba não é uma ilha. Para além do fim da União Soviética, a crise sistêmica que se intensificou nas últimas décadas incide em todo o mundo, de diferentes maneiras. Cuba é muito distinta dos países centro-

-americanos ou caribenhos que, na confluência entre o neoliberalismo e a globalização, produzem drogas e migrantes em escala maciça, em meio a uma política colonizada por relações imbricadas entre crime organizado, empresários, militares e Estado. Cuba não é o mundo das *maras* [gangues] de El Salvador, o narcoestado hondurenho, a tirania da Nicarágua nem a crise permanente haitiana. A civilidade da crise cubana não tem paralelo na região, mas não deixa de ser crítica.

15

Ao menos desde o Período Especial, a revolução deixou de avançar rumo a uma direção emancipatória para defender conquistas passadas. A ambição comunista reduziu-se à defesa da soberania e da igualdade, em um mundo muito primitivo e pouco socialista. Mas, se o horizonte emancipatório da Revolução Cubana encolheu, não é tanto pelo erro de dirigentes ou pelo desgosto da população, embora haja disso também. Assim como não há lado de fora da sociedade da mercadoria (o dinheiro é sempre a mediação social), não há lado de fora do sistema do capital.

Tampouco há lado de fora de sua crise. Cuba é um capítulo rebelde da crise que estreita o horizonte de mudança em todo o mundo enquanto produz formas de sociabilidade autofágicas, que alimentam uma politização odiosa do ressentimento social com o pano de fundo de catástrofes ambientais. A epopeia cubana para construir outro mundo deve ser vista como parte do esforço necessário para libertar a humanidade do jugo do capital. Desse ponto de vista, os limites dessa experiência e os impasses que ela enfrenta são um revés para a humanidade e uma derrota para todos nós. Cuba é incapaz de vingar este mundo que caminha rumo à barbarização à maneira dos haitianos quando vingaram a América há duzentos anos (Dubois, 2009).

Ao mesmo tempo, a Revolução Cubana é uma fonte inesgotável de lições e de inspiração para quem, no século XXI, não se resigna ao fim da história. O mundo dos drones não é aquele dos guerrilheiros da Sierra Maestra. Mas outras e outros "Ches" são necessários aos milhões para subverter essa ordem, e também a ortodoxia da esquerda. Devem buscar juntos, na experiência sensível da revolta pensada e sentida, as sementes de criações coletivas que nos devolvam um futuro, sem perder a ternura, jamais.

REFERÊNCIAS

DUBOIS, Laurent. *Les vengeurs du Nouveau Monde: histoire de la Révolution Haïtienne*. Porto Príncipe: Éditions de l'Université d'État d'Haïti, 2009.

FERNANDES, Florestan. *Da guerrilha ao socialismo: a Revolução Cubana*. São Paulo: Expressão Popular, 2007.

LASCH, Christopher. *The Culture of Narcissism: American Life in an Age of Diminishing Expectations*. Nova York: W.W. Norton, 1979. [Ed. bras.: *A cultura do narcisismo: a vida americana em uma era de expectativas decrescentes*. Trad. Bruno Cobalchini Mattos. São Paulo: Fósforo, 2023.]

MIGLIOLI, Aline. *Casa à venda: consequências econômicas e sociais da atualização do modelo econômico e social cubano*. Tese de doutorado. Campinas: Universidade Estadual de Campinas, 2022.

RAMONET, Ignacio. *Fidel Castro: biografia a duas vozes*. São Paulo: Boitempo, 2016.

SANTOS, Fabio Luis Barbosa dos. *Origens do pensamento e da política radical na América Latina*. Campinas: Editora da Unicamp, 2016.

SILVA, Luiz Inácio Lula da. *A verdade vencerá: o povo sabe por que me condenam*. Org. Ivana Jinkings. 2. ed. São Paulo: Boitempo, 2019.

UNITED STATES GOVERNMENT. *Public Papers of the Presidents of the United States: John F. Kennedy (1961)*. Washington: United States Government Printing Office, 1962.

HERIBERTO PAREDES

2
A ECONOMIA CUBANA: ENTREVISTA COM JOSÉ LUIS RODRÍGUEZ

ALINE MARCONDES MIGLIOLI

Em dezembro de 2022, visitei Cuba com um propósito: entender o que estava acontecendo na economia da ilha com a chegada da pandemia. Desde a saída do Período Especial, Cuba havia se especializado em alguns setores econômicos, entre eles o turismo, uma atividade importantíssima, pois atrai moeda estrangeira. Com a queda da atividade turística em função do fechamento das fronteiras para evitar o contágio por covid-19, restava saber como a economia estava se adaptando. Qual o impacto da unificação monetária e da autorização para funcionamento de pequenas e médias empresas nesse novo cenário?

Para responder a essas perguntas, entrevistei José Luis Rodríguez, economista, professor e ex-ministro da Economia de Cuba. Rodríguez é parte da história da Revolução Cubana; por isso, nossa conversa acabou sendo mais longa e mais abrangente do que eu havia planejado. Alguns trechos desse diálogo são reproduzidos a seguir e permitem conhecer mais a fundo a história econômica da Revolução Cubana, seus acertos, avanços e dilemas.

O senhor poderia nos contar quais foram as principais influências teóricas da política econômica durante a revolução?

Em 1959, quando o governo revolucionário começou, diversos especialistas latino-americanos vieram trabalhar em Cuba, porque praticamente não havia economistas graduados na ilha. Na Universidade de Havana não havia curso de economia, somente em uma universidade privada em Villa Nueva e na Universidade do Oriente. Além de haver poucos economistas graduados no país, boa parte deles tinha ido embora. Com estes latino-americanos e à frente do grupo da Comissão Econômica para a América Latina e o Caribe (Cepal) veio um economista mexicano, Juan Loyola, que já tinha alguma experiência em Cuba, porque havia trabalhado com outros economistas cubanos na Cepal, como Felipe Passos e Regino Bote [Bote seria nomeado ministro da Economia, e Passos, presidente do Banco Central].

A primeira etapa da política econômica do governo revolucionário, que vai de 1959 a 1963, é marcada pela mudança na estrutura da propriedade, por meio das nacionalizações. Em 1961 começamos a criar a estrutura econômica de um país socialista, e para isso contamos com uma forte assessoria da Cepal: entre 1961 e 1963 se desenvolveu uma estratégia de industrialização substitutiva de importações, que era a tese da Cepal naqueles anos, principalmente de Raúl Prebisch.

Tínhamos o objetivo de diversificar a produção básica do país, até então centrada no açúcar. No entanto, descobrimos depois que Cuba não estava preparada para se industrializar, pois não tínhamos elementos mínimos para isso. Por exemplo, a escolaridade da força de trabalho era de apenas dois anos de estudo, ou seja, não tínhamos mão de obra qualificada. Como consequência dessa industrialização "despreparada", tivemos uma queda na produção total, e foi preciso interromper essa estratégia já em 1963.

Nesse mesmo momento, conseguimos firmar acordos para acessar o mercado de açúcar soviético, que era grande. Nós venderíamos para eles 24 milhões de toneladas de açúcar em 5 anos ao preço fixo de 6,1 centavos a libra, um bom negócio. A partir de então, começamos a desenvolver uma estratégia para criar as condições para a industrialização, unida a uma qualificação geral da força de trabalho e ao desenvolvimento da produção açucareira, que, apesar de não ter alcançado a meta de 10 milhões de toneladas de açúcar em 1970, foi capaz de produzir 8,2 milhões... Um recorde para Cuba naquele momento!

Essa especialização produtiva permitiu um processo de intensificação tecnológica na agricultura e também o desenvolvimento da ciência, de modo que, ainda em 1965, com pesquisas na área médica, foi criado o Centro Nacional de Pesquisa Científica, o embrião do setor de biotecnologia desenvolvido atualmente.

Nos anos 1970, nós fizemos uma revisão do sistema de planejamento, avaliando aquilo que não tinha funcionado muito bem. Consideramos que tinha havido um pouco de idealismo e outros problemas que teríamos de corrigir. Foi o começo de um período que chamamos aqui de Primeira Retificação da Direção da Economia.

Em 1972, Cuba ingressou no Conselho para a Assistência Econômica Mútua (Comecon), e então começou uma aproximação de outra natureza com o bloco socialista: mais intensa com a União Soviética e em menor escala com os outros países socialistas. Em 1975, o plano era industrializar gradualmente a economia cubana através do estímulo ao desenvolvimento da indústria básica, do níquel, da produção de máquinas e de sementes. Esse plano foi acompanhado por um processo de colaboração econômica muito intensa com a União Soviética. Naquele momento, tínhamos o preço das exportações indexado ao preço das importações soviéticas, de modo que a relação de termos de troca não fosse prejudicial a Cuba, o que permitiu avanços muito importantes.

Essa etapa prosseguiu até 1986, quando houve uma mudança no governo soviético com a entrada de Mikhail Gorbatchov. Uma das primeiras medidas adotadas por ele foi a eliminação desse indexador dos preços, o que nos causou uma perda de 30% nas relações de troca entre 1986 e 1990. O país, então, identificou a necessidade de desenvolver outros setores que gerassem moeda estrangeira [divisas]. Foi nesse momento que Cuba se abriu para o turismo. Ou seja, o turismo sempre existiu, mas nunca havia sido estimulado, porque nós conhecíamos os efeitos que o acompanhavam: prostituição, drogas, doenças trazidas pelos estrangeiros etc. No entanto, nesse momento não havia alternativa. Lembre-se de que já existia a possibilidade de investimento estrangeiro nesse setor desde 1982, e as primeiras empresas mistas, com capital principalmente mexicano, já operavam no país. Eram os primeiros hotéis, criados entre 1987 e 1990.

Em 1991, Cuba vinha percebendo claramente o que estava ocorrendo na União Soviética e já sentia os efeitos da *perestroika*, que acabou com o país a partir da introdução de mecanismos de mercado. Em resumo, a União Soviética desapareceu em dezembro de 1991, e Cuba já havia previsto essa possibilidade em 1989. Estávamos pensando: "Bom, se isso desaparecer, seguiremos de todo modo o caminho socialista".

Para nós, o impacto do fim da União Soviética foi colossal. O PIB caiu 35% entre 1989 e 1993. O país entrou em uma etapa de emergência, conhecida como Período Especial. Nesse momento, a meta fundamental era sobreviver e redesenhar a economia. Tínhamos de nos reposicionar na economia mundial nessas novas condições, um processo difícil, muito difícil. A economia e sobretudo a sociedade foram muito afetadas. Tivemos episódios de avitaminose na população por falta de comida nesses anos. Tivemos uma série de epidemias, como a da síndrome de Guillain-Barré, uma doença que ataca exatamente pela debilidade do sistema imunológico, causando paralisia e morte. A incidência foi forte entre 1992 e 1997. Para se ter uma ideia, nós comíamos por volta de 1.800 calorias nesses anos e consumíamos em média 6 gramas de proteínas diariamente, quando o mínimo considerado saudável eram 56 gramas. Isso provocou situações muito complicadas, incrementou as dificuldades para o crescimento da população, a taxa de natalidade foi afetada e a de mortalidade também.

Ainda assim, com esforço próprio — porque nesse momento não tinha mais campo socialista nem ninguém para nos ajudar —, conseguimos sair da crise. Levamos quinze anos para recuperar o PIB de 1989. Podemos dizer que a primeira fase do Período Especial foi concluída em 2004. Mantínhamos, havia algum tempo, boas relações com a Venezuela e o governo de Chávez, mas eram relações comerciais — comprávamos petróleo a preço de mercado — e cooperações nas áreas de saúde, assistência, educação etc. Em 2004, aconteceram duas coisas importantes: primeiro, foi criada a Aliança Bolivariana para os Povos da Nossa América (Alba), propondo um sistema de relações econômicas e políticas muito diferente; a segunda situação relevante dizia respeito à Venezuela, que, por estar se beneficiando dos altos preços do petróleo naquele momento, decidiu transformar as cooperações em transações comerciais, ou seja, passou a pagar pela cooperação. Isso mudou o sinal da balança comercial de Cuba, que foi do negativo para o positivo.

Entre 2000 e 2009, passamos por um período chamado de Batalha de Ideias, em que organizamos a retomada dos níveis de educação, saúde e alimentação da população. Pudemos avançar muito nesses anos devido aos recursos financeiros disponíveis.

Quando a crise mundial de 2007 e 2008 eclodiu, percebemos que nosso ponto mais fraco era a dependência externa e, sobretudo, o endividamento externo. Tínhamos nos endividado, e não havia recursos para pagar nossas dívidas. Ou seja, a dívida não era sustentável. Por isso, em 2009 tomou-se a decisão de elaborar uma nova estratégia que colocava em primeiro plano a necessidade de equilíbrio financeiro externo e de sustentabilidade da dívida externa, entre outras transformações que o país teria de enfrentar para tornar o investimento estrangeiro mais eficiente, além de alguma reforma fiscal. Esse conjunto de transformações, aprovado em 2011 e que se chamou Atualização do Modelo, foi importante, mas também muito complicado.

A nova estratégia estipulava um prazo de cinco anos para chegar a uma taxa de crescimento de 5%, com uma taxa de investimento de 25%. De antemão, afirmo que isso não foi possível: só cumprimos 21% das propostas de mudança em 2016.

Tudo o que estou contando está ocorrendo com o bloqueio. O bloqueio não desapareceu nem se abrandou ao longo desses anos, o que tornou mais difícil o nosso acesso às finanças internacionais. Houve um ponto de inflexão importante na relação com os Estados Unidos em 2014, quando ela foi restabelecida. Afinal, de 1961 a 2014 não houve relação diplomática entre Cuba e Estados Unidos, com exceção da abertura de um escritório do interesse deles em Cuba e um nosso em Washington, em 1978. Mas não havia relações diplomáticas normais até esse processo com Barack Obama.

Obama reconhecia que o bloqueio não estava funcionado para eles, porque não havia promovido a "mudança de regime" para um "governo democrático" — como eles chamam. Era preciso ir por outros caminhos. Veja bem, nesse momento o bloqueio não foi suspenso, mas algumas medidas foram gradualmente removidas. Isso teve um efeito positivo para Cuba, porque imediatamente o mundo inteiro se deu conta de que haveria outras possibilidades de se relacionar com Cuba se o bloqueio estadunidense se tornasse mais brando. Nessa época, vieram a Cuba desde o primeiro-ministro francês até o japonês, e em 2015 a economia cresceu 4,4% — bem mais que nos cinco anos precedentes.

Nesse cenário, em 2016, foram elaborados um plano nacional de desenvolvimento econômico e social para ser atingido até 2030 e o documento "La conceptualización del Modelo Económico y Social Cubano", que traçava as linhas fundamentais do desenvolvimento do país. Esse plano começou a ser implementado já em 2016. Naquele momento, parecia que no próximo período teríamos um crescimento maior do que 5%... Até que chegou o sr. Trump.

A partir de julho de 2017, Trump começou a aplicar uma série de medidas adicionais ao bloqueio, como parte de uma decisão tomada em janeiro do mesmo ano. Ao invés de seguir a linha de Obama, ele fez o contrário. Em resumo, desde o começo de seu mandato até janeiro de 2021, Trump introduziu 241 medidas adicionais que colocavam o bloqueio em um patamar diferente, porque se fecharam as redes financeiras que permitiam que a economia cubana funcionasse. Em seus últimos dias de governo, ele recolocou Cuba na lista de Estados patrocinadores do terrorismo, o que impede completamente o movimento de capitais estrangeiros para Cuba. Quando você vai fazer qualquer transação com Cuba nos bancos, aparece um letreiro escrito "terrorista", e o próprio computador não permite prosseguir. Ou seja, o bloqueio foi muito fortalecido, e isso trouxe como consequência uma queda de 0,2% na economia em 2019. Não é muito, mas já é uma queda. A expansão do bloqueio a partir de 2017 teve um efeito econômico muito forte.

Além do acirramento do bloqueio, Cuba passou por uma verdadeira tormenta com a pandemia de coronavírus em 2020, que durou pelo menos até o final de 2021. Agora podemos dizer que ela está contida, mas não desapareceu nem de Cuba, nem do mundo. Com ela, a crise internacional ficou mais aguda, e, para arrematar, neste ano [2022] tivemos a guerra na Ucrânia. Tudo isso jogou contra Cuba. O bloqueio e a pandemia reduziram o PIB em quase 11% em 2020. No começo de 2021, ele caiu mais 2% e logo se recuperou, mas no ano seguinte cresceu somente 1,3%, enquanto o plano previa 6%.

Essa situação criou novas tensões e problemas que complicaram muito a situação da economia cubana. Em meio a tudo isso, constatou-se que, das transformações que queríamos promover até 2016, somente 21% haviam sido aplicadas. Desde 2019 tentamos acelerar esse processo. Mas o que aconteceu? Ninguém tinha previsto a pandemia, por isso seguimos trabalhando no ajuste, de forma que em 2021 ele foi completamente implementado.

Do que se trata o processo de ajuste?

No ano de 1993, para eludir a desvalorização enorme sofrida pelo peso cubano, Cuba criou uma dualidade monetária. Ou seja, uma parte da economia funcionaria em peso cubano, e outra parte, em peso conversível, em divisas. O objetivo dessa medida era ganhar tempo para, em outro momento, ajustar a taxa de câmbio a fim de ter um referencial válido na economia. O plano era que a dualidade durasse cinco anos. Porém, em 1997, quando se pensou na unificação monetária, ainda não parecia possível fazê-la. Com a queda das Torres Gêmeas, em 2001, a situação se complicou ainda mais. Em 2013 reconhecemos que era preciso retomar o tema, porque estava muito difícil manejar uma economia que funcionava uma parte em peso e outra em dólar. Não há quem consiga compatibilizar isso por muito tempo.

Simultaneamente, começamos a trabalhar em uma investigação sobre como fazer a unificação de modo que ninguém saísse prejudicado, pois sabíamos que o custo de uma desvalorização seria grande — faria dispararem os preços internos e a inflação. Seguimos trabalhando em uma linha de pesquisa paralela sobre a reunificação, mas todos esses problemas — Trump, pandemia etc. — nos fizeram postergar o ajuste.

Em 2020, tomou-se a decisão de que em 2021 se implementaria uma mudança no sistema monetário e financeiro do país.

Eu, pessoalmente, creio — e disse isso naquele momento — que não havia condições para tal, porque a pandemia não havia desaparecido. Mas no segundo semestre de 2020 parecia que a pandemia se abrandaria, porque os casos diminuíram, o turismo foi reativado e as escolas reabriram. As coisas pareciam ter voltado à normalidade até que, no final do ano, os casos de covid-19 aumentaram novamente, porque, como havíamos reaberto as fronteiras para o turismo, chegaram novas variantes — no caso, a variante delta. Já se percebia que 2021 seria um ano complicado também, por causa da pandemia. Mas isso foi subestimado, e em 1º de janeiro de 2021 implementamos uma mudança completa no sistema monetário. O peso conversível tinha uma taxa de câmbio com o dólar mantida artificialmente na paridade de um para um. No começo de 2021, com a unificação, essa taxa pulou para 24 pesos por 1 dólar, uma desvalorização colossal.

Isso afetou os preços, o financiamento e o sistema de estímulo para o funcionamento das empresas. O mais interessante é que dissemos que compensaríamos esse aumento de preços com um aumento de salários e aposentadorias, e ajustamos os salários ao novo preço da cesta básica — 1.528 pesos cubanos. O que aconteceu? Em agosto de 2021, a cesta básica já custava 3.250 pesos. O incremento dos preços superou de longe o dos salários.

Foram necessárias medidas de emergência para reduzir os preços. Oficialmente, a inflação nesse ano foi de 77,3%. Há outros cálculos que dizem que superou 100% — 152%, segundo The Economist Intelligence Unity. Qualquer que tenha sido a inflação, era uma taxa altíssima.

A inflação deriva não só da reforma monetária e econômica, mas também das pressões acumuladas ao longo dos anos, que são compensadas com financiamento externo. Quando esse financiamento externo desaparece, há um choque de oferta, e ela cai imediatamente. Além disso, há excesso de dinheiro nas mãos da população, que se soma à inflação importada, porque no resto do mundo a inflação também cresceu. Ou seja, são três fatores geradores de inflação — dois deles são manejáveis, mas o externo não.

Essa é nossa situação hoje. Tentamos encontrar soluções para aumentar os rendimentos em divisas, e a mais controversa delas é a abertura do mercado cambiário. Da minha perspectiva, houve também algumas deficiências importantes, porque o mercado de câmbio foi aberto, mas não se abriu tudo ao mesmo tempo. Primeiro introduziram a compra de moeda: a taxa de câmbio era de 120 pesos por 1 dólar, muito acima da taxa de câmbio que existia naquele momento. A intenção era atrair dólares para o Banco Nacional. Depois, em maio ou agosto de 2022, abriu-se a venda de divisas ao público. Mas foi uma venda parcial, porque não era dirigida a quem já tinha vendido a sua moeda; era somente para pessoas físicas. Estavam excluídos os setores de trabalhadores autônomos e as pequenas e médias empresas.

O que aconteceu então? Quem estava vendendo dólares para o Banco Nacional pelo preço de 120 pesos vendia para as pessoas na rua a 130 pesos. Quando disseram que pessoas jurídicas não poderiam comprar dólares, a taxa do câmbio informal subiu para 150 pesos por dólar em apenas alguns dias. A partir de então, ela não parou mais de subir. Já chegou a 200 pesos por dólar em outubro de 2022 e baixou ligeiramente para 175, 180 pesos. Ou seja, se um dos objetivos da abertura do mercado cambiário era controlar o mercado informal, ele não foi alcançado.

Na sua opinião, o que é preciso fazer?

Na minha opinião, é preciso concentrar esforços em um programa de estabilização macroeconômica. Não podemos seguir com esta inflação nem com dívidas externas que não pagamos desde 2019, motivo pelo qual estamos em *default*. Existem quatro elementos que precisam ser tratados de forma imediata:

1. É preciso renegociar a dívida externa. Precisamos de aportes de capital estrangeiro, e para isso é preciso pagar as dívidas passadas. Se não há dinheiro [em dólar], é preciso encontrar alternativas: pagar com moeda nacional, fazer *swaps* por investimento, comprar dívidas com desconto, compensação e outras opções possíveis no nosso país e que, além de tudo, já foram utilizadas no Período Especial. Nada disso é uma invenção para a economia cubana. Esse é um primeiro elemento vital: temos que garantir que, de alguma maneira, entre dinheiro no país, [por meio de] investimentos ou crédito.

2. Não podemos trabalhar com um mercado interno tão desequilibrado como o que temos neste momento, em que os preços estão disparados e a população está sendo muito afetada — e de forma desigual. Desde o Período Especial houve um aumento da desigualdade. O coeficiente de Gini era 0,25 em 1992, mas hoje estamos falando de algo superior a 0,45. Ou seja, há desigualdade. Era sabido que isso aconteceria, mas esperava-se que a desigualdade fosse mais ou menos controlada por uma série de medidas compensatórias, que começariam a ser implementadas com a Batalha de Ideias. No entanto, mesmo hoje ainda não há medidas compensatórias implementadas.

3. Temos que aumentar a produção de alimentos, e isso levaria a aumentar o volume de investimentos nessa produção. Atualmente, só 4% ou 5% do volume total de investimentos feitos no país é direcionado para a produção de alimentos, porque estávamos privilegiando o turismo. Com relação à oferta de alimentos: se houver oferta nacional, magnífico; se não houver, temos que importar. O que não podemos é seguir com o nível de consumo tão baixo que temos neste instante.

4. Finalmente, a estabilidade energética. Aqui em Cuba tivemos cortes de fornecimento de energia elétrica que afetaram a população, porque isso desorganiza a vida das pessoas. Se há um corte de eletricidade e você tem comida na geladeira, é provável que ela estrague, e com isso você tem mais um problema, relacionado à obtenção de alimentos. Isso deixa tudo mais complicado. E tivemos a paralisação da indústria. Nossa indústria metalomecânica, por exemplo, esteve completamente paralisada, porque acender os fornos elétricos da fábrica de barras de ferro envolve um gasto de aproximadamente sessenta mil quilowatts. Isso é o correspondente à eletricidade de todo um bairro! Ou mantenho a eletricidade para a população e paro a fábrica, ou mantenho a fábrica e a população fica sem luz. Essa situação tem de ser resolvida. Já começamos a tomar providências nesse sentido, e o número de cortes de energia foi reduzido: durante o dia não há mais cortes, às vezes só durante a noite.

O senhor disse que a saída do Período Especial se deveu principalmente ao investimento estrangeiro e ao turismo. O setor turístico cresceu nos últimos anos, mas muito se tem discutido sobre a forma como esse desenvolvimento se dá e suas consequências. Eu gostaria da sua apreciação sobre o desenvolvimento do setor turístico.

De fato, o projeto de investimentos tem privilegiado o turismo desde 1990, e bilhões de dólares foram investidos nos hotéis. Cuba adotou uma política de que os hotéis são propriedade cubana, ainda que as operações se deem via contratos de administração com cadeias estrangeiras. Esse tipo de organização acontece por uma razão óbvia: não temos capacidade de transporte internacional nem agências de turismo no exterior, como têm, por exemplo, as cadeias hoteleiras espanholas, que estão entre as principais operadoras aqui no país. Com relação a isso, creio que não há muito o que discutir.

O que está em pauta é a expansão do investimento em turismo nos últimos anos, que representa 35% do total de investimentos no país. No entanto, atualmente, sem a construção de nenhum hotel já temos capacidade para receber 7 milhões de visitantes, e em 2022 vamos receber apenas 1,7 milhão. Ou seja, não chegaremos nem à meta de 2,5 milhões de turistas. Por isso se discute muito para qual mercado e para qual fluxo de turistas se está fazendo essa política de construção de novos hotéis. É preciso recuperar esses investimentos, porque são bem caros. A construção de um quarto de hotel de luxo em Havana custa 250 mil dólares. Não é pouca coisa. Essa discussão está em andamento, e espero que algum dia venha o ajuste, porque não podemos seguir com 35% dos investimentos no turismo enquanto a agricultura segue com 4% dos investimentos, sendo que precisamos produzir alimentos inclusive para o próprio turismo.

No ano passado muito se discutiu sobre a abertura das pequenas empresas privadas. Como é possível pensar o papel dessas empresas no objetivo de construção comunista?

Cuba chegou à conclusão de que uma coisa é o objetivo desejado e outra coisa é o que é possível. Em primeiro lugar, preciso explicar que não estamos no comunismo, nem sequer no socialismo, estamos em um processo de transição para chegar lá. Neste processo de transição, há forças que operam sob a determinação e a influência do mercado e que existem objetivamente. Pode ser que as pessoas não queiram uma empresa privada como um restaurante ou uma construtora, porque preferem que o

Estado promova esses serviços, mas o problema é que, muitas vezes, a empresa privada é mais eficiente que o Estado. Pode ser que ela tenha preços mais competitivos que os da estatal, ou, ainda, pode ser que o Estado não tenha recursos para promover essas empresas, porque o setor privado em Cuba é financiado fundamentalmente por remessas privadas, e o Estado não tem acesso a esses recursos. As remessas cresceram nos últimos anos e chegaram, em algum momento, seguindo um cálculo dos Estados Unidos, a 3 bilhões de dólares. Calculou-se que 50% das remessas correspondem a capital para financiamento das iniciativas privadas por aqui. Ou seja, as empresas privadas têm uma fonte de financiamento que o Estado não possui.

A gestão de um negócio privado não é mais eficiente *per se*, mas é evidente que ela tem mais espaço para se mover com flexibilidade, porque a empresa estatal não se flexibilizou nos últimos anos. A melhor forma de regular o setor não estatal é com o setor estatal, colocando regras para que o setor não estatal caminhe em determinada direção.

Desde a reforma agrária, os camponeses se mantiveram como produtores privados, mas isso correspondia a apenas 6% da força de trabalho. No Período Especial vivíamos um crescimento da desigualdade, e o país não podia desenvolver sua estrutura econômica por conta do bloqueio, que não afeta o setor privado como afeta o Estado. O que fizemos foi reconhecer a existência do trabalho autônomo privado, porque, de fato, ele já existia ilegalmente, mas não queriam reconhecê-lo. Atualmente há mais de 1,3 milhão de pessoas empregadas no setor não estatal, que inclui cooperativas agropecuárias e de serviços, as Unidades Básicas de Produção Cooperativa, as pequenas e médias empresas. Ou seja, há um setor não estatal grande em Cuba neste momento. Foi preciso abrir-se ao setor privado e reconhecer essa realidade em um processo que continua em trânsito rumo ao socialismo, mas que, no curto prazo, tem custos que temos de bancar.

Isso tudo é inevitável, e Fidel explicou muitas vezes durante o Período Especial que essa situação não é a ideal, mas é o que tinha de ser feito. Foi preciso convencer as pessoas de que nem tudo poderia ser estatal, porque o Estado tampouco era tão eficiente. Essas discussões aconteceram há mais de trinta anos, e hoje se tomou a decisão de converter os trabalhadores autônomos em pequenas empresas. Atualmente, 60% das pequenas empresas são trabalhadores autônomos que tinham, na prática, uma empresa que funcionava quase como um negócio familiar, por ter dez ou vinte parentes empregados. Isso é uma empresa, pequena, mas uma empresa! O que se fez recentemente foi reconhecer esse status de empresa para diferenciá-lo do profissional autônomo.

Na minha opinião, o reconhecimento caminhou mais rápido que a implementação de instrumentos para regular esse setor. Por exemplo, já temos quase seis mil pequenas e médias empresas, mas, quando você vê a composição dessas empresas e como elas atuam no mercado, há muitas que funcionam para comercializar, e não para produzir.

É preciso trabalhar de forma pragmática, sem fazer concessões de princípios. Inicialmente, dissemos que não privatizaríamos as empresas, mas tivemos de reconhecer que existe esse espaço para as relações mercantis. Deu e ainda dá muito trabalho explicar isso, porque as pessoas dizem que "isso não é possível no socialismo", "o socialismo não pode ser assim" etc. Bom, o socialismo requer desenvolvimento, e, se não há desenvolvimento, como pedir coisas que não existem? Nós aqui distribuímos mais do que criamos, essa é a realidade. É preciso ajustar, e para isso é necessário mudar a mentalidade, porque as pessoas se acostumaram a ver-se como consumidoras. O Estado estava cobrindo necessidades pela via assistencial, com subsídios nem sempre sustentáveis. Em algum momento é preciso mudar; se essa pessoa é pobre, vamos compensá-la por isso, pode ser que ela tenha uma doença cardíaca, não tenha família ou alguma coisa assim... Mas nesse caso não se trata de dar o subsídio ao produto, e sim à pessoa.

É preciso subsidiar a pessoa, porque é óbvio que não deve haver subsídio para todo mundo, principalmente se tem gente que já é milionária. Mas sempre se argumenta que é difícil e complexo... No fim, esse é um jeito muito lento de mudar certas decisões. Por outro lado, há decisões que são tomadas por impulso e malpensadas, como é o caso do mercado cambiário. Nós, cubanos, somos de extremos. Tem gente que diz: "Os cubanos ou não chegam, ou passam do ponto". Porque nunca estamos no justo ponto de equilíbrio, e isso vem acontecendo também na economia.

Acredito que as pessoas que vão ler nosso livro querem construir outra sociedade, construir o socialismo, outro mundo. Para o senhor, qual é o maior desafio do socialismo neste século?

O primeiro ponto é saber claramente quais são as forças que o capitalismo possui neste momento. Essa mística de que o capitalismo vai acabar por si mesmo, por suas contradições... Isso não vai acontecer. O capitalismo tem capacidade de resistência e de flexibilização para se adequar a determinadas circunstâncias e para influenciar até mesmo a mente das pessoas.

É muito duro postergar os sonhos e admitir que é isso que conseguimos fazer hoje, que não podemos aspirar a mais porque não temos força. Fidel dizia: "Conceber uma utopia e sonhar com ela é de certa forma criá-la". Eu penso que assim deve ser: temos de avançar um pouquinho aqui, um pouquinho lá e estar dispostos a assumir um tremendo desafio. Outra frase de Fidel que eu cito no meu livro sobre a transição é a seguinte: "Os tempos difíceis são tempos difíceis". Tem gente que renuncia, tem gente que se converte em inimiga da ideia, tem gente que se vende... É doloroso, mas é assim. Por outro lado, tem gente que é revolucionária, que resiste. E é com essas pessoas que temos de trabalhar.

15 de dezembro de 2022
Centro de Estudos da Economia Mundial
Havana, Cuba

HERIBERTO PAREDES

3
CUBA: TRANSIÇÃO SOCIALISTA E AS VICISSITUDES DA FORMAÇÃO ECONÔMICA NACIONAL

CARLOS ALBERTO CORDOVANO VIEIRA

Estive em Cuba em 2016. Com um dedo machucado, fui conhecer um hospital nas cercanias de Havana, próximo de Marianao. As condições físicas do prédio de três ou quatro andares eram precárias: instalações elétricas à mostra, infiltrações e goteiras — chovia. À senhora da portaria eu disse que, por ser estrangeiro, esperava menos que uma consulta, somente um parecer breve. Mas ela respondeu: "Você não é estrangeiro... É um ser humano", e me encaminhou imediatamente ao consultório de uma médica, mulher negra, que fumou um cigarro durante a consulta. Como trazia do Brasil laudos de raio X e ressonância magnética, ela me dispensou dos exames que estariam à minha disposição. Imediatamente me encaminhou para uma sessão de fisioterapia. Eram duas enfermeiras negras — uma delas, aliás, tinha uma irmã em serviço no Brasil. Depois da sessão, a mais velha — que também fumou no consultório — realizou outros exames com vistas à reorganização de minha dieta. Por fim, quiseram marcar os horários das próximas sessões, mas, como eu estava a trabalho, não podia me comprometer. "Venha quando quiser", disseram. Dois dias depois, voltei. Não havia ninguém na recepção do hospital. Entrei e uma outra enfermeira, já informada do meu caso, conduziu a sessão seguinte. Posto que eu já estava de partida para o Brasil, me entregou alguns medicamentos. Saí daquele hospital periférico de Cuba com um sentimento de amparo, muito distinto de tudo o que sentira até então. Recebi um tratamento qualificado e carinhoso sem esperar um minuto, desembolsar um centavo ou assinar um papel.

Na quadra histórica de crise em que o conjunto da América Latina avançou em direção à emancipação política, Cuba permaneceu sob o jugo colonial espanhol. As sucessivas guerras de libertação desde fins do século XVIII e no curso do século XIX não lograram atingir o desfecho da independência nacional, que ocorreria somente na passagem ao século XX. As revoltas que marcaram o século XIX, particularmente agudas quando transcendiam os limites aristocráticos e quando a pauta da emancipação se combinava com a do abolicionismo, forjaram um nacionalismo radical, profundamente sedimentado ao longo do tempo. Por certo, a especificidade de um processo de emancipação tardio que se consuma na etapa imperialista, à diferença daqueles ensejados sob a aura da era das revoluções democrático-burguesas e de um capitalismo industrial recente e concorrencial, traria consequências específicas. Como se sabe, Cuba transitou da condição colonial a uma espécie de neocolônia dos Estados Unidos (Fernandes, 1979).

A economia primário-exportadora cubana teve, com isso, um caráter de enclave, em que os grupos econômicos estadunidenses tomavam diretamente para si os engenhos que administravam ou arrendavam, enquanto os proprietários nativos se tornavam sócios menores do negócio. Num esquema similar ao das zonas francas, a dependência cubana significava a especialização na exportação de um gênero tropical cujos preços internacionais eram radicalmente instáveis, diante de um coeficiente elevadíssimo de importações de gêneros manufaturados a preços bem mais estáveis, determinados pelas condições do mercado interno estadunidense. Nos momentos de crise, naturalmente, essas disparidades redundavam em deterioração dos termos de troca.

No entanto, a natureza de enclave dessa economia significava um controle direto estadunidense também sobre o sistema bancário cubano, o que configurava uma situação em que, dado o volume extraordinário de reservas em divisas mantidas pelos bancos estrangeiros, o país permanecia praticamente despojado de um mínimo de autonomia monetária. Isso explica os limites para qualquer esboço de substituição de importações nos momentos de crise. E, quando o furacão da crise de 1929 devastou a ilha, não havia ali — como havia em outras regiões da América Latina, a exemplo do Brasil — um substrato industrial sobre cuja capacidade ociosa a industrialização substitutiva de importações pudesse assentar suas bases. O resultado, ao contrário, foi o estreitamento dos vínculos econômicos com os Estados Unidos.

Nas duas décadas subsequentes, bloqueadas as possibilidades de industrialização e restritas as de desenvolvimento do setor primário-exportador, ocorreu uma corrosão da base econômica e um declínio do nível de renda e das condições de vida do povo — e, não por outra razão, todo esse modelo foi cimentado politicamente por arranjos ditatoriais. Se na década de 1950, no bojo do desenvolvimento capitalista latino-americano do pós-guerra, foram realizados esforços industrializantes em Cuba — com a criação do Banco Nacional e investimentos substitutivos de importações na agropecuária, em refinarias de petróleo, em indústrias químicas etc. —, tais esforços não foram suficientes para reorientar o sentido primário-exportador da economia do país.

Portanto, a revolução foi, numa linha de continuidade de longa duração em relação às lutas emancipatórias dos séculos XIX e XX, a consumação de um processo de formação nacional, de um Estado nacional. Naturalmente, trata-se de uma ruptura com os Estados Unidos, num cenário marcado pela vigência de um capitalismo maduro e monopolista que convivia em tensão permanente com o bloco socialista. Em suas primèiras etapas, sua legitimação se fundamentava numa profunda redistribuição da riqueza e da renda e nos deslocamentos correspondentes nas estruturas de poder. Com efeito, as políticas de reforma agrária, de elevação dos salários e de contenção da especulação urbana produziram uma enorme transferência de renda, estímulos à demanda efetiva e à ocupação da capacidade ociosa criada, como mencionamos, na década precedente.

No entanto, sob o peso histórico de uma base econômica muito pouco diversificada, esses estímulos redundaram em pressões externas, agravadas com o estabelecimento do bloqueio. Ou seja: já na década de 1960, a revolução se viu diante das vicissitudes herdadas de um passado colonial distante e de uma emancipação nacional tardia, constrangida pelo jugo imperialista que lhe dera o caráter de economia de enclave. As divisas foram deslocadas da importação com vistas ao consumo de luxo dos ricos, para a importação de produtos de consumo generalizado e de bens intermediários para a produção interna. Mas, no momento seguinte, os esforços de diversificação agrícola, que desviavam recursos da produção de açúcar, redundaram em queda da produtividade, além de debilitar as condições externas.

Realizada a tarefa gigantesca de uma radical redistribuição de riqueza e renda, tais vicissitudes se consubstanciavam fundamentalmente na crise do setor externo e nos problemas que isso representava para a construção das forças produtivas necessárias à emancipação econômica (Furtado, 1970). O problema central da revolução consistia, justamente, em transcender a emancipação política conquistada em 1959, no sentido da conformação de uma base material que lhe desse sustentação. Soberania política e soberania econômica deveriam caminhar juntas, como na síntese de Che Guevara:

> Todos esses conceitos de soberania política, de soberania nacional, são fictícios se ao lado deles não estiver a independência econômica. [...] Os pilares da soberania política que se ergueram no dia 1º de janeiro de 1959 somente estarão totalmente consolidados quando se obtiver uma independência econômica absoluta. [...] Ainda não podemos proclamar diante do túmulo dos nossos mártires que Cuba é economicamente independente. (Guevara, 1970, p. 53-5)[1]

Na síntese de Che, a emancipação passava não somente pelo desenvolvimento pleno das potencialidades econômicas do país como também pelo estabelecimento de tratados comerciais com todo o mundo, sem constrangimentos impostos unilateralmente pelos monopólios imperialistas — em particular os estadunidenses. A opção política por um alinhamento com o bloco soviético permitiu um equacionamento do problema externo, embora tivesse como resultado a preservação da centralidade primário-exportadora e um recuo dos esforços de diversificação da economia. Enfim, na década de 1970, transitava-se para uma divisão do trabalho no interior do bloco socialista que, eliminando as velhas relações de espoliação externa, fazia cristalizar em Cuba, de outro lado, a velhíssima condição primário-exportadora. As perspectivas de avanço industrial

---

1 Para um estudo mais exaustivo do modelo econômico cubano e das heranças coloniais, ver Vasconcelos (2013).

foram reduzidas e reorientadas no sentido de uma produção subsidiária ao setor exportador.

A taxa anual de crescimento entre 1959 e 1989 registra uma média anual de 4,4% (2,9% per capita). Os termos notadamente favoráveis a Cuba no comércio externo — sobretudo do açúcar, do níquel e dos produtos cítricos —, considerados os preços internacionais, tampouco eram desfavoráveis à União Soviética, se somados os custos elevados da produção em seu próprio território. Mais que isso, os cálculos consideravam reajustes de modo a compensar eventuais deteriorações desses mesmos termos. Ainda devem ser consideradas as possibilidades de reexportação, por Cuba, do petróleo soviético, também adquirido em condições favoráveis.

Os vínculos comerciais com os países do Conselho para a Assistência Econômica Mútua (Comecon) respondiam por mais de 80% das relações externas cubanas; contudo, não se equacionava o problema dos déficits comerciais — o montante das importações tendia a crescer em ritmo maior que o das exportações. No entanto, esses déficits eram financiados em grande medida com crédito soviético, também em condições favoráveis a Cuba. Quanto às relações financeiras, devem-se registrar ainda os créditos ao desenvolvimento, sobretudo da indústria subsidiária do setor exportador, e as renegociações, constantes e renovadas a juros muito baixos, de pagamentos postergados de importações e de amortizações da dívida. Estima-se que Cuba auferiu, com essas relações, 50% mais do que teria auferido a preços e juros vigentes no mercado mundial. Mas estima-se também que os custos do bloqueio teriam absorvido parte substancial desses ganhos.[2]

Foi um período de apogeu das conquistas sociais da revolução. Cuba produziu uma redução drástica da pobreza e das

---

2   José Luis Rodríguez, "Cuba, su economía y la Unión Soviética", *Temas*, n. 68, p. 114–21, 2011.

desigualdades — o índice de Gini chegou a 0,24, um padrão escandinavo. Consolidaram-se as conquistas de gratuidade e universalização de direitos fundamentais: alimentação e itens de necessidade básica, contidos na caderneta de abastecimento (*libreta*),[3] e subsídios para habitação — moradia para todos —, educação, saúde, seguridade social, pleno emprego etc. Com isso, também houve avanços no desenvolvimento cultural da consciência socialista e na formação de quadros técnicos e de cientistas, muitos graduados na própria União Soviética. Assim, Cuba chegou a uma conformação *sui generis* em seu processo de formação nacional sob o socialismo do século XX: logrou a construção de conquistas fundamentais, históricas na América Latina, quanto à superação da pobreza e das desigualdades e à garantia de direitos fundamentais para o povo, sem contudo superar seu caráter de economia primário-exportadora. A visão aguda dos primeiros tempos da revolução, sintetizada na formulação de Che sobre o imbricamento entre a emancipação política e a emancipação econômica, fora, de certo modo, contornada nos tempos da bonança soviética. Mas voltaria à baila, de forma dramática, quando o socialismo soviético desaparecesse.

Antes mesmo da liquidação definitiva da União Soviética, em 1990, Moscou determinou que todas as transações do Comecon fossem feitas em moeda conversível, a preços vigentes no mercado internacional. Naturalmente, os preços das exportações cubanas despencaram, e pode-se dizer que é nesse momento que começa o Período Especial.

Com o fim da União Soviética e a dissolução do Comecon, retornaram à superfície o fardo do passado primário-exportador, os problemas relativos à precariedade de suas forças produtivas,

---

3   Documento criado em 1963 que assegura a todas as famílias cubanas uma cota mensal de itens de primeira necessidade a preços subsidiados pelo governo. Independente da renda familiar e análoga à cesta básica brasileira, a *libreta* chegou a incluir mais de trinta itens, como produtos de limpeza, papel higiênico e laticínios. [N.E.]

o estrangulamento externo e o bloqueio econômico. Entre 1989 e 1993, o PIB caiu 35%; as importações, 70%; e as exportações, 47%. A escassez de alimentos levou a um decréscimo de 30% na ingestão de calorias. Além disso, Cuba perdeu a cooperação militar. Nesse quadro, a arquitetura do Período Especial procurou combinar respostas à crise econômica, particularmente ao problema central do estrangulamento externo, e manter as conquistas sociais básicas da revolução. Desde logo se estabeleceu o racionamento do consumo, o congelamento dos preços e a preservação de subsídios para a garantia dos empregos e salários, bem como dos gastos sociais básicos, com educação, saúde, seguridade etc. Em relação a um PIB em queda livre, a proporção desses gastos se elevou de 22,9% a 28,9% e o déficit público aumentou 200%.

Tal arquitetura passava, como se sabe, por uma reorientação da centralidade primário-exportadora para a economia do turismo e para a exportação de biotecnologia — esta última embaraçada por força dos monopólios internacionais e do próprio bloqueio. Dada a necessidade premente de divisas, essa reorientação se combinava com a abertura do espaço econômico nacional para os negócios do capital estrangeiro e a dissolução do monopólio estatal do comércio exterior. Além do vínculo com atividades ligadas ao próprio turismo, ao capital estrangeiro se franqueava a exploração de outros setores, como a mineração e a indústria, num esquema em que se garantia direito à propriedade privada, à posse de divisas, à repatriação dos lucros e do capital sem tributação, à realização de transações externas e à utilização do sistema bancário nacional. Para o Estado se reservava o controle sobre os contratos de trabalho.

Ao desenvolvimento do turismo e à entrada em cena do capital estrangeiro correspondia uma política monetária que permitia a circulação do dólar — e posteriormente também do peso conversível —, ao mesmo tempo que se criavam mecanismos para a reabsorção das divisas pelo Estado, que por sua vez as canalizava para os setores exportadores mais dependentes de insumos importados ou para os setores diretamente ligados à substituição de importações. Além disso, visando à criação de estímulos mercantis para a elevação da produção e da geração de empregos para os trabalhadores demitidos do setor estatal, estabeleceram-se novas formas de propriedade privada, cujos empreendimentos eram regidos pelo mercado. Nesse sentido, operou-se a conversão de propriedades estatais, sobretudo agropecuárias, em cooperativas que operavam em mercados livres, bem como a regulamentação do trabalho autônomo em diversos setores — muitos deles subsidiários do turismo. Cumpre observar que critérios mercantis, combinados à redução de subsídios, também foram aplicados às novas formas de gestão das empresas estatais. Em conclusão, criou-se uma espécie de economia dual em que se combinava o setor estatal planificado e um setor privado e estrangeiro, regido por mecanismos de mercado — e essa dualidade se expressava na dualidade monetária de uma economia parcialmente dolarizada (Xalma, 2007).

A recuperação do PIB na virada do século, expressão do êxito relativo das políticas do Período Especial, não deve obnubilar dois problemas fundamentais: o primeiro diz respeito às consequências econômicas, sociais, culturais e políticas derivadas da estruturação dual da vida econômica; o segundo diz respeito à transição estrutural de uma economia vinculada à divisão internacional do trabalho no interior do bloco socialista para uma economia vulnerável à condição de dependência estreita em relação ao mercado mundial de um capitalismo em crise.

Quanto ao problema da dualidade, cumpre observar seus desdobramentos nas diversas dimensões da vida: a justaposição dos setores estatal e privado a que se vinculava a dupla moeda redundou numa segmentação do mundo do trabalho em função do circuito monetário a que se vinculava — o do peso cubano, no caso dos salários estatais, ou o do dólar ou peso conversível, no caso dos setores privados, especialmente os ligados ao turismo e ao capital estrangeiro (em que pesem os mecanismos estatais de reabsorção de divisas). A dualidade projetou-se, portanto, na segmentação do consumo e do mercado: um mercado estatal racionado e um mercado diferenciado, muitas vezes privado — além do mercado ilegal, em que vigoravam taxas de câmbio paralelas e preços inflacionados.

Dessa dualidade que se desdobrava no conjunto da economia, surgiram clivagens sociais de toda ordem. Os trabalhadores do setor privado tendiam a receber salários maiores — embora, dentro desse mesmo setor, as remunerações fossem já bastante diferenciadas, conforme as condições do mercado; os trabalhadores do setor estatal, submetidos a um racionamento que já não dava conta de satisfazer as necessidades básicas, estavam sujeitos à carestia nos mercados privados e viam a redução do poder de compra de seus salários. Disso decorre também o fato de o trabalho por conta própria ser, muitas vezes, menos um setor específico da economia que responde por estímulos mercantis e mais uma alternativa de complemento de renda ao trabalhador comum empobrecido. Ademais, em flagrante contraste com a situação precedente, emergiu o fenômeno do desemprego. Outro elemento de diferenciação foi o efeito da liberação do uso de divisas para famílias que recebiam remessas do exterior. Por fim, uma vez que essas diferenciações possuem desde sempre suas expressões territoriais — por exemplo, no contraste entre regiões mais ou menos próximas dos centros turísticos —, tal fato seria agravado quando, mais adiante, a mercantilização se estendesse à habitação.

O ressurgimento da pobreza e das desigualdades, em meio ao desenvolvimento das formas mercantis, atingiu no âmago os valores da revolução. Ao longo de suas primeiras décadas, em seu igualitarismo radical, a revolução forjara uma sociedade em que as distinções sociais se reduziam a diferenças quanto à educação e à ocupação, mas que não se traduziam em diferenças de renda e padrão de consumo, uma vez que o pleno emprego estatal se pautava por critérios de equidade salarial, em que as discrepâncias eram limitadas. Em outros termos, o consumo, garantido basicamente num sistema de gratuidade e universalização de direitos, dependia muito pouco da renda e não era elemento de diferenciação.

Na ausência de qualquer cultura que remetesse ao consumismo — e numa sociabilidade em que distinções no nível do consumo eram malvistas, porque necessariamente produto de violações das normas sociais —, podia-se vislumbrar um horizonte em que o consumo fosse não um fim em si, mas um meio para a realização da vida. Com as reformas, a maioria continuava a viver da *libreta*, que garantia cada vez menos as necessidades básicas de consumo, enquanto a parcela mais bem remunerada, especialmente os portadores da moeda conversível, tinha acesso a mercados diferenciados. O consumo voltou a se ligar à renda, e a renda, por sua vez, voltou a se ligar à satisfação das necessidades. As distinções educacionais e ocupacionais passaram a se traduzir em diferenças de renda (Stocco, 2013).

O problema relativo à dependência econômica veio à tona tão logo o Período Especial pareceu superado. Na primeira década do século, o PIB registrou um crescimento substancial, as contas externas registraram superávits, a assistência social se ampliou, o pleno emprego retornou e os salários reais se elevaram — embora não a ponto de compensar as perdas do Período Especial. Índices bastante sensíveis, como a expectativa de vida e a mortalidade infantil, registraram resultados positivos. Mas logo o espasmo do crescimento mundial desaguou na crise de 2008. Entre essa crise e a pandemia, a média de crescimento do PIB correspondeu a cerca de metade da média verificada no decênio precedente. O estrangulamento externo voltou, o déficit público aumentou, os salários reais caíram novamente... Com efeito, tais foram os resultados do deslocamento para um novo quadro estrutural: o mercado comum socialista deixou de existir, e Cuba passou a fazer parte da divisão internacional do trabalho de um capitalismo em crise permanente (e sob o cerco de um bloqueio!), o que seria determinante, a partir dali, para a reprodução de sua base econômica.

Não se pode estabelecer termos de comparação com a condição de dependência dos tempos pré-revolucionários, em que o destino do conjunto das economias primário-exportadoras estava ligado a um capitalismo expansivo, cujas engrenagens permitiam que suas contradições fossem empurradas para a frente. Desde o início da década de 1970, essas contradições, potencializadas pela própria dinâmica expansiva do passado, chegaram a um paroxismo tal que não podem mais ser equacionadas por meio de respostas expansivas sem que se criem, de imediato, novas contradições em escala progressivamente ampliada. Isso sem dúvida compromete a capacidade de reprodução do sistema, por isso a caracterização de um capitalismo em crise estrutural. A velha alternância cíclica de expansões e crises deu lugar a um *continuum* depressivo". A economia passa a viver de breves espasmos localizados que não apenas são insuficientes para promover o deslocamento das contradições em longos períodos de crescimento com estabilidade, mas, ao contrário, tendem imediatamente a agravá-las.

A crise de dominação concernente a esse quadro, uma vez que tende a produzir a ascensão de respostas políticas violentas — em certos casos, fascistas —, afeta Cuba indiretamente, à medida que cria constrangimentos mais poderosos para o questionamento internacional do bloqueio — e nunca será demais lembrar que o bloqueio recrudesce com o avanço do fascismo nos Estados Unidos. A dinâmica de reprodução do capital, em que a elevação de sua composição orgânica criava uma superpopulação relativa a ser reincorporada no circuito de valorização nas etapas posteriores da rotação, rompeu-se conforme o paroxismo da aceleração do tempo e da criação do progresso técnico convertia as flutuações da superpopulação relativa em desemprego crônico — explícito ou velado —, sob a forma de devastação do mundo do trabalho e corrosão da sociedade salarial.

Ao mesmo tempo, a escala transnacional dos sistemas produtivos e financeiros, determinada também pelo estágio da estrutura técnica, reduziu os espaços econômicos nacionais a zonas de coerência circunscritas e passíveis de serem reguladas pelos Estados. O dilema entre um processo de reprodução capitalista em escala transnacional e as estruturas políticas nacionais também é levado ao paroxismo, e o Estado se despoja de suas funções civilizatórias de regulação do capital, reduzindo-se a mera máquina de violência coercitiva. Essa mesma aceleração — a "tirania capitalista do tempo" —, regida pelos parâmetros da descartabilidade e da obsolescência programada, reverte o sentido progressista do desenvolvimento das forças produtivas, na medida em que potencializa pressões incontornáveis sobre os recursos naturais e a base ecológica da vida.

De outro lado, o emperramento da engrenagem expansiva põe em causa formas progressivamente destrutivas de eliminação da superprodução, de que é um vetor fundamental a elevação da violência sob a centralidade do complexo militar-industrial, jogando o planeta no limiar de uma catástrofe nuclear. Noutros termos, os gastos militares são um componente decisivo na sustentação da demanda efetiva — algo que, naturalmente, não é alheio ao problema geopolítico da soberania de uma ilha rebelde a poucos quilômetros de Miami. O capitalismo mundial do pós-guerra, criticado por Che e de cuja dependência a revolução haveria de se ver livre, tornou-se passado; o capitalismo contemporâneo, ao qual Cuba se vê profundamente ligada, fecha qualquer horizonte civilizatório para a periferia — e mesmo para o centro (Mészáros, 2002).

As reformas subsequentes à crise de 2008 — particularmente os Alinhamentos de 2011 —, que muitas vezes caminharam no sentido do avanço da mercantilização, ora agudizaram, ora não foram suficientes para superar os problemas herdados do

Período Especial.[4] A pobreza, que no início do século atingia 20% da população, permanece; o índice de Gini em 2016 recuou a um patamar entre 0,40 e 0,45, próximo ao dos Estados Unidos. Os constrangimentos externos chegaram a produzir escassez de alimentos e de medicamentos. Os salários reais do setor estatal caíram 39%, se comparados aos níveis da década de 1980, enquanto os trabalhadores do setor privado com frequência estão sujeitos a restrições dos direitos trabalhistas. Reconhece-se que o setor privado não foi capaz de absorver por completo os trabalhadores egressos do setor estatal, embora não haja dados que permitam mensurar o trabalho informal. Há também críticas que sugerem uma deterioração dos serviços públicos. Por exemplo: entre as reivindicações das mulheres, observa-se que a redução do peso do Estado no cuidado de crianças, idosos e doentes tem contribuído para o agravamento da dupla jornada da força de trabalho feminina, que se estima representar 20% do PIB.

No curso de seus desenvolvimentos, as reformas parecem cruzar um limiar temerário quanto à preservação das conquistas da revolução. A própria existência da desigualdade, quase tomada como um dado, muitas vezes tende a fundamentar posições críticas aos valores da gratuidade e da universalização dos direitos. Tudo ocorre como se, numa situação de escassez, subsídios e garantias universais subtraíssem, em favor dos mais ricos, recursos que poderiam ser majoritariamente canalizados para os pobres — no limite, o raciocínio pode redundar numa crítica à própria *libreta*. Em certos casos, subsídios e gratuidades são substituídos por transferências de renda, e direitos antes universais passam a ser objeto de mercantilização. Um exemplo

---

4   Para uma visão das diferentes dimensões da vida cubana pós-reformas, ver Santos, Vasconcelos e Dessotti (2017). Sobre os Alinhamentos, ver o capítulo 5 deste livro ("O setor não estatal cubano").

sensível de consequências segundo nosso juízo perigosas para a estabilidade social é a mercantilização da habitação.[5]

Não por outra razão, a sociedade cubana tem experimentado um agravamento das tensões sociais. Naturalmente, não se pode perder de vista a sombra da perspectiva de desestabilização por parte do imperialismo. Trata-se, sim, de um problema crônico da revolução, que explica muito dos limites de seu próprio modelo político. Mas, de outro lado, há que considerar que a superação da pobreza e das desigualdades como conquista histórica do povo cubano constitui a pedra angular da legitimação da revolução e de seu Estado. Num país nascido de uma condição colonial, subjugado pelo velho e pelo novo colonialismo, marcado pela miséria e por desigualdades brutais, governado com mão de ferro por ditaduras sanguinárias, uma revolução que lograsse conquistar condições sociais dignas para o seu povo encontraria legitimidade, mesmo que fosse incapaz de encarnar avanços democráticos próprios de sociedades fundadas por revoluções democrático-burguesas típicas dos países centrais do capitalismo. Mais que isso: numa sociedade profundamente igualitária, em que as diferenciações sociais são restritas e a satisfação das necessidades fundamentais é garantida pela gratuidade e a universalização de direitos (em grande medida descoladas da renda, em geral bastante equitativa), numa sociedade em que a maior parte da produção social é destinada diretamente à satisfação dessas mesmas necessidades, é de imaginar que os conflitos fossem também restritos e, pelo menos em parte, acolhidos dentro dos limites estreitos do sistema político.

Mas tudo muda se essa coesão social for fraturada e a sociedade passar a conviver com o retorno da pobreza e das desigualdades. De uma parte, cresce a indignação dos pobres, o que pode levar a

---

5 Ver Ailynn Torres Santana e Julio César Guanche, "Cuba: la utopía e sus problemas", *Jacobin América Latina*, 16 maio 2021; "Cuba: ni inmovilismo ni excepcionalidad", *Jacobin América Latina*, 18 fev. 2021.

deslocamentos na base de apoio da revolução. De outra, os enriquecidos, cujo destino passa a depender de sua posição individual no mercado, podem eventualmente tomar posições que traspassem os valores da solidariedade para com a coletividade e que, no limite, extrapolem o círculo da própria revolução. Ao mesmo tempo, o aumento da importância das remessas do exterior, num quadro de crise e de mercantilização, pode estimular a emigração. Além disso, há ainda em Cuba um descompasso geracional que tem a ver com a constituição da memória social: os mais velhos têm a memória dos horrores da Cuba pré-revolucionária e viram realizarem-se, em tempos mais favoráveis, as conquistas históricas da revolução; para os jovens, a memória da revolução é a do Período Especial, a crise profunda da qual o país nunca saiu plenamente. Contudo, a reação imediata do poder central aos episódios de manifestação social foi reproduzir inercialmente a prática do passado de acusar a infiltração imperialista. Mas será só isso?

O diagnóstico da crise estrutural do capital talvez traga luz ao problema visto em seu conjunto. A crise do socialismo do século xx não deu lugar ao triunfo histórico de supostas virtudes do sistema capitalista, como imaginavam os profetas do fim da história. Ao contrário, de lá para cá o que se observou foi o avanço da crise do capital, a perda de dinamismo econômico, o esgarçamento do tecido social, o surgimento de formas bárbaras de sociabilidade, a corrosão da legitimidade do poder, o paroxismo da alienação e, sob os escombros das promessas iluministas, o ressurgimento, desde tumbas putrefatas, das múmias insepultas do nazifascismo. Tudo como se houvesse uma linha de continuidade entre a crise das experiências socialistas e a crise atual do capitalismo.

Para nós, o problema de Cuba reside, como procuramos desenvolver, numa emancipação política peculiar que não pôde, como um dia imaginou Che, consumar uma emancipação econômica e, sob a crise do capitalismo contemporâneo, sofre consequências dramáticas. Vendo o problema da perspectiva da barbárie capitalista neocolonial, do fim de linha da crise da mercadoria, não deixa de ser inquietante que Cuba busque soluções para sua crise justamente num alargamento da mercantilização da vida, ainda que isso não signifique, necessariamente, uma restauração capitalista. De outra parte, por certo, as conquistas sociais da revolução — seu percurso heroico, periférico, latino-americano — permanecem como um lastro de experiência histórica para aqueles que buscam superar a barbárie.

REFERÊNCIAS

FERNANDES, Florestan. *Da guerrilha ao socialismo: a Revolução Cubana.* São Paulo: T.A. Queiroz, 1979.

FURTADO, Celso. *Formação econômica da América Latina.* 2. ed. Rio de Janeiro: Lia Editor, 1970.

GUEVARA, Ernesto Che. "Soberanía política e independencia económica". *In: Obras 1957-1967*, tomo II. Havana: Casa de las Américas, 1970.

MÉSZÁROS, István. *Para além do capital.* Trad. Paulo Castanheira e Sergio Lessa. São Paulo: Boitempo, 2002.

MIGLIOLI, Aline. *Casa à venda: consequências econômicas e sociais da atualização do modelo econômico e social cubano.* Tese de doutorado. Campinas: Universidade Estadual de Campinas, 2022.

SANTOS, Fabio Barbosa dos; VASCONCELOS, Joana Salém & DESSOTTI, Fabiana (org.). *Cuba no século XXI: dilemas da revolução.* São Paulo: Elefante, 2017.

STOCCO, Aline. *Cuba: os desafios para a construção do socialismo hoje.* Dissertação de mestrado. Vitória: Universidade Federal do Espírito Santo, 2013.

VASCONCELOS, Joana Salém. *Acumulação socialista em Cuba: a herança da plantation na reforma agrária — 1959 a 1970.* Dissertação de mestrado. Campinas: Universidade Estadual de Campinas, 2013.

XALMA, Cristina. *Cuba: hacia donde?* Barcelona: Antrazyt, 2007.

ANDRÉ DARDENGO

PARTE II
DIMENSÕES MATERIAIS

4
CUBA É AGROECOLÓGICA?

JOANA SALÉM VASCONCELOS

> *Foi como abrir os olhos de repente e descobrir que as roupas brilhantes da "revolução verde" eram, desde sempre, confeccionadas com farrapos.*
> — Braulio Machín Sosa et al.,
> *Revolución agroecológica* (2010)

Uma semana depois da morte de Fidel Castro, em 25 de novembro de 2016, um grupo de brasileiros desembarcou em Cuba com uma agenda de pesquisa construída durante meses de estudo. Era a equipe do programa de extensão Realidade Latino-Americana, composta por mais de quarenta pessoas de diferentes universidades e que mais tarde elaborou o livro *Cuba no século XXI: dilemas da revolução* (Santos, Vasconcelos & Dessotti, 2017). A despedida de Fidel estava em curso e o clima era de consternação popular. Após uma semana de trabalho em Havana, nosso grupo viajou para Puerto Esperanza, um povoado rural de Pinar del Río, no oeste da ilha, com objetivo de conhecer melhor as condições rurais, a produção agrícola e os camponeses daquele setor. Ali perguntamos sobre a morte de Fidel para Umberto Palmero, presidente da cooperativa camponesa Ruben Martínez Villena, que respondeu sem titubear: "Não acho que o povo de Cuba vá deixar que Fidel morra. Fidel se multiplicou". Ao lado de Palmero, Aníbal Barredo, proprietário privado da área de 42 hectares em que estávamos, completou: "Fidel é Cuba. Fidel não morreu. Para que Fidel morra, é preciso desaparecer com Cuba".[1]

INTRODUÇÃO

O sentimento de Umberto Palmero e Aníbal Barredo, apoiadores convictos da revolução e do socialismo, era certamente representativo dos 180 proprietários privados associados àquela Cooperativa de Crédito e Serviços (CCS). Aí mora um paradoxo do socialismo cubano: a revolução de 1959 foi a maior criadora de propriedades privadas da história da ilha, muito mais que o sistema capitalista, cujo caráter monopolista restringia sobremaneira a possibilidade de que os humildes se tornassem proprietários. Em seus primeiros quatro anos (1959–1963), a Revolução Cubana distribuiu, via reforma agrária, quase 200 mil títulos de propriedades privadas rurais com até 67 hectares (chamados de o "mínimo vital") para famílias camponesas sem terra. Entre elas, a família de Aníbal Barredo e os demais proprietários da CCS.

As CCS são cooperativas de proprietários criadas em 1960 pela revolução, cuja finalidade é a obtenção de crédito, o compartilhamento de maquinário agrícola e a fixação de contratos comuns de venda da produção para o Estado. Eventualmente, os camponeses da CCS realizam trabalhos de produção coletiva em mutirões, mas a criação da cooperativa não tem essa finalidade. É curioso que na União Soviética, por exemplo, os camponeses que receberam a terra da reforma agrária de 1918

---

1 Um vídeo com parte dessa conversa está disponível em: https://www.youtube.com/watch?v=oqi4saKldAE.

tenham abandonado a base de apoio da Revolução Russa poucos anos depois — primeiro devido ao confisco levado a cabo durante o comunismo de guerra, depois devido à coletivização forçada. Em Cuba, ao contrário, o campesinato foi e ainda é uma base social fundamental da história revolucionária. Para Palmero, Barredo e a Associação Nacional de Pequenos Agricultores (Anap), criada em 1961, a perda de Fidel Castro foi um evento muito doloroso. Esses *agricultores pequeños* defendem as vantagens do socialismo, que titulou e protegeu suas propriedades privadas, embora não os tenha priorizado no plano estratégico. A agroecologia cubana da atualidade está diretamente vinculada à história desse setor.

CAMPESINATO E AGROECOLOGIA: UMA REVOLUÇÃO DENTRO DA REVOLUÇÃO

A Revolução Cubana nunca permitiu que camponeses individuais permanecessem fora de uma CCS, exercendo atividades avulsas. Por isso, o setor das CCS é sinônimo do único grupo social com propriedade privada da terra. Esse campesinato das cooperativas chegou a constituir 40% da agricultura cubana em meados dos anos 1960, mas foi estimulado pela política de coletivização voluntária (Barrios, 1987) a entregar suas terras para as Granjas do Povo (estatais) e se incorporar à agricultura socializada como força de trabalho assalariada. A coletivização foi mais intensa durante a "ofensiva revolucionária", de 1967 a 1970, período em que as CCS foram reduzidas a 15% da superfície agrícola cubana.

Apesar desse período relativamente conflitivo, parte significativa dos camponeses remanescentes permaneceu fiel ao socialismo. No plano estratégico, a revolução escolheu o predomínio da propriedade estatal da terra na forma das Granjas do Povo, que chegaram a ocupar 78% da superfície produtiva em 1990 (Sosa *et al.*, 2010, p. 24). Paradoxalmente, porém, as pequenas propriedades privadas (organizadas em CCS) se tornaram a unidade produtiva mais resiliente da revolução, mais longevas que as estatais. A representatividade da Anap, seu organismo político, é em grande medida responsável por esse sucesso, assim como a estabilidade da indústria de exportação de tabaco e charutos, fatores que rentabilizaram os camponeses do setor ocidental durante décadas.

A história da agroecologia em Cuba se confunde com a história recente da Anap, que a partir de 1997 impulsionou o Movimento Agroecológico Camponês a Camponês (Macac). O contexto de criação do Macac é o Período Especial, a maior crise alimentar da história socialista da ilha. O paradigma da agroecologia ofereceu pelo menos três vantagens imediatas à sociedade cubana naquele contexto. Primeiro, era uma agricultura independente de insumos agrícolas importados (fertilizantes químicos e agrotóxicos), itens que o país não estava mais em condições de adquirir por falta de divisas: Cuba importava quase 50% dos fertilizantes químicos e 82% dos praguicidas que utilizava (Sosa *et al.*, 2010, p. 27). Segundo, a agroecologia era um paradigma produtivo capaz de regenerar os solos que estavam degradados após três décadas de agricultura intensiva, com uso abundante de insumos poluentes, possibilitando a revivificação da fertilidade da terra — a Revolução Cubana embarcara de cabeça no discurso da "revolução verde", e nos anos 1980 o país começava a sofrer os efeitos deletérios dessa escolha. E terceiro, por ser tecnicamente baseado na diversidade de cultivos e na biodiversidade, o modelo agroecológico prometia pavimentar a soberania alimentar de que o povo cubano necessitava, na contramão do modelo do "socialismo monocultor", incapaz de suprir a demanda alimentar do país (Vasconcelos, 2016). Ao propor uma inversão do padrão monocultor, a agroecologia também alterava a interação entre a sociedade e a natureza; nesse sentido, a estrutura social gerada por ela também apontava uma mudança na relação entre trabalho produtivo e reprodutivo, alterando hierarquias de gênero e reposicionando o trabalho das mulheres rurais a partir de uma perspectiva mais igualitária (Arce-Rodríguez, 2012).

O fato de as CCS forjarem a base econômica, agrícola e social do Macac é revelador de uma "revolução dentro da revolução" em dois sentidos. Primeiro, pelo esforço subsequente de recampesinização do país (na forma do *usufructo*) após três décadas de predomínio do paradigma estatal. E segundo, por representar um giro total no paradigma técnico-produtivo adotado pela revolução (a "revolução verde"). No final dos anos 1990, o campesinato das CCS tornou-se o sujeito social e econômico mais bem posicionado para empreender uma alternativa estratégica rumo à soberania alimentar.

Para isso, foi necessária uma operação de recampesinização, revertendo o fluxo demográfico para os centros urbanos que caracterizou a revolução desde o começo. Entre 1994 e 2010, mais de 140 mil *fincas* (propriedades) foram entregues pelo Estado em *usufructo*, uma modalidade de concessão de terras estatais às famílias dispostas a voltar da cidade ao campo para produzir alimentos (Sosa *et al.*, 2010, p. 32). Os beneficiários individuais precisam obrigatoriamente vincular-se a uma CCS.

A legislação de *usufructo* foi sendo reformada até chegar ao Decreto-Lei 350, de 2018, que melhorou as condições da concessão, por exemplo, com o aumento do contrato de pessoas físicas para vinte anos e de pessoas jurídicas para tempo indeterminado; com a facilitação da transmissão do *usufructo* para filhos ou parentes em caso de morte ou invalidez do titular; e com a fiscalização aprimorada das leis trabalhistas, da seguridade social e da idoneidade dos recursos financeiros aplicados na terra. Até 2017, foram concedidas 222 mil propriedades em *usufructo*, totalizando 1,9 milhão de hectares, ou seja, 31% da superfície agrícola.[2] Destes, 1,7 milhão foi destinado a pessoas físicas (28% da superfície), ou seja, diretamente para a recampesinização: uma mudança da estratégia revolucionária.

CRISE ALIMENTAR E DIVERSIFICAÇÃO AGRÍCOLA (1990–2020)

Durante o Período Especial, a agricultura cubana sofreu um brusco desmonte da sua cadeia produtiva, que atingiu o centro da economia agrária: o açúcar. Na época, 70% das trocas internacionais cubanas eram realizadas com a União Soviética e 15% com outros países do bloco socialista (Sosa *et al.*, 2010, p. 27); cerca de 80% das exportações eram de açúcar. Com o colapso do mercado soviético, a superfície canavieira em Cuba foi reduzida em 85% entre 1990 e 2019, uma queda de 1,4 milhão de hectares para 209 mil, como mostra a figura 1.

Na década de 1990, um povo habituado à estabilidade alimentar e ao bem-estar social, construídos como conquista da revolução ao longo de três décadas, mergulhava então em uma situação de incerteza sobre as refeições de cada dia. No fim dos anos 1980, 57% da dieta cubana era formada por alimentos importados. Com o colapso soviético e o recrudescimento do brutal bloqueio estadunidense, as importações de trigo e dos cereais consumidos na ilha caíram abruptamente mais de 50%, gerando insegurança alimentar (Sosa *et al.*, 2010, p. 27). Por urgência, o cultivo de alimentos para consumo interno cresceu de maneira quase espontânea.

Parte significativa dessa reacomodação emergencial foi protagonizada pelo campesinato, com o objetivo de ampliar a

---

2 Leticia Martínez Hernández, "Con los pies en la tierra", *Granma*, 15 ago. 2017. Disponível em: https://tinyurl.com/2s35uz9x.

Figura 1 — Área cultivada por tipo de cultivo (hectares), 1985-2019

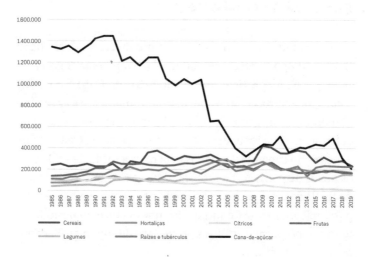

Fonte: Banco de Dados Estatísticos Corporativos da Organização das Nações Unidas para Alimentação e Agricultura (Faostat).

base da própria subsistência e fornecer alimentos ao mercado interno. A diversificação agrícola combinou elementos espontâneos com a ação organizada da Anap, sobretudo a partir da fundação do Macac, em 1997. Mas o esforço não foi suficiente para suprir as necessidades da população, que experimentou um período de privações alimentares. Tais privações, por sua vez, não chegaram a romper os laços da maioria da população cubana com o projeto revolucionário, que seguiu demonstrando confiança política e prática nos mandatos de Fidel (até 2007) e Raúl Castro (2008-2018).

TRANSIÇÃO AGROECOLÓGICA EM CUBA: O MACAC

"A necessidade nos obrigou a ganhar consciência", explicou Orlando Lugo Fontes, presidente da Anap (*apud* Sosa *et al.*, 2010, p. 27). As práticas agroecológicas em Cuba foram iniciadas, primeiro, como resposta espontânea à crise agrícola e alimentar. Sem agrotóxicos e fertilizantes, a produção agrária cubana *precisou* recuperar técnicas camponesas tradicionais e inovar no controle de pragas e na recuperação de solos com os meios disponíveis na própria natureza. A contração do uso de fertilizantes químicos na agricultura cubana foi de 75%, passando da média de 144 quilos por hectare no período de 1960 a 1990 para 37 quilos por hectare de 1991 a 2018, como mostra a figura 2.

A Anap impulsionou o Macac como uma estratégia consciente a partir de 1997. A base inicial do movimento era composta de 216 famílias camponesas pertencentes às ccs. Já em 2016, o Macac organizava quase 170 mil famílias, ou seja, metade do campesinato cubano (Rosset, 2016). Tal crescimento demonstra a pertinência de suas pautas e métodos.

O Camponês a Camponês não foi o primeiro, mas se tornou um dos mais fortes movimentos latino-americanos a defender a agroecologia como prioridade estratégica. Sua metodologia de compartilhamento horizontal de saberes produtivos entre camponeses e seu enfoque na tecnologia social de produção agrícola, na biodiversidade e na busca da soberania alimentar foram vanguardistas. Foi uma *revolução dentro da revolução*, alterando radicalmente o paradigma agrícola anterior em regime de propriedades, trabalho e cultivos.

Entre as práticas agroecológicas mais utilizadas durante o Período Especial estavam os adubos orgânicos, os biofertilizantes, o controle biológico de pragas (biopesticidas), as rações orgânicas para animais, a semeadura de variedades mais

Figura 2 — Uso de fertilizantes na agricultura cubana (kg/hectare), 1961–2018

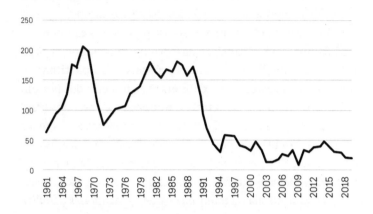

Fonte: Faostat.

resistentes, o resgate de variedades tradicionais de sementes, o uso da tração animal (como 53% do petróleo era importado da União Soviética, os tratores pararam), as técnicas tradicionais de conservação de alimentos (com a crise energética, as geladeiras se tornaram onerosas) e, claro, a diversificação e a associação de cultivos em consórcio (Sosa *et al.*, 2010, p. 29).

Aos poucos, a consciência agroecológica se desenvolveu na prática. A Anap se deu conta de que os biofertilizantes e biopesticidas não superavam o que chamaram de "insumismo", ou seja, a ideia de que é preciso aniquilar determinados seres vivos para favorecer um cultivo específico. Isso porque "os insumos não são elementos do enfoque agroecológico, que reside mais nas potentes interações e sinergias entre os sistemas realmente integrados" (Sosa *et al.*, 2010, p. 30). Restaurar agroecossistemas requer tempo para a recomposição da vida do solo e o acúmulo de conhecimento sobre as interações bem-sucedidas entre seres vivos, que podem ser favorecidas pelo trabalho humano. Nesse sentido, a Anap buscou, junto ao Estado, fazer da agricultura "um ofício interessante e bem remunerado" que reintegrasse a família camponesa e atraísse jovens para o campo.

A criação do Macac foi necessária para que os camponeses impulsionassem a transição agroecológica de maneira organizada, desenvolvendo técnicas próprias e compartilhando seus conhecimentos e conceitos entre si, fomentados por um organismo político. O método Camponês a Camponês (cac) foi importado pela Anap das práticas camponesas e indígenas da América Central, especialmente de Honduras, Nicarágua e Guatemala, e também do México. Ao trazê-lo a Cuba, a Anap produziu a maior aplicação sistemática do cac em escala nacional.

O cac se baseia na máxima de que "o camponês acredita mais naquilo que outro camponês faz do que naquilo que um técnico diz". Era comum que um técnico extensionista compartilhasse conhecimentos com uma linguagem tecnocrática e uma postura hierárquica superior, dentro do comportamento definido por Paulo Freire (1969 [2013]) como "invasão cultural". O método cac é verdadeiramente freiriano, pois se baseia na horizontalidade das relações e no compartilhamento de saberes produtivos entre iguais, com códigos e linguagens comuns e epistemologias e práticas de vida semelhantes. Como argumentou Amaury Ramos, promotor do método em Camagüey: "Os técnicos formados na universidade não têm conhecimento prático e não têm metodologia de trabalho e de comunicação com os camponeses. A metodologia cac veio mudar isso. O camponês se convence pela prática" (apud Sosa et al., 2010, p. 37).

O Macac criou um diagnóstico rápido participativo, com o objetivo de identificar os desafios da transição agroecológica para cada finca, priorizando a descentralização produtiva como estratégia de empoderamento camponês. Também fomentou a integração entre os cultivos agrícolas e a pecuária, promoveu testes com adubos orgânicos, consórcios policultores, semeadura de alimentos para animais, experiências com plantas medicinais e viveiros. Outra prática importante do Macac foi a agricultura urbana e os cultivos "organopônicos" em terrenos baldios, telhados, obras abandonadas, canteiros de estabelecimentos comerciais ou residências (Sosa *et al.*, 2010, p. 36). Hoje a agricultura urbana ocupa mais de 35 mil hectares em Cuba e utiliza o trabalho de mais de 40 mil pessoas.

Os cinco princípios que guiaram a metodologia de transição agroecológica do Macac são simples e científicos, acompanhados por ditos populares enumerados em Sosa *et al.* (2010, p. 38-9):

1. começar devagar para corrigir erros: "*Vísteme despacio, que tengo prisa*" [Vista-me devagar, que estou com pressa];
2. não introduzir muitas técnicas novas de uma só vez e sempre começar por aquela que resolverá o maior volume de problemas: "*Más vale una idea en la cabeza de cien, que cien ideas en la cabeza de uno*" [Mais vale uma ideia na cabeça de cem do que cem ideias na cabeça de um só];
3. buscar êxitos rápidos e verificáveis para entusiasmar os trabalhadores rurais: "*La palabra convence, pero el ejemplo arrastra*" [A palavra convence, mas o exemplo incentiva];
4. experimentar em pequena escala e transformar a *finca* em um pequeno laboratório de transição agroecológica: "*Hay que gatear antes de caminar*" [É preciso engatinhar antes de caminhar];
5. desenvolver um efeito multiplicador, compartilhando as experiências bem-sucedidas e os erros evitáveis: "*Cuando el campesino ve, hace fe*" [O camponês bota fé quando vê].

Em 2008, as atividades do Macac juntaram mais de dois milhões de participantes. Em 2010, o Macac contava com quase doze mil promotores, três mil facilitadores e quase duzentos coordenadores (Sosa *et al.*, 2010, p. 50). O avanço na formação de quadros organizadores do Macac foi acelerado pelo papel de vanguarda exercido pelo Centro Nacional de Capacitação Niceto Pérez, da Anap, que, além de cursos sobre agroecologia, inaugurou a primeira pós-graduação *lato sensu* em agroecologia e agricultura sustentável da América Latina. Esse avanço permitiu à Anap investigar e confirmar as vantagens de produtividade oferecidas pela agroecologia em relação ao modelo convencional.

PRODUTIVIDADE AGROECOLÓGICA E REPRODUÇÃO SOCIAL CAMPONESA

Segundo a Anap, a produtividade de cultivos alimentares aumentou com relação ao período anterior à transição agroecológica. Em 2007, por exemplo, o cultivo de hortaliças reduziu em 72% a aplicação de agrotóxicos em comparação com 1988, mas sua produção cresceu 83%. As culturas de feijão receberam 55% menos agrotóxicos em 2007 do que em 1988, e a produção cresceu 351%. As *viandas*, tubérculos muito presentes na dieta popular cubana, receberam 85% menos agrotóxicos em 2007 com relação a 1988, e a produção aumentou 145%. Enquanto isso, a monocultura da cana reduziu em apenas 5% o uso de agrotóxicos e fertilizantes químicos, e a produção caiu 28% entre 1988 e 2007 (Sosa *et al.*, 2010, p. 52).

Além disso, as *fincas* participantes do Macac foram classificadas em três níveis de transição agroecológica (principiante, intermediária e avançada). Comparando 33 *fincas* dos municípios de Fomento, Cabaiguán, Trinidad, Sancti Spíritus e Taguasco, na província de Sancti Spíritus, região central da ilha, percebeu-se que os rendimentos por hectare e por trabalhador chegam a ser três vezes maiores nas *fincas* da categoria avançada em comparação com a categoria principiante. Outro dado fundamental é que as propriedades com sistemas agroecológicos demonstraram mais resiliência climática e capacidade de regeneração diante de eventos drásticos, como ciclones e inundações. Quanto mais ecologicamente integrados os cultivos e mais vivificado o solo, mais a rede de raízes é capaz de "segurar" as plantações, e as partes afetadas são superficiais. Na agricultura convencional, em que cada cultivo é plantado separadamente, o solo não oferece a mesma resistência; as perdas são maiores, e a regeneração, mais lenta. As *fincas* da categoria avançada estavam 80% recuperadas 60 dias depois do ciclone Ike, em 2008, enquanto as *fincas* da categoria principiante estavam apenas 45% recuperadas (Sosa *et al.*, 2010, p. 55, 59).

O aumento da produtividade veio combinado com mais integração entre trabalho produtivo e reprodutivo. A agroecologia tem sido importante na luta por equidade de gênero no mundo rural cubano, ainda marcado pelo protagonismo masculino e pela invisibilização do trabalho das camponesas. Ao contrário da agricultura convencional, que separa o setor produtivo do processo reprodutivo, delimitando a lavoura ao trabalho "masculino" e separado do conjunto das atividades rurais, a agroecologia possibilitou uma visão sistêmica e integrada das múltiplas tarefas da agricultura, além de beneficiar a lógica da recampesinização — que, por sua vez, tem na família camponesa uma unidade de trabalho fortalecida. Nesse modelo, não apenas as espécies cultivadas se integram em sintropia, mas também o trabalho se socializa e se diversifica, com novas técnicas de adubação, produção de biofertilizantes, seleção de sementes, estudo das variedades, manejo do solo, organização de consórcios, preparo de conservas, construção de cercas vivas, alimentação dos animais, criação de minhocas, reflorestamento, entre outros, que imprimem uma dinâmica de descentralização ao trabalho agrícola e maior horizontalidade às tarefas. Em outras palavras, a integração do trabalho produtivo ao trabalho reprodutivo pela agroecologia reposicionou as mulheres no cotidiano agrícola, fortaleceu o protagonismo feminino e abriu espaço para a conscientização de todos a respeito dos malefícios das hierarquias de gênero.

Entre os limites da experiência do Macac está a dificuldade de avançar com a agroecologia nas Cooperativas de Produção Agropecuária, também organizadas na Anap, e nas Unidades Básicas de Produção Cooperativa. Nesse cenário, a própria Anap reconhece haver uma batalha cultural em curso na formação agroecológica dos camponeses, que tem arraigadas as práticas técnico-intensivas e dependem de saberes "insumistas". A transição agroecológica é lenta, mas se torna ainda mais difícil perante a insuficiência de quadros formados para dar conta de todas as tarefas do Macac, a sobrecarga e a burocratização. Em termos de organização feminina, ainda havia muito por avançar: apenas 12% dos associados da Anap eram mulheres em 2010, e no entanto elas eram 47% da população rural. Além disso, apenas 7,8% dos promotores nas bases do Macac eram mulheres, e 11,5% dos facilitadores. No âmbito da coordenação, a representatividade melhorava para 39% (Sosa *et al.*, 2010, p. 69-70).

CONCLUSÃO

Apesar de todo esse esforço, Cuba ainda não conseguiu superar os desequilíbrios estruturais entre a produção e a demanda alimentar internas. Como menciono em outro texto (Vasconcelos, 2021), não é nada fácil para os cubanos sustentar um país que representa a única alternativa ao capitalismo no século XXI, sistematicamente atacada em um oceano neoliberal com "água por todos os lados" — tomando emprestada a metáfora literal de Padura (2020). Sua agricultura sofre as pressões do modelo técnico-intensivo tanto pela adesão histórica ao modelo da "revolução verde" quanto pelo poder geopolítico e econômico do neoliberalismo agrário, como analisa Kay (2015). Esse poder é tão virulento que dominou as políticas agrárias de todos os governos da onda progressista latino-americana no século XXI, por meio daquilo que Svampa (2013) chamou de "consenso das commodities", do qual deriva um "consenso do glifosato" (Santos & Vasconcelos, 2020).

A crise de disponibilidade alimentar que acometeu a ilha nos últimos anos tem relação com os determinantes estruturais da crise iniciada em 1990, causada sobretudo pelo bloqueio estadunidense. O desafio alimentar da revolução configura um problema-chave do "socialismo periférico" cubano.

Assim como o socialismo cubano é uma transição incompleta, a agroecologia como "revolução dentro da revolução" é um paradigma que exige luta para consolidar sua influência. Nesse sentido, o governo cubano melhorou as condições do contrato de *usufructo* da terra e desenvolveu, em 2021, o Plano de Soberania Alimentar e Educação Nutricional (Plano SAN), com colaboração da Organização das Nações Unidas para Alimentação e Agricultura (FAO), representada por Marcelo Resende, e de Frei Betto, colaborador no âmbito da educação popular. Que as vacinas desenvolvidas em Cuba contornem a pandemia definitivamente e que os novos incentivos à recampesinização, no contexto do Plano SAN, possam firmar o caminho da transição agroecológica, fazendo desta mais uma inestimável contribuição do povo cubano ao mundo.

REFERÊNCIAS

ARCE-RODRÍGUEZ, Mercedes B. "La mujer en la agricultura cubana: recuperación de una experiencia", *Ra Ximhai*, v. 8, n. 1, p. 127–39, 2012.

BARRIOS, Adelfo M. *La Anap: 25 años de trabajo*. Havana: Política, 1987.

DUMONT, René. *Cuba: Socialism and Development*. Nova York: Grove, 1970.

FREIRE, Paulo. *Extensión o comunicación? La concientización en el médio rural*. Santiago: Icira, 1969. [Ed. bras.: *Extensão ou comunicação?* Trad. Rosiska Darcy de Oliveira. Rio de Janeiro: Paz e Terra, 2013.]

HARNECKER, Camila Piñeiro (org.). *Cooperativas y socialismo: una mirada desde Cuba*. Havana: Caminos, 2011.

KAY, Cristóbal. "The Agrarian Question and the Neoliberal Rural Transformation in Latin America", *Revista Europea de Estudios Latinoamericanos y del Caribe*, n. 100, p. 73-83, 2015.

PADURA, Leonardo. *Água por todos os lados*. Trad. Monica Stahel. São Paulo: Boitempo, 2020.

PAZ, Juan Valdés. *Los procesos de organización agraria en Cuba, 1959--2006*. Havana: Fundación Antonio Nuñez Jimenez, 2009.

ROSSET, Peter. "Las recetas no funcionan, lo que se propone son principios", *Biodiversidad, Sustento y Culturas*, v. 90, p. 5-10, 2016.

SANTOS, Fabio Luis Barbosa dos & VASCONCELOS, Joana Salém. "Consenso do glifosato: conflitos rurais na onda progressista da América Latina (1998–2016)", *Revista de História Comparada*, v. 14, n. 2, p. 260-300, 2020.

SANTOS, Fabio Barbosa dos; VASCONCELOS, Joana Salém & DESSOTTI, Fabiana (org.). *Cuba no século XXI: dilemas da revolução*. São Paulo: Elefante, 2017.

SOSA, Braulio Machín; JAIME, Adilén M. Roque; LOZANO, Dana & ROSSET, Peter. *Revolución agroecológica: el Movimiento de Campesino a Campesino de la Anap en Cuba*. Havana: Anap/Vía Campesina, 2010.

SVAMPA, Maristella. "'Consenso de los commodities' y lenguajes de valoración en América Latina", *Nueva Sociedad*, n. 244, p. 30-46, 2013.

VASCONCELOS, Joana Salém. *História agrária da Revolução Cubana: dilemas do socialismo na periferia*. São Paulo: Alameda/Fapesp, 2016.

VASCONCELOS, Joana Salém. "Cuba, protestos e caminhos da revolução", *Journal of Latin American Geography*, v. 20, n. 3, p. 175-85, 2021.

VANESSA OLIVEIRA

ANDRÉ DARDENGO

5
O SETOR NÃO ESTATAL CUBANO: *CUENTAPROPISMO*, COOPERATIVAS NÃO AGROPECUÁRIAS E MIPYMES

ANDRÉ MOULIN DARDENGO
VINICIUS QUERZONE DE OLIVEIRA SOUSA

Hospedado na casa onde um professor de geografia vivia com sua esposa *cuentapropista,* engatamos uma interessantíssima prosa — cada qual com seu portunhol — enquanto nosso anfitrião preparava o café da manhã. A conversa estava tão boa quanto os quitutes e os *huevos revueltos* que acompanhavam o característico leite em pó cubano. Falávamos entusiasmados sobre a conjuntura política do país, e nosso *maestro* — que estava próximo de se tornar sexagenário — não poupava críticas ao processo revolucionário. As reclamações giravam em torno da má gestão estatal, da lentidão para o destravamento das atividades privadas e de uma certa arbitrariedade na passagem do governo de Fidel para seu irmão mais novo, Raúl Castro. O *maestro* cubano dizia: "Não gostei da falta de transparência dessa passagem de comando entre o comandante Fidel e Raúl, isso aqui não é uma monarquia". As queixas seguiram numa toada tão ácida e dura que, ao final da conversa, me vi obrigado a perguntar: "Caro professor, você acha, então, que a solução para todos esses problemas que você apresenta seria o retorno de Cuba ao capitalismo?". Ao que ele me respondeu prontamente: "O capitalismo não é solução para nada".

Quem se interessa pelo estudo da Revolução Cubana nota que muitas mudanças têm ocorrido na sociedade e na economia desse país caribenho nos últimos anos. Fidel Castro já não está mais presente fisicamente, e Raúl Castro, seu sucessor, transmitiu o comando para Miguel Díaz-Canel em abril de 2018. O país passou a ter, pela primeira vez, um presidente que não participou da luta revolucionária e que já nasceu na Cuba socialista. A nova liderança, impulsionada pelas pressões da realidade concreta e pelos intensos debates ocorridos na ilha, tem conduzido um processo de atualização do modelo econômico e social cuja marca é uma abertura maior para o setor não estatal, o que tem criado muitas dúvidas sobre o futuro da transição socialista em Cuba.

Assim, um visitante que chegasse à *mayor de las Antillas* em 2023 encontraria uma situação bem heterogênea no que diz respeito a possibilidades de organização das entidades econômicas, algo bem diferente das abordagens simplistas que veem Cuba como um país fechado para o setor privado. Atualmente, as licenças para o *cuentapropismo* (trabalho por conta própria) foram ampliadas; as cooperativas de trabalho não agropecuárias, implementadas a partir de 2013, deixaram de ser apenas um experimento e tornaram-se uma forma de organização econômica permanente; e, a partir de agosto de 2021, o governo aprovou as regras que permitem a constituição de micro, pequenas e médias empresas (Mipymes).

Apesar de a economia cubana continuar predominantemente estatal, com os seus setores fundamentais geridos pelo Estado, a presença da esfera não estatal já é bastante significativa e as atividades privadas contam com o apoio popular, como foi possível notar em conversas que tivemos com *cuentapropistas* e com sócios de cooperativas de trabalho não agropecuárias. As atividades não estatais geram emprego para 31,58% da população ocupada (dado de 2018) e são responsáveis por 7% do PIB e por 13,3% das receitas tributárias (estimativas para 2019),[1] contribuindo, dessa forma, com os objetivos estipulados pelo governo — geração de empregos, pagamento de impostos e aumento da oferta de bens e serviços.

Cuba procura, na atualização do seu modelo econômico e social, traçar um caminho próprio que responda a suas especificidades sem seguir modelos usados em outros países, mas deixa claro que não pretende abandonar o socialismo. Assim, as grandes indagações que surgem são: quais os impactos do crescimento do setor não estatal para a estratégia socialista cubana? Por que, entre as formas de organização privadas, a preferência é pelo *cuentapropismo* e, mais recentemente, pelas Mipymes, e não pelas cooperativas de trabalho? Refletiremos sobre essas questões à luz das nossas pesquisas e vivências em Cuba.

A EVOLUÇÃO DO SETOR NÃO ESTATAL

Nos primeiros anos da revolução, houve a completa estatização dos pequenos estabelecimentos privados, pois entendia-se que era necessário eliminar a propriedade privada para cons-

---

1   Carmelo Mesa-Lago, "El 'enfriamiento' de la economía cubana", *Nueva Sociedad*, n. 279, p. 13–24, 2019.

truir o "homem novo", conforme preconizara Che Guevara (Paschoal, 2017). Contudo, muitos ofícios tradicionais (alfaiates, costureiras, barbeiros etc.) eram permitidos, e a partir de 1978 outras atividades autônomas foram autorizadas, desde que exercidas após a jornada de trabalho estatal. Nessa época, o Estado cubano se preocupava com a possibilidade de que os trabalhadores optassem por trabalhar por conta própria e não se dedicassem aos serviços estratégicos definidos pela planificação econômica central, por isso, exercia enorme controle sobre essas atividades.

O fato é que essa capacidade do Estado de garantir o pleno emprego só foi possível enquanto Cuba se manteve como economia basicamente agrário-exportadora que se beneficiava das trocas comerciais com o bloco soviético. Com a crise do bloco e o fim da União Soviética, no começo dos anos 1990, Cuba perdeu seus principais parceiros comerciais — os países integrantes do Conselho para a Assistência Econômica Mútua (Comecon), que compravam produtos cubanos a preços subsidiados, principalmente açúcar, e vendiam bens de consumo duráveis e não duráveis que a ilha não tinha autossuficiência para produzir.

Diante do embargo imposto pelo governo dos Estados Unidos, a associação de países do Comecon garantiu investimentos e uma geração de divisas que permitiram progresso material e desenvolvimento para todo o povo cubano nos primeiros trinta anos da revolução. Porém, essa situação econômica confortável desapareceu abruptamente, de tal forma que a população economicamente ativa não poderia mais estar vinculada apenas às empresas estatais, que, ademais, apresentavam muitas ineficiências, "planilhas infladas", atos de indisciplina e corrupção.

Essa nova conjuntura não permitia mais sustentar uma economia completamente estatizada, e a liderança política cubana lançou mão de uma série de reformas para enfrentar a crise durante o chamado Período Especial em Tempos de

Paz. A ideia era recuperar a economia do país, garantir emergencialmente a sobrevivência de todos os cubanos e cubanas e implementar uma estratégia de desenvolvimento socialista para manter as conquistas sociais da revolução.

As medidas adotadas durante o Período Especial se basearam na descentralização e na abertura para novas formas de propriedade não estatais, mesmo que a economia cubana continuasse essencialmente planificada e com a predominância da propriedade estatal. Foi nesse contexto muito particular, de baixo crescimento econômico e desabastecimento, que se iniciou a ampliação e a regulamentação do *cuentapropismo* na economia cubana. Desde então, os trabalhadores por conta própria, que antes dos anos 1990 se ocupavam de poucas atividades, passaram a compor a paisagem social cubana realizando uma série de operações de produção de bens e prestação de serviços: pequenas lojas de roupas e utensílios domésticos, reparação de equipamentos eletrônicos, lanchonetes e restaurantes, serviços de hospedagem, atividades de marcenaria e serralheria, serviços de manutenção e construção etc.

O *cuentapropismo*, termo pelo qual os cubanos se referem ao trabalho por conta própria, passou então a designar também as estratégias de empreendedorismo individual para sobrevivência no contexto da crise e foi um dos elementos centrais no processo de recuperação econômica do país. O *cuentapropismo* aliviou o desemprego conjuntural e estrutural, respondendo à incapacidade do Estado de garantir o pleno emprego, e serviu também como complemento à oferta insuficiente de bens e serviços das empresas estatais, além de propiciar uma fonte de captação de divisas. A medida também possibilitou a legalização de muitas atividades que os cubanos já exerciam na clandestinidade, como parte de suas estratégias de sobrevivência.

Os *cuentapropistas* podem ser divididos em três frações: os que possuem as ferramentas e/ou o local de trabalho para a produção, mas não contratam força de trabalho externa (ou seja, trata-se de trabalho familiar); os que possuem infraestrutura e contratam força de trabalho externa (atuam como pequenas empresas); e aqueles que estão submetidos a uma relação de assalariamento — os chamados trabalhadores contratados. Em tese, os *cuentapropistas* são pessoas físicas que recebem uma licença para operar como empreendedores individuais, mas seus empreendimentos muitas vezes funcionam como micro ou pequenas empresas com contratação de força de trabalho assalariada. A existência dessas micro e pequenas empresas ficou, por muito tempo, escamoteada sob a designação de "trabalho por conta própria", pois o governo cubano não queria admitir a existência da empresa privada.

O *cuentapropismo* foi tolerado na fase de recuperação econômica do Período Especial, mas sempre entendido pela administração do país como um mal necessário, ao passo que, para os envolvidos nessas atividades, o governo e a burocracia do Estado sempre representaram um entrave ao seu desenvolvimento. As medidas tomadas durante o Período Especial contribuíram para a recuperação econômica. Com a melhoria da situação interna, Fidel Castro iniciou um grande debate nacional, a Batalha de Ideias, que durou de 2001 a 2006, para tentar frear a expansão do setor não estatal, defendendo a redução das associações com o capital estrangeiro e o aumento do controle sobre os *cuentapropistas*, entre outras medidas que indicavam o desejo de retornar a uma economia totalmente planificada. No entanto, logo se verificou que a descentralização e a expansão das formas de propriedade não estatais era um caminho sem volta. Além disso, muitos cubanos sentiram sua vida melhorar com o aumento de renda e de qualidade de vida decorrente do *cuentapropismo*, e não aceitariam um retrocesso.

Em 2007, quando Fidel transmitiu o comando da nação para Raúl Castro, houve o reconhecimento da necessidade de seguir avançando com reformas para desobstacularizar o desenvolvimento do país. Iniciou-se um processo de atualização do modelo econômico e social, que teve suas diretrizes aprovadas no 6º Congresso do Partido Comunista de Cuba (PCC), em 2011, e está em implementação até a atualidade.

O documento norteador do processo de atualização aprovado no 6º Congresso intitula-se "Lineamientos de la política económica y social del Partido y la Revolución". Resultado de amplo debate popular, ele propõe alterar a estrutura da economia cubana considerando sua inserção na economia mundial capitalista, buscando avançar na construção socialista sem abrir mão das conquistas sociais da revolução. Diferentemente da fase anterior, quando havia muitas reservas quanto às formas privadas, vistas como mal necessário, agora elas têm sua importância reconhecida, estão no escopo das atividades que contribuem com a eficiência econômica, e o Estado se compromete a promovê-las.

Dessa forma, o *cuentapropismo* foi mantido e ampliado, e uma nova forma de organização não estatal foi proposta: as cooperativas de trabalho não agropecuárias, que passaram a ser implementadas de forma experimental em 2013. Em Cuba, após a revolução e o processo de reforma agrária, as cooperativas se concentraram no campo; nunca haviam sido implementadas nas cidades, onde preferiu-se a propriedade estatal. Essa nova modalidade de cooperativa de trabalho urbana permitiria que as empresas estatais se concentrassem nas suas atividades-fim, contratando serviços de apoio das cooperativas; possibilitaria a geração de emprego para os trabalhadores excedentes das empresas estatais e para a população em geral; ampliaria e diversificaria a oferta de bens e serviços e, assim, poderia satisfazer as necessidades dos territórios com produtos e serviços de mais qualidade e a preços mais baixos (Harnecker, 2011b).

A forma de propriedade cooperativa (propriedade privada coletiva) é uma forma mais socializada que a forma de propriedade privada individual ou empresarial e teria, portanto, maior capacidade de potencializar o caráter coletivo no âmbito da transição socialista, uma vez que devem ser praticados os princípios da autogestão, da solidariedade e da ajuda mútuas, da responsabilidade social e do compromisso com o desenvolvimento dos territórios (Dardengo, 2021). Dessa forma, as cooperativas de trabalho não agropecuárias poderiam ser uma alternativa para a organização do trabalho no setor privado, em substituição ao *cuentapropismo*.

As cooperativas de trabalho podem ser formadas por iniciativa própria dos sócios, em que os cooperados têm a propriedade coletiva do empreendimento, ou por indução do Estado, em que a propriedade segue sendo estatal e é cedida para a gestão coletiva dos cooperados, que, nesse caso, deixam de ser trabalhadores estatais. A adesão voluntária e por iniciativa própria seria a mais adequada aos princípios cooperativistas; no entanto, das 498 cooperativas autorizadas a funcionar em 2014, 77% foram induzidas pelo Estado.

Para que não se configurem como empresas tradicionais, as cooperativas de trabalho podem contratar força de trabalho assalariada por até três meses para realizar tarefas que não podem ser assumidas pelos sócios, com limite de 10% do número de associados. No entanto, houve casos de desvio de conduta, e o governo fechou cooperativas que atuavam como empresas privadas de forma disfarçada. Apesar de terem sido implementadas de forma lenta, experimental e por meio de procedimentos excessivamente burocráticos, as cooperativas de trabalho tiveram uma participação importante na oferta de produtos e serviços, atuando principalmente nas áreas de gastronomia, mercados de produtos agrícolas, transporte urbano e construção civil, e na geração de empregos envolvendo mais de catorze mil trabalhadores associados em mais de quatrocentas entidades (dados de 2021).

As transformações mais recentes no âmbito do setor não estatal se deram ao longo de 2021, em um contexto bastante complicado. Não bastasse o recrudescimento das restrições impostas pelo governo de Donald Trump (2017–2021), com mais de 240 medidas coercitivas, os efeitos da pandemia de covid-19 foram avassaladores, provocando uma contração de 11% em 2020, um crescimento de apenas 1,3% em 2021 e de 2% em 2022. Como estratégia para fomentar a reativação das atividades produtivas e aumentar a eficiência econômica, a direção política cubana lançou um pacote de incentivos às entidades não estatais em agosto de 2021: aumentou o número de atividades liberadas para o *cuentapropismo*, finalizou o período de implementação experimental das cooperativas de trabalho, tornando-o permanente, regulamentou as Mipymes e desburocratizou os trâmites para abertura dos empreendimentos, concentrando-os no Ministério da Economia e Planificação.

As Mipymes, a grande novidade do pacote, são classificadas conforme o número de pessoas ocupadas, incluindo os sócios: micro (1 a 10 pessoas), pequena (11 a 35 pessoas) e média (36 a 100 pessoas). Com as Mipymes, destravou-se um dos problemas recorrentes da economia cubana, pois em muitos casos os *cuentapropistas* e as cooperativas não agropecuárias já funcionavam como micro, pequenas e médias empresas. Essa medida era aguardada havia um bom tempo por muitos cubanos e cubanas, e as Mipymes ocuparam um espaço importante, permitindo a criação de mais empregos no setor não estatal, atraindo divisas enviadas por cubanos residentes no exterior e contribuindo para o aumento e a diversificação da limitada oferta de bens e serviços.

Até janeiro de 2023, conforme dados do Ministério da Economia e Planificação, foram aprovadas quase 6.600 novas entidades empresariais, das quais cerca de 6.500 são Mipymes privadas (em torno de 50% são pequenas empresas; o restante divide-se igualmente entre micro e médias empresas). As Mipymes estatais são cerca de 75, e as cooperativas de trabalho, 60. Cerca de 52% desses atores econômicos são reconversões de antigos negócios, e 48% são novas entidades que, ao todo, geram mais de 106 mil postos de trabalho.

OS PROBLEMAS E OS DESAFIOS DO SETOR NÃO ESTATAL NA CONSTRUÇÃO DO SOCIALISMO

O processo de atualização do modelo econômico e social trouxe consigo uma mudança de perspectiva com relação às formas privadas de organização do trabalho e da produção, que deixaram de ser vistas como mal necessário e passaram a compor as estratégias de desenvolvimento econômico e social do país. Como apontou Camila Harnecker (2011a), pode-se identificar, nos debates ocorridos ao longo do processo de atualização, uma disputa de três concepções a respeito do socialismo em Cuba. Uma primeira visão, estatista, focaliza a ideia da planificação centralizada e a empresa estatal; uma vertente economicista defende maior presença das formas de propriedade privada e do mecanismo de mercado típicas do chamado socialismo de mercado; e uma perspectiva autogestionária adere ao modelo cooperativo como base de estruturação da economia. A visão que tem prevalecido é a estatizante, com o controle dos meios de produção por empresas estatais submetidas ao planejamento centralizado, e com uma abertura lenta e pragmática às atividades privadas nos setores considerados não estratégicos, porém muito importantes para a geração de emprego e para o aumento e a diversificação da oferta de bens e serviços. Dessa forma, elementos do socialismo de mercado e do socialismo autogestionário foram incorporados à estratégia de construção do socialismo em Cuba.

Contudo, os novos empreendimentos privados também apresentam contradições que criam desafios para a construção do socialismo. Por um lado, como dissemos, as atividades privadas deram uma contribuição valiosa para a economia, criando empregos e ajudando famílias a obter a renda de que precisam para sobreviver. Por outro, mesmo que o Estado atue para evitar a concentração da riqueza, as atividades privadas aumentaram a desigualdade, uma vez que há grande diferenciação de rendimentos nas atividades desempenhadas nesse setor com relação aos salários recebidos no setor estatal.

O interesse material é o principal fator explicativo para a preferência dos trabalhadores cubanos pelo setor privado. Diante da realidade concreta, quando se quer obter mais acesso a bens e serviços (de uma perspectiva não consumista, mas de atendimento a necessidades de consumo), o *cuentapropismo* se apresenta como um segmento que atrai muitos trabalhadores cubanos, pois a remuneração da sua atividade menos rentável chega a ser até seis vezes maior que a do trabalho estatal (Paschoal, 2017). A maioria das cooperativas de trabalho também garante rendimentos acima do salário estatal, e houve casos de retiradas médias mensais vinte vezes superiores ao salário médio estatal em algumas cooperativas.

Deve-se ressaltar que o ponto de partida dos trabalhadores autônomos e das Mipymes também é desigual — como o acesso ao crédito é insuficiente e nem todo empreendimento consegue capital para iniciar seu negócio, os que contam com as remessas de parentes que vivem no exterior já largam na frente. Além disso, há diferenciação por tipo de negócio, isto é, há um conjunto de negócios que são tradicionalmente mais rentáveis: restaurantes e hotéis, oficinas mecânicas, lanternagem automotiva etc. Como não há uma política preferencial de concessão de licenças que considere os pontos de partida desiguais de muitos atores, o estímulo ao trabalho por conta própria pode reforçar as desigualdades no interior do setor privado (Nevot, 2015).

A preferência dos trabalhadores por *cuentapropismo* e Mipymes em detrimento das cooperativas de trabalho também se explica pelos interesses materiais individuais, mas não se encerra aí, uma vez que muitas cooperativas não agropecuárias tiveram excedente suficiente para garantir retiradas aos seus sócios, e bem superiores ao salário médio estatal. Ocorre que não houve, por parte do governo cubano, a implementação de uma política estruturante de formação e de fomento às cooperativas de trabalho, indicando por que elas seriam mais vantajosas do que as outras formas privadas. Como elas chegaram 20 anos depois do *cuentapropismo*, que já estava consolidado, envolvendo mais de 420 mil trabalhadores em 2013 e alcançando 617 mil em 2019, seria necessário um profundo trabalho formativo e de convencimento para que o *cuentapropista* ou pequeno empresário optasse pela associação em cooperativas.

Parece haver, inclusive, maior incentivo do Estado ao modelo de empresa privada do que às cooperativas de trabalho, como a regulamentação das Mipymes deixa claro. Concordamos com a hipótese de que esse incentivo diferenciado vem se dando de forma mais significativa por algumas razões. Primeiro, trata-se de oferecer respostas a uma demanda da sociedade cubana, pois, como vimos, os trabalhadores demonstram preferência por desenvolver as atividades por conta própria ou na modalidade de micro, pequena ou média empresa, em vez de optar pelo formato de cooperativa. Segundo, o Estado tem que se concentrar nas atividades econômicas consideradas fundamentais, liberando os trabalhadores estatais sem, contudo, aumentar o desemprego. Por fim, há um desabastecimento do mercado interno e um processo inflacionário, e as entidades estatais não ofertam produtos e serviços suficientes à população, carecendo do apoio do setor privado.

Mesmo com as suas contradições e com os riscos que oferece, a propriedade privada em Cuba não tem como objetivo último responder a interesses individuais; ela deve transcender esse aspecto e alcançar a dimensão social. Por isso, essas ampliações da propriedade não estatal respondem também a demandas sociais, além de terem sido elaboradas de modo coletivo (Harnecker, 2011a).

Atualmente, considerando as determinações concretas de atraso no desenvolvimento das forças produtivas, a experiência em curso procura criar meios para que as formas empresariais privadas contribuam com as estratégias de desenvolvimento territorial e nacional, buscando uma mediação entre os interesses materiais individuais e os interesses coletivos para fazer avançar o socialismo. Por se tratar de um processo de transição socialista com as dificuldades já expostas, a permissão do trabalho assalariado comandado por formas empresariais privadas apresenta-se como uma alternativa arriscada, porém tida como necessária para melhorar as condições de produtividade e eficiência da economia cubana.

A experiência cubana mostra que o processo de construção do socialismo é prolongado, heterogêneo, complexo e contraditório, e que nunca é tarde para se reinventar, retificar erros, aperfeiçoar estratégias e experimentar novas formas de organização. As profundas transformações na estrutura política, econômica e social da ilha têm se dado de forma lenta e gradual ao longo dos últimos trinta anos, e como se trata de um processo histórico, conduzido pelo povo cubano, somente o seu desenrolar poderá responder qual será o destino da revolução: avançar no socialismo ou retroceder ao capitalismo.

REFERÊNCIAS

DARDENGO, André Moulin. *Cooperativas e transição socialista: a experiência das cooperativas não agropecuárias em Cuba*. Marília: Lutas Anticapital, 2021.

HARNECKER, Camila Piñeiro. "Empresas no estatales en la economía cubana: potencialidades, requerimientos y riesgos", *Universidad de La Habana*, n. 272, p. 44–64, 2011a.

HARNECKER, Camila Piñeiro (org.). *Cooperativas y socialismo: una mirada desde Cuba*. Havana: Caminos, 2011b.

NEVOT, Geydis Elena Fundora. "Estrategia de potenciación del trabajo por cuentapropia y la equidad social: encuentros y desencuentros". *In*: ARGÜELLES, Carmen Zabala; LEÓN, Dayma Echevarría; CAMPOS, Marta Rosa Muñoz & NEVOT, Geydis Elena Fundora (org.). *Retos para la equidad social en el proceso de actualización del modelo económico cubano*. Havana: Editorial de Ciencias Sociales, 2015.

PASCHOAL, Matheus. "O empreendedorismo está crescendo em Cuba?". *In*: SANTOS, Fabio Barbosa dos; VASCONCELOS, Joana Salém & DESSOTTI, Fabiana (org.). *Cuba no século XXI: dilemas da revolução*. São Paulo: Elefante, 2017.

SOUSA, Vinicius Querzone de Oliveira. *As atividades cuentapropistas: uma nova forma de gestão da propriedade em Cuba*. Dissertação de mestrado. Vitória: Universidade Federal do Espírito Santo, 2022.

ANDRÉ DARDENGO

VANESSA OLIVEIRA

6

SE ALQUILA PARA TURISTAS! CONSEQUÊNCIAS ECONÔMICAS E SOCIAIS DO USO COMERCIAL DA MORADIA

ALINE MARCONDES MIGLIOLI

Por ocasião de um intercâmbio acadêmico, passei o segundo semestre de 2018 em Havana. Durante todo esse tempo, pude me acostumar com a particularidade dos restaurantes do país: as refeições eram servidas dentro das salas e garagens das casas de cubanos que, naquela época, enquanto trabalhadores autônomos, transformavam esses espaços em pequenas comedorias — os *paladares* — e cafeterias. Enquanto alguns vendiam produtos na janela, mantendo o interior do domicílio preservado dos olhos curiosos da rua, outros abriam as portas para que desconhecidos famintos sentassem em seu sofá e devorassem um prato de *ropa vieja*.[1]

---

1   Prato típico cubano feito de carne desfiada e refogada com cebola, tomate e pimentão. [N.E.]

Em Havana, alguns *paladares* tentam distanciar-se do ambiente doméstico, ao passo que, em cidades menores — ou em alguns bairros da capital —, a sensação de estar comendo com a família é muito mais intensa. Em uma viagem a passeio para Trinidad, presenciei uma cena que demonstra como a moradia deu um salto à condição de fator de produção. Seguindo as placas para um almoço completo por dois pesos conversíveis, acabei entrando em uma residência. Quem me atendeu foi a *abuela*, ouviu meu pedido e se perdeu no interior da casa para prepará-lo. Sobramos, na sala de estar da família, eu, meu companheiro e uma criança de seus dez anos aos nossos cuidados, assistindo a um desenho animado em volume máximo e completamente alheia ao que se passava ao redor. Alguns minutos depois, chegou um casal de cubanos, que, numa conversa em tom baixo — e ainda assim audível —, pediu à dona da casa para usar o quarto que ela alugava como motel para casais apaixonados.

No tempo em que ficamos para o almoço, vimos diversas transações comerciais e serviços sendo prestados ali, naquela sala, enquanto acompanhamos momentos do dia daquela família: o almoço sendo dado à criança, sua organização para ir à escola, o vaivém dos moradores. Era impossível distinguir o que era comercial e o que era a simples reprodução da vida familiar. É assim que eu consigo definir o mercado em Cuba: longe do mercado capitalista impessoal típico dos nossos países, em Cuba, o mercado é a casa, onde tantas e tantas atividades produtivas são realizadas e comercializadas em meio à reprodução da vida.

Em 2015, o Airbnb anunciou um feito inédito: depois de meses de negociação com os governos dos Estados Unidos e de Cuba, começou a operar na ilha. Junto com outras corporações de telecomunicação e tecnologia, passou a compor o exclusivo grupo de companhias estadunidenses que possuem permissão do governo de seu país para operar em território cubano.

O Airbnb é uma empresa de tecnologia especializada no aluguel temporário de quartos ou moradias. Assim como a Booking.com e o Couchsurfing, oferece uma solução para turistas que não gostam ou não podem pagar por hotéis. De maneira simplificada, pode-se dizer que seu principal produto é conectar turistas que precisam de uma hospedagem e proprietários de imóveis com quartos vazios que podem ser colocados à disposição dos visitantes temporários. Nos primeiros anos de operação, o Airbnb se restringia àqueles que alugavam um cômodo da casa para o turista, sob a luz da economia colaborativa; no entanto, o negócio de aluguel temporário tornou-se tão lucrativo que surgiram verdadeiras operadoras que administram diversas moradias anunciadas na plataforma, abrangendo um segmento luxuoso desse mercado e sendo responsável pela completa "turistificação" de alguns bairros ao redor do mundo.

Quando o Airbnb passou a operar em Cuba, no dia 1º de abril de 2015, o negócio de aluguel temporário já estava em funcionamento na ilha há dezoito anos; a atividade fora autorizada pelo governo em 1997, como uma das modalidades permitidas de emprego autônomo privado, o *cuentapropismo*. Assim, o Airbnb não precisou nem promover seu modelo de negócio no país, uma vez que os cubanos já o conheciam e praticavam, ainda que de maneira analógica.

A abertura da ilha à plataforma de aluguel temporário ocorreu em um momento oportuno de crescimento da demanda por alojamento, pois entre 2014 e 2015 o número de viajantes para Cuba havia aumentado 50% com relação ao ano anterior. Isso, por sua vez, veio como consequência do relaxamento das medidas impostas pelo bloqueio dos Estados Unidos à ilha, incluindo a facilitação das viagens para Cuba e a autorização para empresas de cruzeiros estadunidenses atracarem em seus

Figura 3 — Número de moradias listadas na plataforma Airbnb em Cuba (2015-2022)

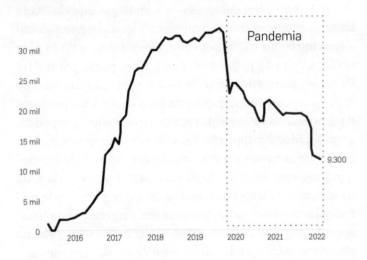

Fonte: Leo Schwartz & Lidia Hernández-Tapia, "How Airbnb Reshaped Cuba's Tourism Economy in Its Own Image", *Rest of the World*, 4 abr. 2022.

portos (Linares, 2018). Desde então, o número de casas colocadas à disposição para receber turistas cresceu acentuadamente até 2020 (figura 3), quando o governo cubano fechou as fronteiras do país devido à pandemia de covid-19.

Para além do fortalecimento do turismo nacional e da inclusão digital de diversas famílias cubanas através da plataforma, o que está por trás desse incremento expressivo do número de moradias à disposição para aluguel temporário é um processo econômico e social que, por diversas vias, acabou transformando a moradia em um fator de produção e, como consequência, em uma fonte de emprego e renda e uma via de ascensão a um padrão de consumo superior àquele possível com a *libreta* ou com os salários dos empregos estatais.

Este breve texto pretende descrever o novo papel da moradia na sociedade cubana. Para tanto, fazemos uma retrospectiva histórica abordando o papel que a moradia exerceu durante todo o período posterior à Revolução Cubana de 1959 e traçando os caminhos que levaram Cuba a se especializar no turismo e autorizar o trabalho autônomo privado. Compreendidos esses dois processos, seremos capazes de avaliar a transformação radical pela qual passou a moradia desde o final da década de 1990 e traçar algumas considerações sobre as consequências políticas, sociais e espaciais dessa transmutação.

A MORADIA EM CUBA NOS ÚLTIMOS SESSENTA ANOS DE REVOLUÇÃO

Durante o período republicano (1902–1959), a especulação do preço da terra e o arrendamento haviam se tornado as principais fontes de renda da burguesia nacional cubana. A situação chegou a esse ponto porque, desde a independência colonial, a burguesia estadunidense passou a comprar (e expropriar) grande parte das centrais açucareiras nacionais, que se tornaram propriedade dos Estados Unidos. Com isso, a burguesia nacional viu-se deslocada de sua principal atividade produtiva e comercial — a plantação de açúcar — e passou a sobreviver graças à renda que obtinha de um intrincado sistema de arrendamentos (Vasconcelos, 2016). Esse sistema, por sua vez, minava o acesso à terra para pequenos produtores; por isso, ao mesmo tempo que reforçava a estrutura agrária latifundiária, gerava pobreza entre os trabalhadores rurais, empregados nas centrais açucareiras nos meses de colheita e que, no restante do ano, ou sobreviviam a duras penas com a plantação para subsistência, ou dirigiam-se às cidades em busca de empregos temporários.

A situação urbana e habitacional cubana durante esse período esteve marcada pelos mesmos mecanismos de exploração que aconteciam no campo. Nas cidades, a burguesia nacional recebia uma renda urbana à custa dos trabalhadores, pois alugava para eles, a preços exorbitantes, quartos em cortiços montados nas suas antigas casas coloniais, das quais havia se mudado em busca de "salubridade", ou seja, distância dos trabalhadores urbanos. Ao mesmo tempo e com a ajuda do Estado, ela ocupava novos terrenos da cidade e, com isso, alimentava a espiral de especulação do preço dos terrenos. Em suma, o resultado prático para os trabalhadores cubanos era a péssima qualidade das habitações: no campo, eram verdadeiras choças, semelhantes àquelas usadas como moradia pelos povos nativos; nas cidades, eram habitações precárias em cortiços ou casas compartilhadas, majoritariamente ocupadas sob o regime de aluguel, uma vez que não existia um mercado de moradias populares em Cuba. Ao mesmo tempo, devido às características do mercado de trabalho no país e ao volume de desempregados ou trabalhadores temporários que habitavam as cidades nos períodos de entressafra, a maioria das famílias não conseguia pagar em dia os aluguéis, de modo que havia se tornado usual a execução diária de inúmeros despejos nas cidades cubanas. Os resultados desse processo eram a especulação imobiliária e a segregação urbana.

Diante dessa situação, o movimento revolucionário da década de 1950 teve como uma de suas pautas políticas a resolução do problema de acesso dos trabalhadores à moradia. Por isso, consolidada a vitória da revolução, em 1959, o governo provisório imediatamente promulgou a redução de 50% no preço dos aluguéis e a proibição dos despejos. No entanto, foi somente em 1960, quando o governo provisório foi substituído por um governo revolucionário, que se aprofundou o caráter transformador da política urbana. Com a reforma urbana de 1960 — que poderia ser chamada de revolução urbana, pela profundidade das mudanças que promoveu —, o governo revolucionário adotou medidas que erradicaram os problemas habitacionais dos trabalhadores cubanos e interromperam os processos que fomentavam a especulação imobiliária. Entre as principais medidas adotadas, destacamos as seguintes:

1. estatização de todos os terrenos urbanos e do parque habitacional cubano;
2. distribuição da posse dos imóveis (agora estatais) àqueles que neles viviam de aluguel;
3. proibição da atividade de aluguel de imóveis e da construção privada de moradia;
4. proibição da compra e venda de moradias ou terrenos, ou seja, extinção do mercado imobiliário;
5. distribuição das moradias desocupadas para as famílias cubanas sob o regime de posse;
6. transformação de prédios públicos e privados em moradias;
7. transferência da responsabilidade de produção de novas moradias ao Estado;
8. previsão de construção de escolas, hospitais, centros de trabalho, farmácias, *bodegas* etc. em todos os bairros de forma a erradicar a segregação espacial.[2]

Em resumo, a reforma urbana desmercantilizou a moradia ao transformá-la em um direito social, que passou a ser produzido e distribuído exclusivamente pelo Estado. A moradia passou a ocupar um papel fundamental para legitimar a revolução, pois garantiu estabilidade habitacional para as famílias, retirando muitas delas da condição de insalubridade do período anterior. Nota-se, entretanto, que fixar o morador à casa que

---

2 "Ley de Reforma Urbana de la República de Cuba", *El Trimestre Económico*, v. 28, n. 112, p. 770–81, out.-dez. 1961.

ocupava no período pré-revolucionário, contraditoriamente, mostrou-se uma forma de fixar as diferenciações sociais e cristalizar as desigualdades espaciais.

Para que o Estado pudesse financiar a moradia, adotou-se provisoriamente um sistema de pagamento com base no valor da renda familiar e na idade do imóvel. A perspectiva da reforma urbana era, através do desenvolvimento da indústria de construção civil estatal, construir habitações que seriam distribuídas gratuitamente a todos que necessitassem. No entanto, de 1960 até o presente, pôde-se observar uma série de contrariedades que não permitiram a efetivação do plano de longo prazo inaugurado pela reforma urbana. Entre elas destaca-se que, por diversos motivos, nos mais de sessenta anos desde a revolução, não tenha sido possível desenvolver plenamente uma indústria de construção civil que operasse com economia de recursos energéticos e de materiais.[3] Nesse ínterim, cresceram as demandas populares por novas habitações e pela possibilidade de trocar de moradia, uma vez que a maioria das famílias permaneceu na mesma casa que havia recebido em 1960.

Aos poucos, foram sendo feitas modificações na reforma urbana com o objetivo de atender a essas novas demandas habitacionais. O sentido dessas mudanças, por sua vez, acabou reintroduzindo o caráter mercadológico da moradia. Entre essas transformações, destacam-se: a autorização para construção por conta própria a partir da década de 1980 (Dávalos, 2003);

---

3   É difícil expor de maneira simplificada os muitos motivos que impediram o desenvolvimento de uma indústria da construção civil estatal capaz de garantir a demanda por moradias. Em resumo, no que tange à produção de moradias, destacamos o desenvolvimento de uma indústria de construção usando painéis pré-moldados, entre os anos 1960 e 1990. No entanto, ela era baseada no consumo intensivo de energia e cimento, dois bens de produção atualmente escassos em Cuba. Por isso, desde o Período Especial, observa-se uma redução na quantidade de moradias construídas.

as autorizações para aluguel de quartos ou moradias para turistas e de quartos para cubanos em situação transitória, em 1997;[4] e a autorização para compra e venda de moradias em Cuba a partir de 2011.[5]

A liberação do aluguel temporário dialoga diretamente com outra transformação importante para a Revolução Cubana: a abertura ao turismo internacional. Antes de explorarmos as razões que levaram a essa mudança, cabe dizer que a autorização para a hospedagem de turistas respondeu à necessidade de alojamento para o desenvolvimento do setor, porém acabou por revogar uma das principais premissas que orientaram a reforma urbana: *"Vivir en la vivienda y no de la vivienda"* [Viver na moradia, e não da moradia].

O TURISMO INTERNACIONAL EM CUBA

Para compreender a sociedade cubana atual, é indispensável entender como funciona a atividade turística no país e as razões que levaram a ilha a se especializar nesse setor após os anos 1990. Para tanto, é preciso relembrar que, em 1989, o principal parceiro comercial de Cuba, a União Soviética, iniciou uma transição ao capitalismo, revogando todos os acordos comerciais com a ilha e deixando-a sem mercado para sua produção de açúcar e sem uma fonte de petróleo a preços acessíveis. Essa condição enfraqueceu a possibilidade de compra de produtos importados e, devido à desestruturação da indústria soviética,

---

4   "Decreto-Ley 275", *Gaceta Oficial de la República de Cuba*, n. 11, p. 73–88, 1º out. 2010.

5   A Lei 288, que autoriza a compra e venda de moradias, prevê que essa transação só pode ser realizada por cubanos residentes e estabelece o limite de propriedade de uma moradia por pessoa; ver "Decreto-Ley 288", *Gaceta Oficial de la República de Cuba*, n. 35, p. 359–73, 2 nov. 2011.

deixou Cuba sem alternativa para a compra de bens de consumo duráveis e peças de reposição para o maquinário industrial, que utilizava tecnologia soviética. Em consequência, Cuba seguiu uma política de contenção e racionamento de energia e insumos, o que causou a subnutrição generalizada da população, assim como a obsolescência da indústria nacional.

Nesse período, além das dificuldades causadas pelo fim da União Soviética, os Estados Unidos intensificaram o bloqueio econômico contra Cuba, expandindo a restrição de comércio entre empresas estadunidenses e quaisquer empresas do mundo que comercializassem com Cuba, deixando o país sem alternativas de cooperação internacional e acirrando a crise econômica interna. Cuba precisou adaptar-se a essa nova realidade, e a estratégia encontrada para driblar o baixo volume de divisas, as restrições orçamentárias da ilha, a necessidade de altos investimentos para a recuperação das principais indústrias nacionais e o bloqueio foi desenvolver novos segmentos econômicos, como o turismo, a biotecnologia e a exportação de serviços médicos.

É importante notar que o desenvolvimento do turismo em Cuba seguiu uma trajetória diferente daquela dos seus vizinhos insulares, os quais abriram completamente a economia para hotelarias e operadoras turísticas estrangeiras. Em Cuba, os investimentos estrangeiros no setor turístico são feitos com aprovação e participação estatal, com o intuito de controlar o volume de atividade e planejar e gerir as operações turísticas e a atuação do capital estrangeiro. Além da participação do capital internacional, em 1990 também houve um esforço expressivo para incorporar os trabalhadores privados autônomos, os *cuentapropistas*, a este setor, os quais passaram a promover algumas atividades que o Estado não tinha capacidade econômica ou organizativa para ofertar, entre as quais a hospedagem de turistas em "casas particulares".

Atualmente, três agentes atuam no setor turístico. O primeiro deles é o Estado, responsável pela promoção da infraestrutura necessária ao turismo, desde o cuidado e a manutenção das praias e centros urbanos até a construção e a gestão de alguns hotéis e resorts. São de propriedade estatal, mais especificamente das Forças Armadas, os operadores turísticos. O segundo agente são empresas estrangeiras, principalmente grandes hotelarias de origem espanhola ou canadense, que administram os hotéis estatais ou possuem uma parte dos hotéis e resorts construídos em cooperação com o Estado cubano. Por fim, o terceiro agente são os trabalhadores privados autônomos que executam diversas atividades do setor turístico, como o aluguel de quartos ou moradias temporárias para os turistas que visitam Cuba, *city tours* em carros históricos, restaurantes, confecção de artesanato, apresentações culturais etc.

CASAS-NEGÓCIO: O USO DAS MORADIAS PARA EXECUÇÃO DE ATIVIDADES COMERCIAIS

Como mencionado, na década de 1990 foi autorizado o aluguel temporário de quartos para turistas. A necessidade de alocar turistas em casas de cubanos surgiu durante o Festival Mundial da Juventude e dos Estudantes que aconteceu em Havana, quando se percebeu que a capacidade hoteleira da ilha não daria conta de abrigar os jovens, uma vez que ela era composta principalmente por resorts e hotéis de luxo. Desde então, as chamadas "casas particulares" têm funcionado como uma alternativa menos onerosa para os turistas que visitam o país e não conseguem (ou não querem) hospedar-se nos resorts ou hotéis cinco estrelas.

Figura 4 — Preço do metro quadrado das moradias em Havana (média entre 2013 e 2019, em pesos conversíveis)

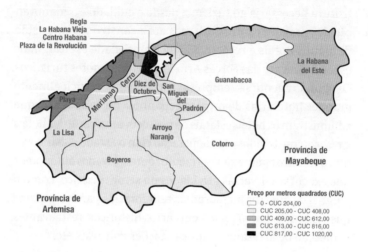

Fonte: Miglioli (2022).

A partir de 1997, a atividade evoluiu bastante, passando do simples aluguel de um quarto utilizado pela família e transformado temporariamente em hospedagem para a conversão de moradias completas em casas para alugar. Até recentemente, o aluguel das moradias funcionava sobretudo por meio da indicação dos taxistas que buscavam turistas nos aeroportos ou pelos guias e livretos de turismo impressos mundo afora. Hoje, um turista ainda pode contar com o sistema de indicações, mas também pode utilizar as plataformas digitais para reservar uma moradia ou quarto em Cuba, através do Airbnb ou de plataformas nacionais que prestam o mesmo serviço. Para tanto, o cubano que oferece hospedagem geralmente precisa contar com a ajuda de um familiar no exterior, que trata de alimentar a plataforma, gerir as reservas, sacar o dinheiro e enviá-lo na forma de remessas para Cuba.

Para as famílias, o aluguel de moradias representa uma forma de complementar a renda. Por isso, muitas vezes o trabalhador *cuentapropista* licenciado possui um emprego formal e conta com a ajuda da família para administrar o seu negócio. O aluguel também representa uma forma de as famílias acessarem a renda em divisas (antes em pesos conversíveis, agora em dólares), o que lhes permite consumir produtos importados que não estão inscritos no racionamento da *libreta*.

Com a recente inauguração do mercado de moradias, foi possível identificar que esse uso comercial das casas para a atividade de aluguel temporário acaba por influenciar o preço de venda dos imóveis. Isso pôde ser constatado através de um estudo (Miglioli, 2022) sobre a variação dos preços dos imóveis entre 2013 e 2019 em Havana,[6] uma das principais cidades turísticas do país. Os distritos com o preço do metro quadrado mais caro de Havana — Centro Habana, Playa, Plaza de la Revolución e La Habana Vieja — são aqueles que possuem casas construídas antes da revolução e que contêm atrações turísticas, o que dá a esses imóveis características arquitetônicas e simbólicas que favorecem o aluguel.

Além da diferença na média do preço do metro quadrado entre essas localidades durante todo o período, pode-se observar a variação do preço das moradias ao longo do tempo. Entre 2013 e 2019, observou-se que o preço do metro quadrado nos distritos litorâneos e turísticos era mais caro do que nos distritos interioranos, e que os incrementos de preço foram maiores nos distritos turísticos do que nos periféricos. Por exemplo, La Habana Vieja, que abriga o centro histórico da cidade e é o espaço mais frequentado por turistas, teve um incremento de 126% no preço do metro quadrado (de 570 para 1.288 dóla-

---

6   Para a realização desse estudo, foram utilizados dados de quatro imobiliárias em Cuba: La Isla, Detras de la Fachada, Por el Techo e Zafiro. Os anúncios correspondem a casas e apartamentos à venda no período de 2013 a 2019.

res), enquanto San Miguel del Padrón teve um incremento de apenas 4% — de 233 para 243 dólares. Dessa forma, conclui-se que há uma conformação de preços relativos que favorece os imóveis de locais turísticos.

Ao observar a relação entre o preço dos imóveis e a execução de atividades turísticas, podemos concluir que houve uma transformação relevante no papel da moradia, que passou a ter uma nova função: a comercial. É nesse sentido que podemos admitir que o mercado de moradias é atualmente segmentado entre imóveis com função unicamente residencial e "casas-negócio", que servem também para a execução de atividades econômicas privadas. Ao visitar os textos desses anúncios nos sites de aluguel, ficam evidentes as referências aos elementos que permitem transformar a casa em um espaço comercial, tais como as menções diretas ao uso comercial e a "diferenciais" como saída independente, suíte privada, boa localização etc. Entre as atividades favorecidas por esses atributos se reconhece principalmente o aluguel para turistas, o que o torna uma das atividades mais visadas entre os usos comerciais da moradia (Miglioli, 2022).

CONSEQUÊNCIAS ECONÔMICAS, SOCIAIS E ESPACIAIS DO USO TURÍSTICO DA MORADIA

É possível identificar uma série de efeitos do uso comercial e turístico da moradia. O primeiro deles diz respeito ao aprofundamento do problema habitacional promovido pela redução do número de moradias disponíveis para habitação e o aumento das moradias disponíveis para aluguel temporário. Isso acontece porque o estoque habitacional de Cuba cresce a uma velocidade muito menor do que a necessidade de moradia dos cubanos;

Tabela 1 —— Informações sobre a concentração de propriedades para aluguel temporário pelo Airbnb em Havana (out. 2022)

	Propriedades listadas	Variação anual	Número de avaliações	Nota na plataforma
Cuba-–Exclusivo	143	472%	5	4,4
VIP2 Cuba	91	6,2%	124	4,66
Vieja Vintage House	77	10%	1.000	4,87
Rental HomesBnB	63	68%	1.115	4,55
Hotelito Babalu	59	1,7%	97	4,51

Fonte: AirDNA, 2022.

por isso, o fato de haver hoje pelo menos quatro mil moradias colocadas totalmente à disposição dos turistas[7] significa que existe esse volume a menos de casas destinadas à habitação.

Outro problema habitacional ocasionado pelo uso comercial da moradia é a coabitação. Os diversos núcleos familiares habitando uma mesma moradia refletem o lento crescimento do estoque habitacional cubano. Por isso, um novo núcleo familiar enfrenta muitos desafios para conseguir um local de habitação, seja porque não possui recursos para comprá-lo no mercado de imóveis, seja porque deve enfrentar uma longa fila de espera por uma moradia estatal. Como alternativa, o casal passa, então, a compartilhar o imóvel de seus pais ou avós, muitas vezes improvisando algumas estruturas físicas para separar o espaço correspondente a cada núcleo familiar. Quando, além da convivência entre núcleos familiares,

---

7   "AirDNA: Vacation Rental Data to Set You Apart: Insights to Keep You Ahead", AirDNA, 2022.

adiciona-se a necessidade de reservar um espaço da moradia para turistas, isso implica a redução do espaço de vivência e de convivência familiar.

Ainda a respeito da convivência familiar, o uso de moradias para prestação de serviços tem como consequência a conversão das famílias em unidades produtivas. Na maioria das vezes, a licença para realização do trabalho *cuentapropista* é obtida por um membro da família que pode ter outro emprego. No entanto, tendo em vista que a atividade de hospedagem acontece dentro da própria residência, as famílias acabam realizando de maneira informal os trabalhos relacionados à atividade, tais como a limpeza ou o preparo do café da manhã para o turista.

No início da década de 1990, uma das principais preocupações do governo com a abertura ao turismo recaiu sobre a convivência entre cubanos e turistas com valores baseados na individualidade e no consumo. Não é possível, no escopo deste texto, explorar o quanto essa proximidade com os estrangeiros tem alterado os valores e os desejos dos cubanos — como comparam seu estilo de vida e de consumo com aqueles dos seus hóspedes temporários ou qual sua percepção do turista, do estrangeiro e do ianque. No entanto, o que podemos atestar é que, através dessa relação baseada no comércio, têm se alterado, por exemplo, o padrão estético desejado para as moradias — com uma tendência à repetição do modelo de decoração valorizado no Airbnb — e a ambição dos cubanos com relação ao seu futuro profissional, com uma sobrevalorização dos trabalhos autônomos e individuais em contraste com os estatais.

Outro efeito problemático desse fenômeno diz respeito à dependência tecnológica.[8] No caso do aluguel temporário para turismo, fica evidente que, desde 2015, a intermediação da empresa estadunidense trouxe consequências. Anteriormente,

---

8   Ver também o capítulo 11 deste livro, "(Des)conexão: apontamentos sobre a internet em Cuba".

a atividade era desenvolvida de forma analógica, através de uma grande rede de contatos. Hoje, a adesão ao Airbnb implica a repartição dos rendimentos do turismo com a plataforma mediante recolhimento de taxa; a instalação de uma dinâmica baseada na competitividade; a possibilidade de evasão fiscal, relacionada à dificuldade de comprovar os rendimentos recebidos por meio da plataforma; e a adequação das moradias ao padrão do turismo internacional. Essa dinâmica de adequação se dá através da ferramenta de ranking do Airbnb, que incentiva quem oferece hospedagem a se atualizar em relação às normas e selos de qualidade impostos indiretamente pelas avaliações e comentários do site. A dificuldade econômica dos cubanos torna difícil o acesso a itens de decoração e materiais para a adequação das casas ao padrão Airbnb. Só conseguem acesso a esse tipo de material aqueles que recebem remessas de familiares do exterior. Assim, suspeita-se que esse processo esteja causando uma concentração ilegal das casas para alugar na mão de poucos agentes, uma vez que não é permitida a propriedade de mais de uma residência em Cuba. Através de um aplicativo de inteligência de mercado, o AirDNA, podemos observar a concentração dos aluguéis entre cinco administradores (tabela 1), que reúnem até 143 casas sob sua gestão.

Observando a relação entre o preço dos imóveis e a atividade de aluguel de moradias, percebemos que, para os proprietários dos imóveis que se enquadram na categoria de casas-negócio, a venda da moradia acabou se tornando uma forma de acessar os rendimentos gerados pelo mercado de turismo. Ao cobrar mais caro pela venda dessas residências porque possibilitam atividades comerciais, o proprietário está, na realidade, trazendo para valor presente — e tomando para si — os lucros que poderão ser auferidos pelo emprego comercial dessa moradia em um momento futuro. Dessa maneira, se antes dissemos que três agentes operavam e se apropriavam dos rendimentos econômicos da atividade turística (o Estado, as empresas de capital misto e os trabalhadores autônomos), a partir de 2011 temos mais um: os proprietários de casas-negócio.

A possibilidade de comprar e vender imóveis significou também a possibilidade de as pessoas mudarem seu local de moradia e trabalho em razão do território. A preferência por casas em áreas próximas ao centro ou em zonas com atrativos turísticos tem revelado a tendência de reorganização social do território, em que alguns bairros ou localizações parecem estar se tornando espaços exclusivos para aqueles que exercem atividades privadas e autônomas. É o caso de La Habana Vieja, historicamente preterida enquanto bairro residencial devido à deterioração de seus imóveis e que, no entanto, por abrigar o centro histórico da cidade e com a atuação do Gabinete do Historiador[9] para recuperar as fachadas originais das construções, tem se tornado um espaço preferencialmente comercial. Ao mesmo tempo, e como consequência desse processo, as moradias localizadas nessa região são as que possuem o metro quadrado mais caro, o que revela que, paulatinamente, essas residências estão se tornando inacessíveis para o cubano que recebe um salário estatal. Em suma, o que se observa é uma transformação social dos territórios, com marcadas diferenciações entre os espaços exclusivamente residenciais e os comerciais. No caso cubano, como o trabalho autônomo é realizado pelos trabalhadores em suas próprias casas, isso significa também que os territórios passam a ser ocupados pelas pessoas de acordo com suas posições de trabalho. Consequentemente, os espaços que se convertem em comerciais e turísticos também representam a zona residencial de trabalhadores autônomos privados.

Como conclusão, os fenômenos apontados neste texto revelam que a abertura do mercado de moradias, associada ao uso e à transformação do território para receber o turismo, e a

---

9   Instituição fundada em 1938 para preservar o patrimônio arquitetônico e o acervo histórico e cultural de La Habana Vieja. [N.E.]

entrada de plataformas digitais de aluguel na ilha trouxeram novidades e ampliaram as possibilidades econômicas da atividade no país, ao mesmo tempo que geraram novos problemas a serem equacionados no período seguinte.

REFERÊNCIAS

DÁVALOS, Rodolfo. *La nueva ley general de la vivienda*. 2. ed. Havana: Félix Varela, 2003.

LINARES, Alejandro Maqueira. *Las economías colaborativas en Cuba: un estudio del impacto de la llegada de la plataforma Airbnb a Cuba*. Trabalho de conclusão de curso. Havana: Universidade de Havana, 2018.

MIGLIOLI, Aline. *Casa à venda: consequências econômicas e sociais da atualização do modelo econômico e social cubano*. Tese de doutorado. Campinas: Universidade Estadual de Campinas, 2022.

VASCONCELOS, Joana Salém. *História agrária da Revolução Cubana: dilemas do socialismo na periferia*. São Paulo: Alameda, 2016.

HERIBERTO PAREDES

7
MERCADORIA E DINHEIRO EM CUBA: A LUTA COTIDIANA PELO ACESSO A BENS DE CONSUMO

ANA SYLVIA MARIS RIBEIRO

Segundo dia em Havana após o isolamento:[1] consegui comprar quatro libras[2] de coxa e sobrecoxa de frango congeladas no mercado que vende em moeda nacional, situado na esquina do apartamento que aluguei em Cerro, Havana. Analisando o pacote depois de comprado, vi que a origem do produto era Atlanta, Estados Unidos, mas havia sido embalado e exportado por uma empresa de Singapura. Violeta, mãe de Lucas[3] — donos do apartamento que aluguei e moradores de outro apartamento próprio no mesmo edifício, no andar de cima —, havia me avisado sobre a venda

---

1   De março a novembro de 2021, com o agravamento da pandemia de covid-19, o governo cubano instituiu a quarentena obrigatória para todos aqueles que desembarcassem de voos vindos do exterior. Os estrangeiros e cubanos não residentes em Cuba tinham de cumprir o período de isolamento obrigatório, de cinco a sete dias, em hotéis do Estado.
2   O que corresponde a 1,8 kg. A libra é a medida de peso padrão em Cuba (1 libra = 453 gramas).
3   Nomes fictícios.

de frango. De sua janela, no corredor do 13º andar, pude ver a fila que já ocupava o quarteirão inteiro. Falaram para eu levar, além do dinheiro, o passaporte. [...] Fazia sol e já eram quase onze horas da manhã quando entrei no último lugar da fila. "Último?" era a interrogação que se ouvia de cada recém-chegado, a fim de saber atrás de quem se posicionar. Obviamente a fila não era "indiana". A concentração de pessoas ocupava metade da rua e disputavam-se as poucas sombras — do muro alto e das árvores distantes — da paisagem, que revelava traços de antiga zona industrial. Violeta e Lucas chegaram um pouco depois e se juntaram a mim na fila. Eles e os demais traziam consigo o "carnê" de identificação, principal documento cubano de pessoa física. A fila então começou a ser organizada por duas pessoas, das quais uma vestia um colete onde estava escrito *policia*. Perguntei a Lucas se aquelas pessoas eram policiais, e ele me respondeu que não, que em geral essas pessoas alocadas para organizar as filas são agentes do Ministério do Interior. Os agentes pediam que as pessoas se posicionassem uma atrás da outra para que seu carnê fosse escaneado. Segundo Violeta, o uso do scanner serve para garantir que os compradores daquele mercado sejam residentes daquele *municipio*.[4] O escaneamento também serve para que as pessoas comprem apenas uma cota da mercadoria oferecida por dia. [...] Assim que os agentes começaram a escanear os carnês, começou a primeira briga, por causa de lugar e posição na fila. Depois de muitos gritos dos agentes e das pessoas que esperavam para comprar o frango, a fila triplicou de tamanho, com as pessoas se posicionando umas atrás das outras para receber os *turnos* (senhas). Naquele dia, para a compra de frango, foram liberadas 150 senhas, a princípio; novas senhas seriam geradas a depender da chegada de um caminhão com novo carregamento, no período da tarde. Não sei se nesse dia o caminhão voltou. Quando

---

4   A cidade de Havana está dividida em quinze *municipios*, categoria similar às regiões administrativas das subprefeituras de São Paulo.

chegou a minha vez de mostrar o documento para ser escaneado, mostrei meu passaporte, e os agentes me olharam espantados. A agente vestida com o colete da polícia me pediu para esperar e saiu. Momentos depois, vi que ela conversava com um homem de óculos escuros. Depois de poucos instantes, voltou e me deu a senha 83. [...] Do instante em que cheguei à fila até a hora de sair do mercado com o pacote de frango na mão, passaram-se quase duas horas. Meus vizinhos me disseram que dei sorte, pois a espera foi relativamente rápida em comparação às filas de dias anteriores. Além disso, fazia uns vinte dias que não aparecia frango para vender. As 4 libras de frango me custaram 73 pesos. Fiz as contas no câmbio oficial cubano, cerca de 3 dólares. No câmbio paralelo, na rua, isso dá 1,5 dólar.

Atualmente, comprar comida e itens de uso cotidiano em Cuba não é tarefa fácil. São muitas horas de espera em filas para acessar as diferentes "modalidades" de mercado estatal existentes no país, seja sob sol forte ou chuva intensa. Nem todas as pessoas se encontram em condições físicas e sociais de enfrentar essa situação. Este texto aborda brevemente alguns aspectos da vida cotidiana em Cuba no que diz respeito ao acesso a mercadorias no contexto de uma economia estatal planejada e bloqueada financeiramente pelos Estados Unidos, em processo de crise, transformação e resistência. Ao final, revelo como a situação apresentada nas anotações de campo de abril de 2021 se agravou no ano seguinte. As reflexões e apontamentos aqui presentes são fundamentados em minha pesquisa de doutorado e experiências de trabalho de campo na ilha, que se deu em diferentes momentos, sobretudo nos últimos cinco anos.

A forma de acesso a mercadorias e bens de consumo em Cuba apresenta diferenças marcantes em relação aos países capitalistas. Tais diferenças respondem a pelo menos duas problemáticas fundamentais. Por um lado, desde a revolução, houve a preocupação de Fidel e dos dirigentes governamentais de não deixar as necessidades básicas da população serem sanadas pelos mecanismos tradicionais e "cegos" de mercado,[5] que têm como objetivo último o lucro e a acumulação de capital e excluem aqueles que não podem pagar. Por outro lado, com o fim da União Soviética — e a derrocada do socialismo real pelo mundo —, Cuba perdeu seus principais parceiros comerciais e a rede de relações internacionais que sustentava seu precário sistema financeiro, ficando totalmente vulnerável ao bloqueio estadunidense e à hegemonia global do dólar.

Nesse sentido, desde o fim do chamado Período Especial e o início do século XXI, existem em Cuba ao menos três "modalidades" principais de mercado estatal ou centro normatizado de venda de mercadorias. A primeira e mais importante delas são as chamadas *bodegas*. Presentes em praticamente todos os bairros das diferentes cidades cubanas, é nelas que a população consegue comprar os itens da *libreta*. Até dezembro de 2020, com pouco mais de dez pesos cubanos (aproximadamente cinquenta centavos de dólar, segundo o câmbio oficial da época), era possível adquirir todos os itens, quando disponíveis. Em decorrência das transformações recentes da economia cubana — na direção do reconhecimento e da regulamentação do trabalho autônomo e de formas de propriedade particular —, impul-

---

5 Processos "cegos" e mecanismos que se passam "pelas costas" dos sujeitos produtores de mercadorias são expressões que Marx usa no livro I de *O capital* para expor as formas contraditórias como a mais-valia se realiza e se reproduz no cotidiano, tais como a diferenciação entre preço e valor e a imposição da exploração abstrata de tempo de trabalho enquanto fim em si mesmo do capital. Nesse sentido, por mais que o processo capitalista passe pela consciência das pessoas, elas não têm controle dos resultados da produção, seja pela necessidade de ofertar seu tempo como mão de obra no mercado de trabalho para ter acesso ao dinheiro, seja ao esperar uma remuneração segundo seu capital inicial investido, o que pode não ocorrer.

sionadas principalmente pelos "Lineamientos de la política económica y social del Partido y la Revolución", aprovados em 2011 no 6º Congresso do Partido Comunista de Cuba (PCC), a *libreta* passou a ser encarada como um mecanismo obsoleto diante dos aparentes avanços econômicos; houve diminuição do número de itens e anunciou-se que seu fim estaria próximo. Entretanto, com a pandemia de covid-19, a necessidade de manutenção dessa política pública se reafirmou com força, e dessa maneira novos itens voltaram a ser incorporados. Essa retomada e esse arranque da *libreta*, porém, se consolidaram com a reforma econômica intitulada Tarefa de Ordenação, em vigor desde janeiro de 2021.

Uma das principais medidas de política econômica ditada pela Tarefa de Ordenação foi a retirada do subsídio dos preços dos itens da *libreta*. O Estado mudou a forma socialista de manejar esses itens básicos, estabelecendo preços fixos a serem pagos aos produtores e para estoques. Assim, os preços de todos os itens da *libreta*, que custavam em torno de 10 a 20 pesos mensais por pessoa (crianças, idosos e enfermos têm direito a mais itens), passaram a custar, em 2021, de 150 a 200 pesos por pessoa. Ou seja, o preço aumentou dez vezes em 2021, acompanhando mais ou menos o aumento do salário mínimo. É preciso dizer que nem todas as faixas salariais e nem todos os tipos de salário público tiveram esse aumento: alguns subiram 4 vezes, outros subiram 2,5 vezes. Com o aumento dos preços e a "retirada dos subsídios excessivos e gratuidades indevidas" — expressão repetida por autoridades cubanas com relação às transformações implementadas pela Tarefa de Ordenação —, veio a escassez, sobretudo de alimentos. Além disso, de todos os itens oferecidos pela *libreta*, geralmente o único que consegue cobrir o consumo mensal individual por inteiro é o arroz; os demais têm de ser comprados em outros mercados por um preço bem mais elevado.

Depois de comprar a cota estabelecida pela *libreta* nas *bodegas*, a alternativa para acessar mercadorias pagando em moeda nacional são os mercados popularmente chamados de "shoppings" ou *tiendas en moneda nacional*. O relato de campo que abriu este capítulo descreve a experiência da compra de frango em um mercado do tipo. Neles são vendidas mercadorias com preços superiores aos da *bodega*, mas ainda assim regulados segundo uma política social distributivista. A grande questão em relação a essa rede de mercados em moeda nacional é a escassez, que na pandemia se tornou dramática. O exemplo da *tienda* presente no relato é emblemático: em 2019 — outro momento em que estivemos em trabalho de campo no país — esse mesmo mercado sempre dispunha de bebidas (refrigerante, cerveja, rum e água com gás), além de alguns enlatados, fraldas, itens de higiene e *confituras* (biscoitos, salgadinhos e petiscos). Ao retornarmos ao país em 2021, essa *tienda* tinha apenas poucos enlatados e água com gás em suas prateleiras. O restante das mercadorias, que no período de pandemia variava basicamente entre carne de frango, salsicha, carne processada (de ave e peru, o chamado *picadillo*), sabão em pó, rum e óleo de soja, chegava uma ou duas vezes por semana, sem uma frequência preestabelecida, gerando as já mencionadas longas filas. Produtos como fraldas descartáveis, itens de higiene e *confituras* apareciam ainda mais raramente.

Para lidar com a escassez de mercadorias sob o pressuposto da distribuição igualitária dos produtos, foi instituída pelas redes estatais de *tiendas en moneda nacional* uma cota individual de cada mercadoria a ser comprada. Produtos com mais demanda, como carne de frango e óleo de soja, têm restrição mensal de compra. No relato introdutório, a cota do dia eram quatro libras de frango por pessoa. Só conseguimos comprar carne novamente nesse mercado três semanas depois (duas libras de *picadillo*).

Além das *bodegas* e dos mercados em moeda nacional, existe outro tipo de mercado, mais abastecido, no qual atualmente só é possível comprar com divisas. Nele são aceitos cartões de crédito internacionais com bandeira Visa ou Mastercard e cartões de moeda livremente conversível (MLC), na prática um cartão de débito do Banco Nacional de Cuba.

Com a unificação monetária e a supressão do peso conversível (CUC) como moeda física, quem tinha em mãos dólares ou outras moedas estrangeiras e quem recebia divisas do estrangeiro enviadas por parentes ou amigos poderia abrir uma conta em MLC em um banco cubano e receber um cartão. Por meio dele, conseguiria fazer compras nos mercados estatais, que antes vendiam em CUC e, a partir de janeiro de 2021, passaram a vender em MLC.[6] Assim, as contas bancárias em MLC são "alimentadas" apenas por divisas: dólares, euros, libras esterlinas, dólares canadenses e pesos mexicanos, não sendo possível abrir e operar uma conta dessas com pesos cubanos. Os mercados que antes operavam em CUC, dinheiro físico que qualquer um no país podia acessar pela conversão de pesos ou divisas, realizada através de casas de câmbio (Cadecas), passaram a ser inacessíveis àqueles que não tivessem divisas em mãos ou não recebessem depósitos feitos no estrangeiro. Antes da unificação monetária e da pandemia, esses estabelecimentos já eram os que tinham mais tipos de mercadoria para vender, e em maior quantidade, se comparados aos mercados que vendiam em pesos cubanos. Agora, determinados itens praticamente desapareceram dos mercados em moeda nacional e só estão disponíveis nos mercados que vendem em MLC — quando estão, porque estes últimos também passam por grave crise de abastecimento, sem contar as filas intermináveis.

As cadeias de lojas das empresas estatais Cimex e Caribe — estas últimas chamadas de *tiendas recaudadoras de divisa* (TRD) até 2018 — são exemplos de estabelecimentos onde a venda é

---

6   Os estabelecimentos seguiriam aceitando o CUC nos seis meses subsequentes, mas ouvi muitas reclamações sobre esse prazo de transição não estar sendo cumprido pela maioria das lojas, que só aceitavam MLC.

feita em MLC, tanto de itens alimentícios, de higiene e artigos para casa quanto de eletrodomésticos, eletrônicos e materiais de construção (quando disponíveis). As filas para acessar esses mercados também são gigantescas, quase sempre superiores às filas das *bodegas* e dos mercados em moeda nacional.

Uma parcela considerável da população não tem acesso aos mercados em MLC, uma vez que não possui parentes ou contatos no exterior que lhes mandem divisas nem nenhum tipo de negócio relacionado, direta ou indiretamente, ao turismo. Ademais, por causa de horários de trabalho, indisposição física e outros motivos, diversas pessoas não conseguem enfrentar todas as filas. Além de ficarem muitas horas em pé, como os produtos são vendidos item a item, conforme a disponibilidade do dia, as pessoas passam muitos dias do mês submetidas a essa forma de conseguir a maior parte das mercadorias consideradas básicas. Sem acesso a esses mercados, as coisas têm de ser compradas no mercado paralelo.

Desde o período mais intenso da pandemia, muitas pessoas que antes trabalhavam autonomamente com turismo fizeram da realidade das filas um modo de vida.[7] São os chamados *coleros*, que ganham dinheiro para guardar ou vender lugares nas filas, e os *acaparadores*, que passam o dia todo comprando o que conseguem, ou desviam mercadorias em esquemas ilegais, para vender em grupos de Telegram ou mesmo nas ruas, a um preço cada dia mais elevado.

Na tentativa de combater o mercado paralelo — já que, pelo discurso oficial, a institucionalização dos mecanismos

---

7   "Modo de vida" foi uma expressão que ouvimos muito nas diversas conversas estabelecidas nas filas durante nossa última estadia em Havana, em 2021. Era usada para definir o modo que outras pessoas haviam encontrado de ganhar dinheiro diante da queda do turismo e do fechamento de estabelecimentos de consumo e entretenimento.

privados de revenda é um "luxo a que Cuba não pode se dar" —,[8] o Estado cubano, em parceria com centros universitários e de pesquisa tecnológica, desenvolveu aplicativos para escanear os documentos das pessoas, com o intuito de aumentar o controle da circulação de mercadorias e garantir uma "distribuição igualitária". No caso dos mercados em moeda nacional (conforme o relato de abertura do capítulo), o escaneamento serve para garantir que cada pessoa acesse apenas uma cota restrita das mercadorias que chegam de tempos em tempos — em seu *municipio* de registro — e não circule por outros mercados de moeda nacional espalhados pela cidade atrás das mesmas mercadorias. Alguns mercados em MLC também passaram a utilizar o escaneamento, sobretudo com o aplicativo Cola.cu, com cotas mais flexíveis, mas ainda assim com o objetivo de evitar *coleros* e *acaparadores*. Entretanto, segundo a imprensa oficial, como o aplicativo de escaneamento é manejado por pessoas, não garante totalmente o fim dos desvios e da revenda ilegal de mercadorias.

Uma alternativa institucional de compra que se intensificou na pandemia foi a venda on-line de mercadorias, tanto em moeda nacional quanto em divisas e em MLC. No entanto, as mercadorias em moeda nacional também se esgotam rapidamente nas *tiendas* on-line, sem contar os problemas do aplicativo de vendas (que para de funcionar constantemente com o grande número de acessos) e o alto custo para acessar a internet em Cuba. Já as compras on-line em MLC e em divisas apresentam queixas principalmente com relação aos altos preços cobrados pelas mercadorias e à pouca diversidade disponível.

Além dos tipos de mercado mencionados, há em Cuba outros pequenos equipamentos de vendas. São os chamados *agros — mercados agropecuarios estatales —*, além de *carre-*

---

[8] Thalía Fuentes Puebla, "De la utopía a la práctica y el papel de los LCC", *CubaDebate*, 18 out. 2022.

tilleros, pequenas cafeterias e *carnicerías* particulares que, embora não passem pelo sistema de cotas e de controle das quantidades vendidas, também sofrem com os problemas de escassez, desabastecimento e aumento estrondoso dos preços.[9] Uma das medidas institucionais tomadas nos últimos meses com relação a esses setores é a flexibilização dos preços normatizados — ditados pela Tarefa de Ordenação — de determinadas mercadorias. Todavia, tal medida traz consigo um encarecimento sem precedentes de produtos de consumo corrente e produção local, como, por exemplo, a carne de porco.[10]

A crise de escassez observada no auge da pandemia vinha dando sinais de intensificação ao menos desde 2019, com o recrudescimento do bloqueio estadunidense e os desdobramentos da crise de conjuntura energética,[11] e infelizmente não parece estar próxima de ser superada. Além do aumento do preço da comida e de itens básicos, com a mediação ditada pela Tarefa de Ordenação, houve um crescimento geral dos preços de serviços públicos, que chegaram a decuplicar, como água, luz, transporte, gás e impostos sobre as mais variadas transações.[12]

---

9 Os *agros* são uma espécie de "sacolões" estatais, que fornecem frutas, legumes, verduras e algumas poucas mercadorias produzidas pelas cooperativas agrícolas, como molho de tomate. Já os *carretilleros* são vendedores particulares de gêneros agrícolas em carrinhos de mão. As *carnicerías*, por sua vez, correspondem a pequenos açougues particulares.

10 Com a reforma de preços, a carne de porco encareceu no mercado paralelo e depois desapareceu. Várias *carnicerías* particulares fecharam as portas por não conseguir se manter com os novos preços estipulados. Depois da flexibilização do preço fixo de venda, a carne de porco reapareceu nas *carnicerías* particulares reabertas, mas assumiu o mesmo valor que tinha no mercado paralelo, o que impossibilitou o consumo de boa parte da população. Ver Amaury Valdivia, "El adiós a los precios topados", *El Toque*, 18 ago. 2021.

11 "Presidente Díaz-Canel informa medidas coyunturales ante situación energética de Cuba", *CubaDebate*, 11 set. 2019.

12 Alguns serviços e mercadorias passaram mais de vinte anos custando o mesmo preço — preço subsidiado —, dados os baixos salários pagos em Cuba. O Estado cubano, por meio da anunciada Tarefa de Ordenação, reajustou o preço das mercadorias em 2021, com novos valores "não subsidiados". O pão

Com a pandemia e a unificação monetária, nos primeiros meses de 2021, o mercado paralelo e ilegal de dólar explodiu, dobrando o preço do dólar negociado nas ruas e especialmente em grupos no Telegram. O aumento exorbitante do dólar fez dispararem os preços das mercadorias negociadas no mercado paralelo. Essa alta astronômica empurrou para o âmbito de uma economia monetarizada a compra de itens e o pagamento de taxas, que até então detinham preços simbólicos. Fora da cota básica de compra determinada pelo Estado, esses itens agora ressuscitaram como mercadorias desgovernadas, na forma da "hiperinflação" dos preços, sobretudo no mercado paralelo. Agora é preciso trabalhar mais, ou arranjar outras formas de acessar muito mais dinheiro, para adquiri-las. Ao mesmo tempo, a produção interna de alimentos e outras mercadorias vem caindo drasticamente pelo menos desde 2020, junto de outros indicadores econômicos, devido principalmente à pandemia e também a pragas e tormentas tropicais, segundo justificou o governo.[13] Tal situação aumenta ainda mais a dependência de Cuba com relação às importações.

A combinação de escassez e encarecimento recorde das mercadorias e serviços tem tornado o cotidiano cada vez mais insuportável. Os questionamentos e reivindicações relacionados à forma monopolista — segundo a qual a política interna aparentemente controla a circulação de dinheiro e mercadorias — vem ressentindo, desde antes da pandemia, uma série de pequenos proprietários, muitos dos quais detêm apenas a

---

diário, oferecido pela *libreta*, passou de 0,05 centavos para 1 peso, um dos exemplos de preços que aumentaram mais de dez vezes, aumento máximo estipulado para o salário mínimo. Trata-se de um caso emblemático, porque mostra como um produto antes oferecido praticamente de graça (1,5 peso ao mês) ressuscitou como mercadoria que mobiliza alguma monetarização, ainda que baixa (agora o pão diário custa 30 pesos ao mês).

13 Amaury Valdivia, "Siete hitos económicos que marcaron 2020 en Cuba", *El Toque*, 5 jan. 2021.

própria força de trabalho, e comerciantes, impossibilitados de reproduzir e expandir seus negócios. Outro motivo de ressentimento cotidiano é a presença de tecnologia ultramoderna no controle da circulação de mercadorias, que contrasta com a escassez de produtos básicos e pouco manufaturados.

Embora o discurso oficial afirme que os mercados em MLC não trazem prejuízos à população cubana, uma vez que as divisas captadas são revertidas em benefícios sociais,[14] esses estabelecimentos sinalizam a dimensão interna da produção de desigualdades sociais em Cuba, que se dá principalmente entre pequenos proprietários e aqueles que recebem divisas de pessoas no exterior com relação àqueles que não recebem e têm apenas sua própria força de trabalho para vender. E há ainda aquelas pessoas que não têm condições nem de vender a própria força de trabalho. Essas desigualdades não estão livres de uma clivagem de gênero e raça. Os mercados em MLC representam o absurdo social da forma mercadoria e do dinheiro que o socialismo cubano não conseguiu superar enquanto monopólio estatal, recrudescendo, em vários aspectos, a digestão do sofrimento da economia capitalista. Tal absurdo aparece como um dos principais alvos de crítica popular, fato que veio à tona com os saques e depredações realizados nos protestos de 11 de julho de 2021.

Em 4 de agosto de 2022, o governo cubano — respondendo à necessidade de obter divisas e aos ditames do câmbio informal, que passou a organizar paralelamente a economia — começou a comprar as divisas em mãos da população ao preço de 120 pesos por dólar.[15] Com essa medida, o câmbio oficial (1 dólar = 24 pesos) manteve-se apenas para transações e pagamentos de taxas

---

14 "Gobierno cubano informa nuevas medidas para las ventas de mercancías en MLC", Banco Central de Cuba, 2 jul. 2020.

15 "¿Cómo se implementará el nuevo mercado cambiario en Cuba?", *CubaDebate*, 3 ago. 2022.

internas. Entretanto, a formalização do câmbio paralelo para compra de dólares não estancou a desvalorização do peso no mercado real, fato que provocou, durante o ano de 2022, a aceleração da subida de preços das mercadorias no mercado paralelo e também nos mercados que vendem em MLC. A bandeja com trinta ovos, por exemplo, que em abril de 2021 era negociada em Havana no mercado paralelo a um preço que variava entre 150 e 400 pesos, passou, em janeiro de 2023, a variar entre 1.800 e 2.500 pesos. Não só os ovos: praticamente todas as mercadorias de consumo cotidiano subiram em torno de 1.200%. O aumento salarial promovido pela Tarefa de Ordenação foi "engolido" sem que houvesse um novo reajuste. O salário mínimo — alçado a 2.100 pesos pela reforma econômica —, que em 2021 equivalia formalmente a 87,5 dólares, passou a valer com o novo câmbio apenas 17,5 dólares, quase o mesmo que valia antes da Tarefa de Ordenação, quando os preços de várias mercadorias e serviços públicos eram, no entanto, subsidiados. Ou seja, durante 2022, ano de controle da pandemia e da suposta retomada da economia, a população cubana empobreceu, perdendo drasticamente poder de compra.

Com o agravamento da crise, em outubro de 2022 o governo cubano retomou uma política estabelecida na pandemia após os protestos de 11 de julho de 2021: a entrega e venda de módulos de comida e detergente à população que tivesse a *libreta* em mãos.[16] No entanto, a partir dessa retomada, os mercados em moeda nacional, exemplo de estabelecimento descrito no início deste texto, deixaram de vender mercadorias a quem não estivesse associado a um núcleo familiar na cidade de residência. Na prática, isso significava que não só estrangeiros não poderiam mais comprar nesses mercados, mas pessoas de outras províncias que vivem em Havana (migrantes internos),

---

16 "Detalles de la canasta familiar normada, la entrega de módulos y materiales de la construcción", *CubaDebate*, 4 out. 2022.

por exemplo, também não. Esse tipo de política tem agravado a crise alimentar e econômica em Cuba, uma vez que força a realização do consumo pago em MLC (divisas), ou, ainda, no mercado paralelo superprecificado. A desagregação dos núcleos familiares tem aumentado enormemente nos últimos anos graças à migração (externa e interna). O agravamento da crise econômica e social cubana tem gerado constantes mudanças na forma de circulação de mercadorias no país, bem como na relação contraditória com o dólar e a pressão que ele exerce sobre o mercado interno.

ANDRÉ DARDENGO

ANDRÉ DARDENGO

8
POR QUE IRROMPERAM PROTESTOS EM CUBA?

JESSICA DOMINGUEZ DELGADO

Na manhã de 11 de julho de 2021 teve início um protesto social no município de San Antonio de los Baños, a 35 quilômetros de Havana. Em questão de horas, manifestações se espalharam por todo o território nacional.

Milhares de pessoas saíram às ruas para exigir liberdade, mudanças, vacinas, o fim das lojas em moeda livremente conversível (MLC), a renúncia do presidente Miguel Díaz-Canel e melhorias na situação do país como um todo. O governo chamou os manifestantes de "equivocados", "vândalos" e "irresponsáveis", e acusou-os de atender a interesses externos, ao mesmo tempo que deu uma "ordem de combate" aos "revolucionários" e às forças de segurança para que confrontassem as manifestações populares.

Esses fatos, inéditos pela sua proporção, são resultado do agravamento das condições sociais, econômicas, sanitárias e políticas de Cuba, comentadas a seguir.

EMERGÊNCIA SANITÁRIA EM CUBA

Em 2021, a pandemia de covid-19 se agravou no país. Depois de o governo manter a doença sob relativo controle, com números muito baixos para a região, e começar a vacinação em algumas áreas, desencadeou-se uma onda mais forte de contágios e mortes.

Até 12 de abril de 2021, após pouco mais de um ano de pandemia no país, 467 pessoas haviam falecido e 87.385 casos haviam sido diagnosticados. Apenas três meses depois, em 12 de julho, os números chegaram a 1.579 mortes e 224.914 casos, um aumento de mais de 2,5 vezes.

A pior situação ocorreu na província de Matanzas, onde, entre 1º e 10 de julho de 2021, foram diagnosticados 16.447 casos. Quando as transmissões começaram a aumentar, o governador da província, Mario Sabines, disse que contavam com quase seis mil leitos em centros de isolamento, mas declarou serem necessários mais três mil vagas para satisfazer as necessidades diante do elevado número de casos.

O aumento na quantidade de pessoas hospitalizadas, a carência de insumos e de medicamentos e o esgotamento progressivo dos recursos materiais e humanos disponíveis colocaram o sistema de saúde em uma situação de colapso, embora as autoridades governamentais a denominassem "complexa". À falta de recursos para enfrentar a covid-19 somavam-se graves carências na chamada "tabela básica de medicamentos", o que implicou o reaparecimento de outras doenças, como a escabiose.

A tabela básica de medicamentos cubana é composta por 619 produtos: 351 para hospitais e 268 para farmácias. Do total, 263 (42%) são importados e 356 (58%) são nacionais: 350 são produzidos pela BioCubaFarma, 5 pela indústria alimentícia e 1 pelo Centro Nacional de Saúde Agropecuária.

Entre os produtos fabricados pela BioCubaFarma, 85 estiveram em falta ao longo de 2020. Os importados, usados principalmente na atenção secundária à saúde, não entraram no país.

O ministro da Saúde Pública, José Ángel Portal, reconheceu que a situação com os medicamentos continuava "tensa" e ofereceu como alternativa a produção e o uso de remédios naturais e tradicionais. Diante do desabastecimento das farmácias, os cubanos buscaram outras vias para acessar medicamentos: grupos de doação e troca nas redes sociais, comercialização no mercado ilegal e encomendas no exterior.

Em meio a esse panorama, usuários cubanos do Twitter lançaram a campanha #SOSMatanzas, pela qual conseguiram reunir influenciadores e personalidades internacionais tão diversos como Mia Khalifa, Alejandro Sanz, Daddy Yankee, Paco León e Residente (vocalista da banda Calle 13), entre outros. A mobilização buscava denunciar o colapso do sistema de saúde de Cuba e reivindicar a criação de vias legais para o envio de ajuda humanitária a partir de outros países da diáspora cubana, em especial um corredor entre a comunidade cubana nos Estados Unidos e a ilha que não fosse gerido pelo Estado cubano, no qual os impulsionadores da iniciativa não confiavam.

Havana denunciou a campanha por considerá-la cúmplice de interesses intervencionistas do governo dos Estados Unidos, e negou estar fechada ao recebimento de ajuda humanitária, embora sempre exigisse que ela chegasse "pelos canais pertinentes".

Parte da discussão pública desencadeada pela gravidade da crise sanitária relacionava-se à convivência da população da província de Matanzas com centenas de turistas russos. As fronteiras do país continuavam abertas ao turismo internacional, restrito aos principais polos turísticos; mas as autoridades aeronáuticas permitiam poucos voos aos principais enclaves da emigração cubana, de onde chegavam remessas e envios que ajudavam a amenizar a crise geral.

O governo cubano, em particular o primeiro-ministro Manuel Marrero, disse em pronunciamento na televisão que descartou os turistas russos como causa dos contágios e que só fecharia o país numa situação extrema. Nos primeiros seis meses de 2021, chegaram a Cuba 122 mil turistas; antes da pandemia, a cifra mais alta fora 4,2 milhões.

Apesar de ter sido o primeiro país da América Latina a desenvolver duas possíveis vacinas contra a covid-19 com uma eficácia de mais de 90%, a vacinação cubana também demorou. Cuba apostou no desenvolvimento de imunizantes próprios e decidiu não integrar a Covax, coalização capitaneada pela Organização Mundial da Saúde (OMS) para aquisição e distribuição de vacinas nos países do Sul global. Por isso, a aplicação dos protótipos cubanos de vacina foi feita de forma experimental e com limites diários durante vários meses, até que em 9 de julho uma das candidatas, a Abdala, obteve da entidade reguladora nacional permissão de uso emergencial.

Como parte de ensaios clínicos e estudos de intervenção, até 10 de junho mais de 3 milhões de pessoas haviam recebido pelo menos uma dose, e 1,8 milhão havia concluído o esquema de três doses de Abdala ou de Soberana 02 e Soberana Plus. No entanto, isso foi realizado apenas nas províncias de Havana, Matanzas, Granma, Guantánamo e Santiago de Cuba, e para o pessoal da área da saúde. A ampliação da vacinação foi uma das reivindicações ouvidas durante os protestos.

CRISE ECONÔMICA

A situação econômica precária de um número cada vez maior de pessoas, a dolarização da economia e o difícil acesso a alimentos e produtos de primeira necessidade — comercializados desde o final de 2019 em moedas estrangeiras — aumentaram as desigualdades e foram alguns dos principais motivos do mal-estar cívico em 2021.

A permanência do bloqueio econômico e as medidas do governo Trump, que desarticularam o processo de normalização das relações entre Cuba e Estados Unidos iniciado por Barack Obama e Raúl Castro, ficaram em segundo plano nessa situação. Outros episódios — as sanções a empresas relacionadas ao consórcio Gaesa, das Forças Armadas, que provocaram o encerramento dos serviços da Western Union em Cuba e um corte drástico nas remessas; a proibição de voos para outras cidades que não Havana; o fechamento dos serviços consulares da embaixada dos Estados Unidos devido aos supostos "ataques sônicos" — são componentes da crise, mas não a explicam por si mesmos.

Em outubro de 2019, o governo cubano anunciou a possibilidade de comprar eletrodomésticos, autopeças e outras mercadorias em moedas livremente conversíveis. O que foi anunciado como uma opção temporária, limitada à comercialização de alguns itens, logo se tornou a norma. As autoridades garantiram que parte dos lucros das lojas em MLC iria para o desenvolvimento da indústria nacional, para colocá-la em condições de atender às necessidades do mercado interno e, em algum momento, exportar. Na época, Díaz-Canel disse que "seria necessário vender certa quantidade de mercadorias em moeda livremente conversível, ter moeda estrangeira e continuar expandindo esse tipo de venda; e parte do dinheiro arrecadado dessa forma será injetada na indústria nacional, para que se torne uma fonte de produtos para essas e outras lojas".

Um ano e meio depois, os alimentos e os principais produtos de primeira necessidade eram encontrados quase exclusivamente em moeda estrangeira, e era cada vez maior o número de serviços que só estavam disponíveis nessa moeda.

Embora o câmbio oficial do país estivesse fixado, desde 1º de janeiro de 2021, em 24 pesos cubanos por dólar, não era possível comprar moeda estrangeira pela via oficial. O mercado informal encarregou-se, então, de suprir a demanda de divisas para comprar nas lojas (todas estatais) ou para ir ao estrangeiro, em contextos de emigração ou de compras no exterior. A taxa de câmbio informal tornou-se a verdadeira referência de valores de mercado.

A situação piorou quando o Banco Central de Cuba anunciou, em 10 de junho de 2021, que em dez dias suspenderia temporariamente os depósitos bancários de dólares estadunidenses em espécie. Segundo as autoridades, a medida se devia aos "obstáculos impostos pelo bloqueio econômico dos Estados Unidos para que o sistema bancário nacional possa depositar no exterior o dinheiro em dólares estadunidenses arrecadado em Cuba".

No entanto, vários economistas apontaram que a medida tinha a vantagem de arrecadar rapidamente vários milhões de dólares em espécie circulando no país, no ápice da maior crise de liquidez dos bancos cubanos, e justamente no momento em que Cuba chegava a acordos com seus credores do Clube de Paris para não deixar de cumprir seus compromissos de pagamento e entrar em inadimplência.

UMA "ORDEM ECONÔMICA" DESORDENADA

A implementação da chamada Tarefa de Ordenação, destinada a suprimir a dupla moeda existente, ajustando taxas de câmbio e tabelas salariais, teve início em janeiro de 2021, após ter sido adiada por anos. O *timing*, porém, não poderia ter sido menos favorável: agravavam-se as consequências econômicas e sociais da pandemia, e um processo de redolarização da economia havia começado.

Com a unificação monetária e cambial que eliminou o peso conversível (uma das duas moedas cubanas que circulavam no país) e as múltiplas taxas de câmbio, vieram outras duas medidas, anunciadas anos antes: a eliminação de subsídios e gratuidades e uma transformação nas rendas.

O aumento de salários e pensões deveria ajustar a pirâmide invertida na renda dos trabalhadores com uma melhor distribuição das riquezas de acordo com o trabalho de cada um e, com isso, proporcionar melhor qualidade de vida. No entanto, seis meses após a implementação dessas reformas, a inflação consumiu os lucros da mudança salarial, e em todos os setores econômicos, tanto estatais quanto privados, os preços não paravam de aumentar. Desde então, apesar de muita gente ter passado a ganhar mais, o poder aquisitivo diminuiu.

A CRISE TAMBÉM É SOCIAL

Sem dinheiro para importar os alimentos de que o país precisa, dada a precariedade da produção nacional, o governo tem apelado para o aumento das colheitas, com resultados pouco visíveis. Conseguir comida ainda é um dos dilemas mais angustiantes da vida cotidiana em Cuba.

A baixa disponibilidade de produtos — além da falta de variedade e de qualidade nutricional — e os altos preços fizeram desse problema a principal preocupação das famílias, a tal ponto que o Estado o considera, desde 2007, uma questão de segurança nacional, que piora a cada dia.

Outro motivo de profunda irritação e incerteza entre os cubanos é a volta dos apagões. A União Nacional de Eletricistas e o Ministério de Energia e Minas emitiram uma nota oficial no dia 21 de junho de 2021 sobre os impactos no abastecimento elétrico.

Segundo o comunicado, a situação era temporária e ocasionada pela conjunção de várias causas: limitações tecnológicas nos blocos de geração térmica, unidades que se encontravam em manutenção, avarias ocorridas nas centrais e limitações para a distribuição de combustível aos grupos geradores. Uma linguagem burocrática para não dizer que as usinas estavam obsoletas e que não entrava combustível suficiente em Cuba.

O resultado foi o retorno dos "rodízios" de eletricidade por um tempo máximo oficial de quatro horas por dia — estendido para seis horas em 30 de junho. Mas, na realidade, apagões muito mais longos acometiam vários territórios, especialmente fora de Havana. Em San Antonio de los Baños, onde a revolta começou, os moradores relataram blecautes de doze horas por vários dias consecutivos. Após a mobilização popular, prometeu-se o fim desses problemas.

As atuais circunstâncias sociais lembram os anos do chamado Período Especial da década de 1990, quando o país atravessava uma grave crise econômica. Para muitos homens e mulheres cubanos, a situação de 2021 era semelhante ou pior.

ATIVAÇÃO CIDADÃ E FRATURA PÚBLICA DO MONOPÓLIO IDEOLÓGICO

Os protestos de 2021 não foram a primeira expressão de descontentamento político no passado recente; foram, sim, os primeiros de caráter popular e de massas, mas vários antecedentes servem de pano de fundo aos acontecimentos de 11 de julho.

Na noite de 26 de novembro de 2020, as autoridades invadiram a sede do Movimiento San Isidro (MSI) em La Habana Vieja e expulsaram aqueles que haviam declarado greve de fome, sede ou ambas em protesto contra a detenção e o processo judicial sofrido por um de seus integrantes (o rapper Denis Solís). No dia seguinte, cerca de vinte jovens se reuniram em frente ao Ministério da Cultura para exigir diálogo com as mais altas autoridades. O grupo e as demandas cresceram ao longo do dia, com a presença de mais de trezentas pessoas.

No dia seguinte, algo inédito aconteceu na Cuba pós-1959. Pela primeira vez, um grupo diverso de pessoas auto-organizadas, com diferentes demandas políticas, tomou o espaço público e conseguiu pressionar uma instituição governamental: no caso, o Ministério da Cultura.

Em menos de uma semana, as autoridades encontraram pretextos para impedir a mesa de diálogo e lançar uma campanha para deslegitimar o movimento, acusando os participantes de agir de acordo com interesses externos. Teve início, então, um processo que duraria vários meses. Pessoas começaram a ser presas. Campanhas de difamação e ataques à credibilidade de tudo o que estivesse relacionado aos eventos do 27N estariam diariamente nos noticiários dos canais de propaganda oficial.

Todas as propostas de diálogo com a sociedade civil mereceram o mesmo desinteresse por parte do governo, que, encerrado na sua torre de marfim, só falava com quem estava "dentro da revolução". Os constantes ataques e desqualificações levaram o grupo conhecido como Articulación Plebeya a apresentar uma denúncia e uma petição, assinada por mais de quatrocentos intelectuais, para deter os atentados à dignidade e à honra das pessoas, que se tornaram práticas habituais das autoridades e dos meios de comunicação da ilha.

A tensão voltou ao Ministério da Cultura em 27 de janeiro de 2021, quando vários integrantes do grupo autoconvocado em novembro de 2020 exigiram ser ouvidos outra vez e foram agredidos fisicamente por funcionários do Estado, liderados pelo ministro da pasta. Uma semana depois, na manhã de 3 de fevereiro, vários artistas cubanos apresentaram uma petição ao presidente da Assembleia Nacional do Poder Popular (ANPP) e do Conselho de Estado, Esteban Lazo Hernández, para afastar Alpidio Alonso do cargo de deputado e ministro da Cultura. Como esperado, o pedido foi indeferido.

Nesse período, o caso da jornalista Karla María Pérez gerou grande repercussão na opinião pública virtual. A jovem fora deixada em um limbo jurídico pelo governo cubano: depois de terminar os estudos na Costa Rica, foi notificada, durante uma escala no Panamá, que estava proibida de entrar em Cuba. Karla foi exilada por seu trabalho na mídia digital independente. Já havia sido expulsa da universidade em Cuba por suas opiniões políticas e por pertencer a uma organização de oposição.

A impunidade com que deputados e porta-vozes de campanhas difamatórias agem na mídia estatal tem sido rechaçada pelos cidadãos, e alguns deles apresentaram queixas e denúncias ao Ministério Público. No entanto, como ficou claro, as instituições responsáveis por garantir a "legalidade socialista" não estão interessadas em investigar os possíveis crimes de seus colegas, mesmo que isso signifique descumprir o papel que lhe é atribuído pela Constituição.

Foram meses de ações repressivas, direcionadas ao silenciamento da inusitada congregação conquistada em 27 de novembro de 2020. Diante das prisões e da destruição de suas obras de arte, o líder do MSI, Luis Manuel Otero Alcántara, anunciou que declararia greve de fome e sede em 25 de abril de 2021 — e assim permaneceu, até que uma operação policial o levou ao hospital Calixto García. O confinamento de Luis Manuel desencadeou um ato de protesto público na Rua Obispo no dia 30 de abril, que resultou em doze detidos, posteriormente acusados de resistência e desacato, alguns deles colocados em prisão provisória. No dia 31 de maio, 29 dias após sua remoção, Luis Manuel recebeu alta. Durante esse tempo, somente as pessoas determinadas pelas forças de segurança que vigiavam o estabelecimento hospitalar puderam visitá-lo, e não se ouviram notícias do rapaz por vários dias consecutivos.

A estratégia de perseguição judicial "cirúrgica" contra as figuras mais "combativas" do 27N e da atual oposição política também avançou. No final de abril de 2021, a artista Tania Bruguera foi acusada de incitação ao crime após escrever uma postagem no Facebook que criticava as prisões arbitrárias das artistas e ativistas Katherine Bisquet e Camila Ramírez Lobón. A lista de acusados continuou a crescer. Hamlet Lavastida, artista e integrante do grupo 27N, foi preso e colocado sob investigação após sua chegada a Cuba em 21 de junho de 2021, vindo da Alemanha, onde completara uma residência artística na galeria Künstlerhaus Bethanien, em Berlim.

Esse confronto com os artistas que protagonizaram o 27N ganhou as atenções do país, embora pareça que a campanha de desinformação do Estado tenha falado mais alto. A estratégia repressiva voltou a incluir atos de repúdio contra dissidentes ou opositores, além de constantes desavenças públicas e "guerras de canções", como a protagonizada pela música "Patria y Vida", uma resposta direta ao tradicional lema político cubano "Patria o muerte".

Apesar de todo o esforço de comunicação para desacreditar as ações dissidentes, a tensão não diminuiu nesses meses. Uma tentativa de deter o rapper Maykel Castillo, conhecido como Osorbo, quando tentava chegar a San Isidro acabou em confronto entre manifestantes e a patrulha que queria levá-lo. Como resultado, os policiais não conseguiram prendê-lo.

Este terreno fértil apresenta condições naturais para uma convulsão social. Embora o governo cubano não reconheça sua legitimidade e prefira falar de um "golpe promovido e orquestrado pelos Estados Unidos", ele tem a responsabilidade pelas causas que se acumularam e levaram aos protestos — que estranhamente tardaram a acontecer.

No final das contas, não se ouvia apenas sobre vacinas, alimentos ou fechamento de lojas que aceitam moeda livremente conversível nas palavras de ordem dos manifestantes. Também se ouviu o grito alto de "Liberdade!".

HERIBERTO PAREDES

HERIBERTO PAREDES

9
FORÇAS ARMADAS CUBANAS: OS NEGÓCIOS SÃO A PÁTRIA

LAURA TEDESCO
RUT DIAMINT

Este texto analisa o papel das Forças Armadas Revolucionárias (FAR), que nasceram com a revolução, se glorificaram com os acontecimentos em Angola, Etiópia e Moçambique,[1] deixaram a ilha para construir o socialismo em vários países da América Latina e agora são um conglomerado empresarial. A primeira seção apresenta uma breve referência ao passado da instituição militar. Em seguida, são explicadas as tarefas de reorganização econômica. Em terceiro lugar, é citada uma série de situações paradoxais dos militares. Por último, trazemos as conclusões deste estudo.

---

[1] Nos anos 1970, Cuba apoiou militarmente os movimentos de libertação de países africanos que lutavam contra a colonização europeia, como Angola e Moçambique, além de auxiliar a Etiópia durante a guerra contra a Somália. [N.E.]

1. AS FAR DESCENDEM DO *GRANMA*

As Forças Armadas que surgiram da revolução são milícias populares que acompanharam Fidel Castro em suas expedições revolucionárias. O *Granma* [barco que transportou Fidel e os 84 do México a Cuba em 1956] atracou na costa cubana, e a luta guerrilheira começou na Sierra Maestra. O programa inicial postulado no "Manifesto de Sierra Maestra" era restaurar a Constituição de 1940 e realizar a reforma agrária.

Diante do golpe de Estado liderado por Fulgencio Batista em 1952, que derrubou o presidente eleito Carlos Prío Socarrás, do Partido Revolucionario Cubano Auténtico, era justificável participar de um movimento de libertação contra o ditador. Em 1º de janeiro de 1959, as forças do Exército Rebelde, lideradas por Fidel Castro, entraram em Santiago de Cuba, e o ditador Fulgencio Batista fugiu para os Estados Unidos.

Esse exército era formado por peões rurais, trabalhadores e camponeses. Em junho de 1959, foi inaugurada a Escola de Cadetes do Exército Rebelde no acampamento de Managua, e em 1960 fundou-se no mesmo lugar a Escola de Oficiais de Milícias, com o objetivo de preparar os responsáveis pela condução das tropas. Apesar da instrução e do treinamento de combate das FAR, suas habilidades eram deficitárias. Esses militares, que careciam de formação profissional, demonstraram sua coragem ao repelir, em 1961, o ataque na chamada Batalha de Playa Girón, que os Estados Unidos chamam de Invasão da Baía dos Porcos, ação apoiada por um povo insurgente que rejeitava a intervenção estrangeira.

Nos primeiros anos da revolução, as FAR tinham a missão de defender o regime, exportar o modelo revolucionário e cooperar com outras guerrilhas na conquista do poder. Elas foram uma parte importante das propostas de Fidel e funcionaram como um baluarte da política externa revolucionária. Participavam dos principais órgãos políticos, mas não tinham funções comerciais.

Jorge I. Domínguez (2021, p. 71) afirma que "as FAR da República de Cuba possuem particularidades distintivas". Segundo esse autor, seus sucessos militares na África, o impedimento da invasão da ilha pelos Estados Unidos, sua opacidade e sua ampla ligação com o partido governante as tornam peculiares.

No entanto, a distinção dessas forças se tornará mais evidente na década de 1990. A queda da União Soviética exigiu mudanças substanciais. Elas reduziram seu tamanho: de mais de 300 mil soldados, no final dos anos 1980, para cerca de 65 mil no final dos anos 1990 (Domínguez, 2021, p. 73). O Sistema de Aperfeiçoamento Empresarial, a princípio pensado para a produção de bens de consumo para as Forças Armadas, evitando sobrecarregar o parco erário, acabou produzindo a maior transformação das FAR. Esse sistema foi lançado em 1989 e implementado apenas no âmbito do sistema empresarial do Ministério das Forças Armadas Revolucionárias (Minfar). Quando entrou em vigor o Decreto 281, de 2007, o Conselho de Ministros modificou a implementação e a consolidação do Sistema de Supervisão e Gestão Empresarial do Estado, legitimando essa experiência para as demais atividades econômicas da ilha. Conforme expresso no jornal oficial: "Nos documentos programáticos aprovados no 7º e no 8º Congressos, foi ratificada, como essência do nosso sistema, a propriedade socialista de todo o povo sobre os meios fundamentais de produção, que são os que permitem ao Estado socialista conduzir o desenvolvimento econômico e social".

2. MILITARES EMPRESÁRIOS

A crise dos anos 1990 revelou ao mundo o poder político e econômico dos militares cubanos. O antigo Exército Rebelde, posteriormente convertido nas FAR, sofreu uma profunda transformação durante o chamado Período Especial em Tempos de

Paz (1990–1993), quando a implosão da União Soviética fez o PIB cubano se contrair quase 36% e o orçamento diminuiu 60%.[2] Assim, as FAR tiveram que abandonar as missões militares voltadas para a difusão dos ideais revolucionários e se tornaram o principal agente econômico do Estado, transmutando-se em uma organização empresarial de produção e serviços necessários para garantir a eficiência e a competitividade da empresa estatal socialista.

Desde então, as FAR controlam o turismo, o mercado de câmbio, o transporte aéreo e a mineração. A consolidação desse monopólio sobre a economia se acelerou a partir de 2008, quando Raúl Castro sucedeu Fidel, por meio do conglomerado Grupo de Administración Empresarial S.A. (Gaesa), liderado pelo ex-genro de Raúl, o general Luis Alberto Rodríguez López-Calleja.

O Gaesa supervisiona cerca de oitocentos negócios na ilha, que respondem por mais da metade da receita do país. Grande parte desses recursos é investida no paraíso fiscal do Panamá para fugir do embargo estadunidense. Com contas opacas, o Gaesa se beneficia de maiores recursos financeiros, maiores salários e menos entraves burocráticos, e se tornou quase um Estado dentro do Estado.

A posição assumida por esse império militar-econômico-político, ao qual se somam os poderosos serviços de inteligência e outros órgãos de segurança, é crucial para a condução política da ilha. As FAR não têm incentivo para abandonar seu poder político e seus privilégios econômicos.

Em 1989, o novo Sistema de Supervisão e Gestão de Negócios foi aplicado a empresas de construção militares, um hospital, uma empresa agropecuária, o Instituto Cubano de Geodésia e Cartografia, três centros turísticos e uma oficina de conserto de automóveis (López, 2006). Com a centralização no turismo

---

2 Laura Tedesco, "De militares a gerentes: las Fuerzas Armadas Revolucionarias en Cuba", *Nueva Sociedad*, n. 278, p. 111–8, 2018.

e nas finanças, a economia cubana foi colocada nas mãos das FAR. Em 1998, através do Decreto 187, intitulado Bases Generales del Perfeccionamiento Empresarial, foi concebida uma nova filosofia de trabalho, que traz consigo a necessidade permanente de inovar, criar e avaliar.[3] Os princípios de aperfeiçoamento aplicados ao sistema empresarial do Ministério da Defesa foram essenciais para a planificação da economia. Esse aperfeiçoamento também permitia a realização de um controle sistemático, o que tornou o partido e o Estado cientes do que acontecia em todos os ramos da economia cubana.

Estima-se que as FAR controlem 844 empresas. O Gaesa, por sua vez, é a estrutura através da qual as FAR intervêm numa parte que corresponde de 50% a 80% da arrecadação empresarial, e inclui empresas de turismo, comércios, lojas arrecadadoras de divisas, comunicações e produção agropecuária.[4] O Gaesa, liderado pela empresa de turismo e comércio Gaviota S.A., absorveu as empresas estatais Cubanacán S.A. e Cimex.

A Cimex era composta por 73 empresas subsidiárias e 21 empresas associadas; destas, 61 estavam localizadas fora da ilha, a maioria em atividades de importação e exportação, turismo e imobiliárias.[5] Em seguida, absorveu Habaguanex (uma centena de varejistas que comercializavam em dólares, 21 hotéis e pousadas e uma ampla rede de lanchonetes e restaurantes), braço econômico do Gabinete do Historiador em Havana, de Eusebio Leal, cuja renda foi essencial para a restauração do centro histórico da capital. Depois, conseguiu o controle do Banco Financeiro Internacional, a principal entidade do gênero para a gestão internacional de divisas, e da Financeira Cimex, que tem o monopólio do envio de remessas para Cuba e controla

---

3   Ver "Perfeccionamiento empresarial", *EcuRed*, [s.d.]. Disponível em: https://www.ecured.cu/Perfeccionamiento_empresarial.
4   "El Ejército controla la economía de Cuba", *El País*, 10 fev. 2007.
5   "Las fuerzas armadas de Cuba, los verdaderos señores económicos de la isla", *El Confidencial*, 17 abr. 2017.

o processamento de cartões internacionais Visa e Mastercard na ilha, entre outras operações.

Em 2017, o site *Cubanet* publicou a lista de hotéis e empresas proibidas a estadunidenses, por serem considerados estabelecimentos militares. Em julho de 2021, os Estados Unidos sancionaram o ministro da Defesa cubano, Álvaro López Miera, e a Brigada Especial Nacional, cujos integrantes são conhecidos como "boinas negras", por violações dos direitos humanos.

O processo de monopolização da economia pelas FAR se acentuou com a chegada de Raúl Castro ao poder. Em 2016, foram criados os Fundos FAR da Reserva Estatal. Esses recursos das FAR foram usados para pagar parte da dívida externa. O Gaesa funciona como um monopólio que controla 60% da economia, e, por pertencer ao Exército, sua atividade permanece em segredo de Estado.

O aumento do seu papel econômico implicou um processo de desmilitarização das forças, uma vez que o seu treinamento militar passou a ser secundário para que elas se concentrassem nas tarefas econômicas. É o que defende outro analista sobre o tema: "A dimensão empresarial dos militares contribui para a sua desnaturalização e questiona a preparação e a prontidão desse instrumento militar castrista para a defesa nacional".[6]

O governo cubano construiu, ao longo de seis décadas, uma eficiente máquina de controle econômico e social. As FAR, junto com as forças de segurança do Ministério do Interior, implementaram uma vigorosa militarização do país. Como aliadas políticas do partido governante, essas forças militares abandonaram sua profissionalização, já que o último exercício operacional data de 2016. Elas se tornaram um instrumento econômico e de inteligência para a solidificação do governo.

---

6   Marcos Moloeznik Gruer, "El futuro de Cuba a la luz de sus Fuerzas Armadas", *Política y Estrategia*, n. 125, p. 13-38, 2015.

3. MILITARES NA POLÍTICA

Em razão de seu papel na revolução, suas atividades de solidariedade internacional e sua atuação no Período Especial, os membros das FAR eram respeitados pela população. Os cubanos afirmavam que esses militares não se envolviam na repressão interna, como acontecia no resto da América Latina. No entanto, as manifestações populares de 11 de julho de 2021 revelaram sua participação obscura na restrição à expressão popular.

Várias fontes mostraram a participação dos militares na repressão — "o destacamento de cadetes militares vestidos de civis, armados com tacos de beisebol" —, confirmada por outros meios de comunicação que informaram que as Forças Armadas e agentes paramilitares foram vistos nos "vídeos de cubanos, vestidos como civis, descendo de *guaguas* [ônibus] com paus e tubos nas mãos". Outros argumentam mais duramente que, "enquanto se finge que Cuba é um exemplo de justiça social, a realidade é que o país é a pior versão de esquerda das ditaduras militares latino-americanas".[7]

Esses militares cubanos, especialmente os chamados boinas negras, também conhecidos como *avispas negras* [vespas negras], são um corpo de elite para operações especiais, responsáveis por cumprir missões de inteligência vinculadas ao temido Serviço de Segurança do Estado. O controle social em Cuba é capilar, detalhado em cada quarteirão, através dos Comitês de Defesa da Revolução, fundados em 1960, onde militantes do oficialismo denunciam imediatamente os dissidentes.

Em dezembro de 2019, o presidente de Cuba, Miguel Díaz-Canel, nomeou o ex-coronel Manuel Marrero como primeiro-ministro. Marrero não se destacou por sua carreira militar, já que foi chefe do grupo técnico de investimentos, subdiretor e

---

[7] "J-11 Cuba: dos días de protestas, un año de represión", *El Estornudo*, 10 jul. 2022.

diretor-geral do Hotel Río de Luna e subdelegado da empresa militar Gaviota para as províncias orientais. Mas esse ex-coronel combina a força econômica e política do pós-castrismo, pois trabalhou na estrutura militar que controla o setor-chave do turismo.

Díaz-Canel nomeou o general de brigada José Amado Ricardo Guerra como secretário do Conselho de Ministros, um virtual chefe de gabinete e homem de confiança de Raúl Castro. O Conselho de Ministros de Cuba conta com outros militares, aos quais se juntam os membros do comitê central do Partido Comunista de Cuba (PCC), como o general do Exército Álvaro López Miera, que também é ministro das Forças Armadas, chefe do Estado-Maior Geral e filho de comunistas espanhóis considerados heróis da República e especialistas em inteligência. Também se destaca o general de divisão Lázaro Álvarez Casas, ministro do Interior desde 25 de novembro de 2020, membro do Bureau Político,[8] ex-oficial da contrainteligência militar. Os Estados Unidos o sancionaram por graves violações dos direitos humanos. José Amado Ricardo Guerra, secretário do Conselho de Ministros, membro do Bureau Político, aliado de Raúl Castro em todas as atividades do Estado e do governo, completa a lista de militares influentes.

A destituição, em 2021, do general do Exército Leopoldo Cintra Frías, então ministro das Forças Armadas, tem razões desconhecidas pela imprensa e a população. Ele era considerado pelo governo um "herói da República de Cuba", combatente do Exército Rebelde, e foi substituído pelo general do Exército Álvaro López Miera. A falta de transparência é a característica mais significativa das atividades das FAR.

Alejandro Castro Espín, coronel do Exército e filho de Raúl Castro, foi o representante de Cuba nas negociações para melho-

---

8   Órgão máximo do PCC, responsável por indicar as candidaturas do partido aos principais cargos eletivos. [N.E.]

rar as relações com Washington, cargo que passou a exercer em 2010 pelo Conselho de Defesa Nacional de Cuba, sendo mais visibilizado nas negociações com o ex-presidente Barack Obama. Outro caso peculiar é o de Jesús Manuel Burón Tabit, general de brigada, vice-ministro do Interior e membro do comitê central do PCC, cuja suposta renúncia ao cargo chamou a atenção, uma vez que é parte da liderança política de Cuba. No mesmo dia da divulgação da notícia, em 14 de julho de 2021, o governo cubano publicou uma breve nota em que desmentia o jornal espanhol *ABC*, que afirmara que o vice-ministro do Interior havia renunciado em desacordo com a repressão desencadeada após os protestos de 11 de julho de 2021.

Todas essas referências evidenciam o peso militar nas decisões políticas cubanas. São uma manifestação da dimensão política e da dimensão de defesa do Estado. São os agentes de controle da ideologia e da prática revolucionária. Com a perda do monopólio da informação pelo governo, graças às redes sociais, as novas gerações, que cresceram na escassez, criticam a oligarquia burocrático-militar que governa o país e tem condições de vida distintas do restante do povo.

Nesse panorama da presença militar, não se pode deixar de mencionar uma situação inusitada: a morte de vários militares que integravam o Exército Rebelde. Os casos tiveram início seis dias depois do movimento cívico de 11 de julho de 2021, quando manifestações espontâneas de cubanos saíram às ruas gritando por liberdade.

Em 17 de julho, faleceu Agustín Peña Pórrez, chefe do Exército Oriental, seguido, no dia 20 de julho, por Marcelo Verdecia Perdomo, general da reserva; no final do dia 24 de julho, faleceu Rubén Martínez Puente, diretor da União Agropecuária Militar do Ministério das Forças Armadas Revolucionárias; no dia 26 de julho, Manuel Eduardo Lastres Pacheco, general da reserva, e Armando Choy Rodríguez, general de brigada e coordenador-geral do Grupo de História dos Combatentes de Las

Villas. Em seguida, foi a vez de Gilberto Antonio Cardero Sánchez. Em dezembro de 2019, catorze militares de alta patente foram mortos. Em todos os casos, o governo anunciou oficialmente as mortes, e os restos mortais foram imediatamente cremados. Não se revelou a causa de nenhum desses óbitos.

Enquanto o jornal oficial *Granma* propaga que "a defesa da pátria socialista é a maior honra e o dever supremo de todo cubano", a investida governamental contra os protestos dos cidadãos permitiu uma militarização da segurança.

4. CONCLUSÕES

As FAR fazem parte da estrutura de poder de Cuba. Elas são um elemento central da estabilidade e continuidade do governo. A Revolução Cubana não produziu um governo democrático no qual os conselhos de trabalhadores, camponeses e combatentes fizessem parte das decisões políticas. Ao contrário, criou um Estado burocrático, centralizado e controlador que impôs o dogma do socialismo, sufocando as liberdades populares por meio de repressão e exílio. O modelo castrista reproduziu características do stalinismo soviético, do qual dependia economicamente. As cúpulas militares fizeram e fazem parte dessa burocratização sufocante. Eles não chegaram lá por mérito, mas por lealdade.

A lealdade das Forças Armadas aos Castro e sua revolução tem sido uma constante. As FAR e o Ministério do Interior constituem o núcleo duro do sistema. Em todo caso, não caracterizamos a revolução como uma ditadura militar, pois a forte concentração de poder está registrada no Partido Comunista. As FAR são uma peça essencial da estrutura de produção e controle do governo. Desde o início, foi proclamada uma liderança militar, representada pela farda usada por Fidel Castro. Faz parte da simbologia utilizada pelo governo. Há uma narrativa sobre o socialismo e a igualdade e outra sobre os heróis da revolução, herdada pelos membros das FAR. Ambas compõem uma construção simbólica que perdeu toda a validade interpretativa na atualidade.

REFERÊNCIAS

DOMÍNGUEZ, Jorge I. *La política exterior de Cuba (1962–2009)*. Madri: Colibri, 2009.

DOMÍNGUEZ, Jorge I. "Las Fuerzas Armadas Revolucionarias y la gobernabilidad en Cuba". *In*: GRABENDORFF, Wolf (org.). *Militares y gobernabilidad: ¿Cómo están cambiando las relaciones cívico-militares en América Latina?* Bogotá: Fescol, 2021, p. 71–85.

GRABENDORFF, Wolf (org.). *Militares y gobernabilidad: ¿Cómo están cambiando las relaciones cívico-militares en América Latina?* Bogotá: Fescol, 2021.

KRUIJT, Dirk & KOONINGS, Kees (org.). *Latin American Military and Politics in the Twenty-First Century: A Cross-National Analysis.* Nova York: Routledge, 2022.

LATELL, Brian. "El ejército cubano y la dinámica de la transición", Institute for Cuban & Cuban-American Studies, University of Miami, 2007.

LÓPEZ, Juan Ibáñez. *Dialectica produtor directo-medios de producción: el periodo de la transición socialista en Cuba*. Madri: eumed.net, 2006.

TEDESCO, Laura & DIAMINT, Rut. "The Cuban Crackdown", *Foreign Affairs*, 30 ago. 2021.

HERIBERTO PAREDES

10
A POLÍTICA DOS ESTADOS UNIDOS COM RELAÇÃO A CUBA DURANTE A GESTÃO BIDEN: MUDANÇA OU CONTINUIDADE?

OLGA ROSA GONZÁLEZ MARTÍN

O conflito bilateral entre Estados Unidos e Cuba é parte da cultura cubana. Costumo dizer, aliás, que faz parte da psique cubana. Na ilha, prestamos tanta ou mais atenção às eleições do vizinho do norte quanto às nossas. Isso porque a história entre os dois países é tão longa e complexa que não se pode falar da história de Cuba sem falar da sua relação com os Estados Unidos. Também não se pode falar da história dos Estados Unidos sem falar de Cuba, porque "foi através do nosso arquipélago que começou o domínio neocolonial estadunidense no mundo", como bem pontua Prieto (2008, p. 66).

Foram mais de dois séculos de relações complexas, que passaram por períodos de isolamento e *engagement* que, a meu ver, não produziram mudanças na essência do conflito — a dicotomia entre dominação e soberania — nem na posição dos Estados Unidos com relação à maior das Antilhas após 1959, definida no Memorando Mallory, de 6 de abril de 1960, nos seguintes termos:

1. a maioria dos cubanos apoia Fidel Castro (a estimativa mais baixa que vi é de 50%);
2. não existe uma oposição política efetiva;
3. Fidel Castro e outros membros do governo cubano apoiam ou aprovam a influência comunista;
4. uma oposição militante a Fidel Castro vinda de fora de Cuba só seria útil para ele e para a causa comunista;
5. a única forma previsível de minar o seu apoio interno é por meio do desencanto e da insatisfação decorrentes do mal-estar econômico e das dificuldades materiais.

Se o que precede não pode ser contrariado, devem-se empregar rapidamente todos os meios possíveis para enfraquecer a vida econômica de Cuba. Se tal política for adotada, deve ser o resultado de uma decisão positiva que conduza a um curso de ação que, hábil e discretamente, alcance o maior nível possível de privação de dinheiro e suprimentos a Cuba, a fim de reduzir os seus recursos financeiros e salários reais, provocar fome, desespero e a derrubada do governo.[1]

Assim, desde 1959, a Casa Branca fez de tudo para derrubar o governo revolucionário e, principalmente, para destruir a Revolução Cubana como símbolo de autodeterminação e de resistência perante a comunidade internacional. Os pretextos foram mudando de acordo com o momento histórico. Por

---

[1] "Memorandum From the Deputy Assistant Secretary of State for Inter--American Affairs (Mallory) to the Assistant Secretary of State for Inter-American Affairs (Rubottom)", Washington, 6 abr. 1960. Disponível em: https://history.state.gov/historicaldocuments/frus1958–60v06/d499.

exemplo, durante o século XIX, os interesses expansionistas dos Estados Unidos em Cuba foram justificados pela Lei da Gravitação Política, a Doutrina Monroe e o Destino Manifesto. A materialização de tudo isso aconteceu com a intervenção estadunidense na Guerra Hispano-Cubano-Americana, que frustrou a independência de Cuba e a transformou de colônia espanhola em protetorado estadunidense. Esse foi um processo que os meios de comunicação dos Estados Unidos ajudaram a arquitetar. Como McNamara expressou na primeira sessão da Conferência Tripartite sobre a Crise de Outubro, em Havana, em janeiro de 1992, "foi ensinado aos estadunidenses que foram os Estados Unidos que libertaram Cuba da Espanha, enquanto os cubanos aprenderam que essa libertação foi o resultado da sua longa luta pela independência" (Helguera, 2013, p. 7).

Após a ocupação do território cubano, o governo dos Estados Unidos consolidou o seu controle sobre a ilha por meio da imposição da Emenda Platt na Constituição de 1901 e a assinatura do Tratado Permanente, do Tratado de Reciprocidade Comercial e do Tratado Naval de 1903. A partir dessas medidas, Cuba foi, segundo os estadunidenses, civilizada. Como observou McNamara, "os estadunidenses estão inclinados a pensar que os seus investimentos em Cuba contribuíram para o desenvolvimento do país" (Helguera, 2013, p. 7). Para eles, a política de boa vizinhança de Roosevelt, que eliminou a Emenda Platt em 1934, embora tenha levado à assinatura de outro Tratado de Reciprocidade Comercial entre Estados Unidos e Cuba, tinha como objetivo "ajudar Cuba e os latino-americanos enquanto eles faziam a sesta".

Visões como as mencionadas acima levaram tanto os jornalistas que cobriram as ações do movimento revolucionário cubano quanto uma boa parte da população estadunidense "a não compreender a essência da Revolução Cubana como parte de um processo histórico que não só se centrava na luta pela independência nacional mas tinha, também, forte caráter anticolonialista e anti-imperialista" (González Martín, 2016).

O triunfo da revolução em 1959 representou uma virada significativa da visão sobre Cuba no discurso político estadunidense. A partir desse momento, definiram-se os quatro grandes temas que construíram Cuba política e midiaticamente: "a expropriação de propriedades de empresas estadunidenses; Cuba como um país comunista; Cuba como país apoiador do terrorismo internacional (de 1982 a 2015); e, finalmente, a violação de direitos e a necessidade da chamada transição para a democracia" (González Martín, 2020, p. 200). A ilha foi novamente incluída na lista de países patrocinadores do terrorismo internacional durante a gestão de Donald Trump.

O conflito entre os dois países não é resultado do triunfo da Revolução Cubana, nem da ascensão de Fidel Castro ao poder, nem da declaração do caráter socialista da revolução. Trata-se de uma política de Estado que começou muito antes da segunda metade do século XX e que, como demonstram as negociações entre os governos de Washington e Havana após 1959, foi se ajustando às condições históricas específicas em que o conflito se desenvolveu (LeoGrande & Kornbluh, 2014). Assim, após a queda da União Soviética e do bloco socialista no Leste Europeu, os Estados Unidos apostaram também na queda de Cuba e na intensificação da guerra econômica e ideológica. Como resultado, em 1992, a legislatura estadunidense aprovou a Lei da Democracia Cubana (conhecida como Lei Torricelli) e, em 1996, a Lei da Liberdade (conhecida como Lei Helms-Burton). Em ambas, o governo dos Estados Unidos declara abertamente sua intenção de interferir nos assuntos domésticos da ilha.

Com a chegada de George W. Bush à presidência, o discurso político contra Cuba ganhou novo matiz, pois Cuba não só permaneceu na lista dos Estados patrocinadores do terrorismo como foi incluída no "eixo do mal" (Mariño, 2008).[2] Por

---

2   Em 29 de janeiro de 2002, no Discurso sobre o Estado da União — que o presidente dos Estados Unidos oferece anualmente ao Congresso —, Bush

essa razão, a chegada de Obama à Casa Branca representou a possibilidade de uma verdadeira mudança. Obama entrou para a história ao restabelecer as relações diplomáticas com Cuba e dar início ao processo de normalização dessas relações. As razões que o conduziram a esse direcionamento podem ser muitas, mas há quatro que considero essenciais: as mudanças internas em Cuba; o pragmatismo dos legisladores estadunidenses; as pressões dos governos da região; e o fracasso da política do isolamento de Cuba, que não conduziu à desejada mudança de regime.

Assim, no final do seu mandato, Obama divulgou a sua Diretriz Presidencial sobre a Normalização entre os Estados Unidos e Cuba.[3] Ela incluía cinco elementos fundamentais para a sua concretização: a visão dos Estados Unidos sobre a normalização com Cuba e a sua relação com os interesses de segurança nacional do norte; a avaliação dos progressos da normalização; as perspectivas atuais e projetadas; os objetivos prioritários para a normalização; e as ações diretas ainda por implementar para que ela fosse alcançada.

Quando Donald Trump tomou posse, em janeiro de 2017, as relações entre os dois países já tinham atingido um nível sem precedentes de aproximação.[4] É até possível dizer que o ponto alto foi a primeira visita de um presidente dos

---

usou a expressão "eixo do mal" para agrupar Irã, Iraque e Coreia do Norte, países que, conforme alegava, representavam elevado risco para a segurança mundial. Em maio de 2002, o subsecretário de Estado dos Estados Unidos, John Bolton — que se tornaria conselheiro de Segurança Nacional entre 2018 e 2019, sob Trump —, em discurso intitulado "Beyond the Axis of Evil" [Além do eixo do mal], incluiu Cuba, Líbia e Síria nesse grupo, ampliando os alvos em potencial da "guerra ao terror". [N.E.]

3   "Presidential Policy Directive: United States-Cuba Normalization", The White House, Office of the Press Secretary, 14 out. 2016.

4   United States International Trade Commission, "Overview of Cuban Imports of Goods and Services and Effects of U.S. Restrictions", Washington, mar. 2016; "U.S. Companies with a Presence in Cuba since 17 December 2014", U.S.-Cuba Trade and Economic Council, 2019.

Estados Unidos a Cuba em quase noventa anos. No entanto, a chegada de Trump à Casa Branca pôs fim a isso com a proclamação do Memorando Presidencial de Segurança Nacional sobre o Fortalecimento da Política dos Estados Unidos com Cuba. O memorando marcou um retrocesso nas relações e estabeleceu a política a ser seguida pelo seu governo no que se refere à maior das Antilhas. Os Estados Unidos voltaram, assim, ao discurso agressivo da Guerra Fria e à imposição de condições que a ilha deveria cumprir para "melhorar" as relações. E essas condições estão em plena consonância com a Lei Helms-Burton. Uma vez que Cuba as cumpra, os Estados Unidos estariam dispostos a "negociar" um acordo melhor.

O memorando também ratifica a proibição do turismo para Cuba e a não reinstituição da política dos "pés secos, pés molhados",[5] além de dar instruções para que o Departamento de Estado identifique entidades ou subentidades que considere serem controladas por — ou agirem em nome de — militares, serviços de inteligência ou de segurança cubanos, para que não se "beneficiem" de transações financeiras.[6] Ao memorando seguiram-se oito publicações dos departamentos do Tesouro, do Comércio e de Estado, anunciando como implementariam as disposições do presidente Trump entre novembro de 2017 e setembro de 2019.

Assim, com um acentuado retrocesso na relação bilateral entre Cuba e os Estados Unidos, que teve seu ponto alto com a reinserção de Cuba na lista de Estados patrocinadores do terrorismo, Joe Biden chegou à Casa Branca. Sua eleição gerou muita expectativa entre os cidadãos cubanos. Biden era uma esperança de mudança: primeiro, porque foi vice-presidente de

---

5   Essa política é pormenorizada no capítulo 17 deste volume, "O migrante cubano no contexto regional: similaridades e particularidades".

6   "Strengthening the Policy of the United States toward Cuba", *Federal Register*, v. 82, n. 202, p. 48.875-8, 2017.

Obama à época do estreitamento de laços entre os dois países; segundo, porque sua esposa chegou a viajar para Havana e conheceu Cuba. Mas o que ele de fato fez quanto às relações bilaterais com Cuba desde que chegou à Casa Branca?

Joe Biden assumiu a presidência dos Estados Unidos no dia 20 de janeiro de 2021, e durante a campanha para as eleições presidenciais a questão de Cuba foi tratada, segundo Gonzáles Morales (2022, p. 84), com base em quatro eixos fundamentais: "(1) reverter rapidamente as políticas falidas de Trump; (2) os estadunidenses, especialmente os cubano-estadunidenses, são os melhores embaixadores da 'liberdade' em Cuba; (3) 'empoderar' o povo cubano; e (4) os direitos humanos serão uma parte central das relações".

Por essa razão, centros como o Washington Office on Latin America e o Center for Democracy in the Americas publicaram, em dezembro de 2020, um documento intitulado "The United States and Cuba: A New Policy of Engagement" [Estados Unidos e Cuba: uma nova política de compromisso], no qual expunham as razões pelas quais a política de Biden deveria centrar-se no *engagement*, e não no isolamento. O texto afirma que esse processo deve ocorrer a partir da consideração de Cuba como uma prioridade para o novo governo, aliada a um conjunto de ações a serem implementadas em fases: os primeiros nove meses, o ano seguinte e, finalmente, ações concretas na legislação para alcançar uma mudança real, uma vez que a gestão Obama deixou evidente que o progresso do acordo por meio do Executivo é extremamente limitado.

No entanto, somente no dia 16 de maio de 2022 (ou seja, dezesseis meses depois) a gestão Biden apresentou algumas medidas destinadas a "aumentar o apoio ao povo cubano, em acordo com os nossos interesses de segurança nacional", que, diga-se de passagem, também foram extremamente limitadas. São as seguintes:

1. facilitar a reunificação familiar por meio do restabelecimento do Cuban Family Reunification Parole [Programa de permissão para a reunificação de famílias cubanas] e reforçar a capacidade dos serviços consulares;
2. reforçar os laços familiares e facilitar os contatos educativos entre os povos cubano e estadunidense, expandindo as viagens autorizadas em apoio ao povo cubano;
3. aumentar o apoio aos empresários cubanos independentes;
4. assegurar que as remessas cheguem com mais facilidade para o povo cubano sem enriquecer aqueles que cometem violações dos direitos humanos.[7]

Mas por que foram necessários dezesseis meses para fazer alguma coisa? Há muitas respostas possíveis. A meu ver, tudo está relacionado à variável interna cubana e à percepção que a elite política estadunidense tem dela. Como o restante do mundo, Cuba sentiu os efeitos da crise econômica mundial, agravada pela pandemia de covid-19. Nesse contexto, um grupo de congressistas estadunidenses chegou a escrever uma carta a Biden, solicitando a adoção de medidas humanitárias que visassem suspender as normas que impediam a chegada de alimentos e medicamentos a Cuba, bem como defender o processo de normalização das relações entre os dois países e, assim, fazer avançar a agenda bilateral.[8]

Do outro lado, um homem que não carregava o sobrenome Castro e não pertencia à chamada geração histórica da revolução foi eleito presidente. E, por isso, suas credenciais na política cubana estavam longe de ser as tradicionalmente reconhecidas

---

7   "Biden Administration Measures to Support the Cuban People", U.S. Department of State, 16 maio 2022.
8   James McGovern & United States House of Representatives, Letter to President-Elect Biden, 15 jan. 2021. Disponível em: https://tinyurl.com/5n9xnvrk.

pelos eleitores da ilha. A esses fatores, é importante acrescentar o fato de que foi levado a cabo um processo substancial de mudanças no sistema político cubano, aprovado na nova Constituição, em 2019, depois de um referendo popular sem precedentes pelo impacto que tiveram a política de informatização do país e o aumento da utilização e do consumo das redes sociais, entre outros elementos.

Os acontecimentos de 11 de julho de 2021 em Cuba e a importância que o governo dos Estados Unidos deu a eles também se inserem nesse contexto. Uma análise dos tuítes da embaixada dos Estados Unidos em Cuba, publicados de janeiro de 2021, quando Biden assumiu a presidência (ou seja, seis meses antes de 11 de julho), até dezembro do mesmo ano demonstrou claramente os interesses informativos e as principais mensagens do governo Biden: o apoio à subversão e à interferência nos assuntos internos de Cuba (González Martín, 2022). Embora seja verdade que esse apoio aumentou significativamente após a data mencionada, não se pode negar que estavam presentes na sua agenda desde que ele chegou à Casa Branca.

Portanto, dizer que Biden não fez mudanças por causa da suposta repressão do governo cubano aos manifestantes de 11 de julho é, na minha opinião, uma alegação infundada. O que estava planejado era não mexer um dedo, manter a política de pressão (como estabelecido no Memorando Mallory), reter toda a ajuda possível e, em seguida, atuar para provocar a desejada mudança de regime na ilha. No entanto, o que Biden não previu foi que Cuba não só resistiu à pandemia como foi capaz de produzir suas próprias vacinas e proteger a população, apesar da situação econômica precária e da crescente migração irregular para os Estados Unidos.

Este último elemento obrigou a gestão Biden a retomar, em novembro de 2022, o diálogo sobre o fluxo migratório, suspenso durante o governo Trump, e assim dar continuidade aos acordos assinados em 1984, 1994, 1995 e 2017. Essa ação responde, como afirma a nota à imprensa emitida pelo Departamento de Estado e compartilhada pela embaixada dos Estados Unidos em Havana, ao "nosso compromisso de estabelecer um diálogo construtivo com o governo de Cuba, quando apropriado, para promover os interesses dos Estados Unidos".[9]

É importante reconhecer igualmente que, em 2022, o Poder Executivo estadunidense deu alguns passos. Embora não sejam significativos nem constituam uma mudança substancial na essência do conflito entre as duas nações, eles indicam o que poderíamos considerar uma tentativa de Biden de se dissociar da política de Trump com relação a Cuba — algo que, reitero, ele não fez em 2021. São eles:

- a retomada da interlocução no nível de altos funcionários entre os dois países;[10]
- o cumprimento dos compromissos feitos a partir dos acordos de migração, embora a maior parte dos vistos tenha sido processada na Guiana (em novembro de 2022, anunciou-se que seriam processados em Havana a partir de 2023, o que aconteceu apenas com vistos de emigrantes);
- o aumento de pessoal nas embaixadas em Havana e Washington (ação necessária para o bom funcionamento dos consulados);
- a retomada de vários diálogos bilaterais, tanto no domínio científico-acadêmico como no empresarial e jurídico;[11]

---

9   "Conversaciones sobre migración con el gobierno de Cuba", Departamento de Estado de EE.UU., 15 nov. 2022.

10   "Sostiene Presidente Díaz-Canel encuentro con empresarios agrícolas de Estados Unidos", Ministerio de Relaciones Exteriores de la República de Cuba, 7 abr. 2022.

11   Ver Ministerio de Relaciones Exteriores de la República de Cuba, "Canciller cubano sostiene encuentro con Arzobispo de la Arquidiócesis de Boston",

- a retomada das visitas de congressistas estadunidenses a Havana, após as eleições intercalares (*midterms*) de 2022 nos Estados Unidos; até março de 2023, foram três, o que não acontecia desde 2019;
- a autorização para o envio de remessas de dinheiro a Cuba e para que as companhias aéreas estadunidenses pudessem viajar não só para Havana, mas também para outras províncias do país.

Ainda em 2022, Biden anunciou que facilitaria o acesso dos cubanos à internet, o que não aconteceu. Cuba não tem permissão para se conectar aos cabos estadunidenses que circundam a ilha. O presidente também não fez nada para retirar o país da lista de Estados patrocinadores do terrorismo, o que constitui um forte instrumento de coerção política e econômica, que tem um custo financeiro significativo para Cuba. Essa ação, combinada à manutenção da aplicação do título III da Lei Helms-Burton,[12] constitui uma arma eficaz para desincentivar o investimento estrangeiro em Cuba, uma vez que qualquer

---

7 abr. 2021; "Especialistas de EE.UU. y Cuba intercambian sobre experiencias en tareas de saneamiento y rehabilitación ambiental relacionadas con siniestro en Matanzas", 26 ago. 2022; "Encuentro entre el Minrex y el Departamento de Estado de EE.UU. sobre temas consulares", 9 nov. 2022; "Sostienen Cuba y los Estados Unidos diálogo sobre aplicación y cumplimiento de la ley", 20 jan. 2023; "La Asociación Americana para el Avance de la Ciencia (AAAS) de los Estados Unidos y la Academia de Ciencias de Cuba (ACC) continúan sus vínculos de cooperación", 22 mar. 2023.

12 O título III da Lei Helms-Burton permite que cidadãos estadunidenses cujos bens e ativos avaliados em mais de cinquenta mil dólares tenham sido confiscados pelo governo cubano, como parte do processo de nacionalização, processem, nos tribunais dos Estados Unidos, qualquer pessoa que "trafique" esses bens. No entanto, e devido à oposição da comunidade internacional (especialmente daqueles interessados em investir em Cuba) e às óbvias violações do direito internacional envolvidas, sua aplicação vinha sendo suspensa por todos os presidentes dos Estados Unidos a cada seis meses, desde o momento em que Clinton assinou a lei. Trump foi o primeiro a reativá-la, e Biden a manteve.

entidade que deseje investir no país estaria sujeita a um possível processo nos tribunais dos Estados Unidos. O democrata tampouco tomou qualquer medida para autorizar a utilização de dólares estadunidenses nas transações internacionais de Cuba.

Por outro lado, Biden poderia implementar outras ações que são prerrogativas do presidente e que se relacionam com os seguintes elementos:

- permitir que entidades cubanas abram contas em bancos estadunidenses;
- acabar com a perseguição financeira sofrida por Cuba;
- autorizar as exportações diretas dos Estados Unidos para Cuba;
- permitir que Cuba importe produtos de outros países contendo mais de 25% de componentes estadunidenses;
- autorizar as exportações de Cuba para os Estados Unidos, incluindo as exportações de produtos manufaturados em países terceiros que contenham matéria-prima cubana, como o níquel e o açúcar.

Para concluir, no período entre a chegada de Biden à Casa Branca e o primeiro trimestre de 2023, não foram registradas alterações substanciais na política dos Estados Unidos com relação a Cuba, embora, claro, não se descarte a possibilidade de que uma ou outra medida seja tomada antes do final do seu mandato.

REFERÊNCIAS

GONZÁLES MORALES, Rafael. "Biden y la política de máxima presión hacia Cuba: factores condicionantes y ejes estratégicos", *Cuadernos de Nuestra América*, n. 5, p. 80-93, 2022.

GONZÁLEZ MARTÍN, Olga Rosa. "El conflicto entre Cuba y los Estados Unidos: una visión desde la comunicación". *In*: SIERRA CABALLERO, Francisco (org.). *Golpes mediáticos contra la democracia en América Latina: teoría y análisis de casos*. Quito: Ciespal, 2016.

GONZÁLEZ MARTÍN, Olga Rosa. "Cuba en el discurso político de Donald Trump y su correlato con la gran prensa estadunidense", *Estudios de Desarrollo Social: Cuba y América Latina*, v. 8, p. 199-214, 2020.

GONZÁLEZ MARTÍN, Olga Rosa. "El discurso político-mediático sobre Cuba en el contexto de las cumbres de las Américas", *Cuadernos de Nuestra América*, n. 4, p. 138-59, 2022.

HELGUERA, Yenny (org.). *El mundo al borde de la guerra nuclear*. Havana: Política, 2013.

LEOGRANDE, William & KORNBLUH, Peter. *Back Channel to Cuba: The Hidden History of Negotiations between Washington and Havana*. Chapel Hill: The University of North Carolina Press, 2014.

MARIÑO, Soraya Castro. "Las relaciones entre Cuba y los Estados Unidos después de la invasión a Iraq". *In*: MARTÍNEZ, Jorge Hernández (org.). *Los EE.UU. a la luz del siglo XXI*. Havana: Editorial de Ciencias Sociales, 2008.

PRIETO, Alberto. "Una visión cubana de la historia de los Estados Unidos". *In*: MARTÍNEZ, Jorge Hernández (org.). *Los EE.UU. a la luz del siglo XXI*. Havana: Editorial de Ciencias Sociales, 2008.

VANESSA OLIVEIRA

PARTE III
SER CUBANO NO SÉCULO XXI

11
(DES)CONEXÃO: APONTAMENTOS SOBRE A INTERNET EM CUBA

VANESSA OLIVEIRA

Setembro de 2016. De frente para o Malecón, na altura de La Habana Vieja, entre cortiços e hotéis repletos de turistas, Alejandro me convidou para visitar seu "escritório". Ao abrir a porta do apartamento, escapou pelo velho corredor o denso aroma de arroz misturado com feijão preto na mesma panela, cortesia do típico *moros y cristianos* que a mãe dele cozinhava. Da sala, já dava para ver um amontoado de fios serpenteando na direção da varanda, onde uma antena de wi-fi repousava, tão discreta quanto possível. Alejandro havia entrado recentemente no ramo da comunicação paralela, depois de descobrir que era possível puxar o sinal de internet do hotel mais próximo para sua antena e, com um software chamado Connectify, redistribuir a hora de internet, vendida pela estatal Etecsa a três dólares. Na mão dele, essa mesma hora custava um dólar. Com uma diferença: era revendida a sete pessoas, garantindo quatro dólares de lucro ao empreendedor da varanda. Apesar de entregar uma internet menos estável que a oficial, essa proeza permitia que todo mundo conseguisse ter notícias de um parente, postar uma foto, descarregar e-mails ou apenas rolar o feed do Facebook, algo já muito comum à época.

Era um negócio no limiar entre *el invento* cubano e *la lucha* do dia a dia, mas construído a partir de um esquema mental particularmente socialista, em que o progresso de um vira solução para a escassez de vários: um cambismo às avessas. E assim, em vez de se apinharem nas portas dos hotéis — onde a hostilidade de policiais e seguranças era regra —, as pessoas se encontravam nos corredores ou imediações de casas como a de Alejandro. Aqui, ali, aonde o sinal chegasse. E, no processo, faziam que o individualismo intrínseco ao uso do celular se convertesse em um paradoxal motivo de aglomeração. Não tinha como não me interessar por essas histórias.

Na fila do consulado cubano, enquanto esperava meu visto ficar pronto, comecei a explicar a um turista a quantas andava a internet em Cuba da última vez que estive por lá. Em 2019, pude usar um pacote de dados para ter internet na rua, depois de pegar emprestado de uma amiga um chip da companhia de telefonia estatal Etecsa — na época algo quase impossível para um estrangeiro sem visto de residência. Ao ouvir minha conversa com o rapaz que desejava fazer um vlog da sua viagem com a Brigada Sul-Americana de Solidariedade a Cuba, uma cubana que vive no Brasil fez questão de dizer que "atualmente esse nem é o maior problema", mas que o transporte, esse sim, andava complicado. Começamos a conversar, e ela logo me colocou em um grupo de WhatsApp para que, chegando a Havana, eu encontrasse táxis com mais facilidade.

O grupo YapTaxi #9 era, como o nome diz, o nono grupo da companhia no aplicativo de mensagens instantâneas. Ali, era possível escrever apenas "táxi", para registrar a demanda, e logo uma mensagem automática chegava: "Olá, muito obrigado por entrar em contato com a YapTaxi. Você será atendid@ em instantes, no privado". Às vezes o atendimento embolava um pouco, e era possível ver algumas raras reclamações de clientes: "Ninguém me chamou ainda"; "Continuo esperando". Mas eram poucas as mensagens desse tipo, comparadas à demanda diária.

Da pandemia para cá, a escassez de gasolina e diesel fez que os chamados *almendrones*, carros antigos que tinham rotas fixas pelas principais ruas e avenidas da cidade, reduzissem a circulação, provocando uma nova crise na já complexa mobilidade na capital. A redução dos táxis coletivos e a crise endêmica do transporte público[1] aceleraram soluções on-line, que contam com o fato de boa parte da população já ter um smartphone com crédito suficiente para acionar serviços como o YapTaxi. Só em 2022, o país ganhou cerca de um milhão de novos usuários conectados, o que resultou no aumento de 63% do tráfego de dados, disse Tania Velázquez, presidente da Etecsa, à Reuters, em fevereiro de 2023.[2]

Alguns aplicativos também apareceram, e um deles em especial tem prosperado: La Nave.[3] Aproveitando a gíria cubana para carros, La Nave cobra vinte pesos cubanos (aproximadamente um real) por minuto. O preço não é fixo. Um contador, que segue ativo depois de iniciada a corrida, se atualiza no final. No geral, tirando algumas instabilidades esporádicas de rede, o serviço funciona bem. Para não perder a viagem, o motorista, pelo chat do aplicativo, pergunta para o passageiro se a corrida está confirmada. "Como o serviço é novo, muita gente pede e depois esquece. Ou já não precisa mais e não sabe como cancelar", me explica Luis Mota, que está no aplicativo há cerca de sete meses.

---

1   No final de 2021, o ministro dos Transportes, Eduardo Rodríguez Dávila, admitiu que o país estava funcionando com pouco mais de 50% da frota de ônibus.

2   "Cuba's Internet Slows to Crawl as More Island Residents Connect", *Reuters*, 13 fev. 2023.

3   "'La Nave', una alternativa al transporte público en La Habana", *Cubanet*, 14 abr. 2022.

La Nave atraiu antigos motoristas de táxis estatais, aqueles que trabalhavam por conta própria nas rotas fixas dos *almendrones*, e até garçons de restaurantes privados. Tem quem alugue o carro de um vizinho ou use o carro da família, dividindo as horas na rua e os lucros com os irmãos, para trabalhar na companhia que tem contrato com os motoristas — a qual exige o pagamento de 10% do valor das corridas e faz vistorias para aprovar os carros que trabalharão para a empresa. Quando perguntadas sobre a origem do aplicativo, todas as pessoas com quem conversei dizem que ele é cubano, mas parece *de afuera*, expressão utilizada para tudo que é estrangeiro.

Essa não é a única pegada de aplicativo (e da precarização subsequente) que se vê por Havana. As inscrições nos aplicativos de encontros também explodiram. Quando não estão submetidos às restrições do embargo estadunidense, é possível baixá-los na própria ilha, sem a necessidade de usar vpn. E assim, pela primeira vez, as ruas havaneiras ecoam a atomização provocada pela globalização: gente de todas as idades tropica nas calçadas com o celular na mão ou desfila com o dispositivo enroscado na lateral do sutiã. Fazem chamadas de vídeo com familiares (geralmente sem fone de ouvido), posam para selfies no Instagram, mandam áudios compulsivamente.

Em janeiro de 2023, um dos assuntos mais comentados quando se falava de conectividade era a construção do Arimao, um novo cabo de fibra óptica que vai conectar a Martinica à província de Cienfuegos. A obra de infraestrutura, a cargo da telefônica francesa Orange, havia sido anunciada em dezembro de 2022.[4]

Até então, o único cabo de fibra óptica que chegava à ilha era o Alba, objeto de um acordo entre Cuba e Venezuela que viu a luz do dia em 2013. Aquele, aliás, foi um ano agitado para

---

4   "Proyecto de cable submarino internacional de fibra óptica Arimao", Etecsa, 7 dez. 2022.

Cuba. Entre as várias alterações que vinha sofrendo o cotidiano da ilha por causa da adaptação às chamadas atualizações do modelo socialista cubano, o país foi política, econômica e animicamente chacoalhado pela morte precoce do presidente venezuelano Hugo Chávez, em 5 de março.

Apesar de a República Bolivariana responder por 40% das trocas cubanas, a relação ideológica entre a Venezuela chavista e a Cuba castrista era talvez mais profunda que a comercial. O apoio que Chávez deu a Cuba acabou se tornando um mecanismo de legitimação da Revolução Cubana após o fim da União Soviética. Pioneiro entre os chefes de Estado latino-americanos em contestar radicalmente a ingerência imperial sobre Cuba, Chávez foi responsável pelo impasse emblemático na Cúpula das Américas de Cartagena, em 2012, quando todos os membros condicionaram sua participação à aceitação, por parte de Washington, da representação cubana no foro. Nas ruas de Havana, o líder venezuelano tornou-se mártir da revolução antes mesmo de ser enterrado. Na edição especial do dia seguinte à morte do comandante, o jornal *Granma* sentenciou, em paródia à célebre frase memorial a Che Guevara, até hoje proferida diariamente pelos alunos das escolas revolucionárias: "Seremos como Chávez".

Na época, eu morava em Havana como correspondente da emissora pública francesa Radio France Internationale (RFI) e cobri a marcha que aconteceu na cidade em homenagem a Chávez. Por conta da pobreza estrutural da rede cubana de internet, enviar meu material foi um sufoco. Durante a minha estadia em 2013, a conexão não seguia o calendário jornalístico; era semanal. E, quase sempre, no Hotel Nacional. Havia ali uma promoção de doze horas de conexão por dez pesos conversíveis, que transformou o saguão de hotel mais famoso de Havana em minha (caríssima) sucursal informal.

A partir de meados de 2013, as opções de conexão se diversificaram, conforme a Etecsa passou a abrir cibercafés com a fibra óptica instalada pelo consórcio Alcatel-Lucent, que, bancado pela Venezuela, ligou o país a Cuba, com direito a uma escala na Jamaica, a pedido do Parlamento de Kingston. O projeto passou cabos submarinos por uma distância de 1.552 quilômetros e sua inauguração estava inicialmente prevista para 2011, mas só aconteceu em 2013. Da academia ao jornalismo, a desconfiança geral é que o motivo do atraso foi o receio governamental de que ventos de convulsão social semelhantes aos da chamada Primavera Árabe — a série de protestos que teve lugar no Norte da África e no Oriente Médio no início da década de 2010 —, que tiveram o Twitter e o Facebook como grandes catalisadores, pudessem soprar na ilha.

Nesse meio-tempo, estouraram no Brasil as Jornadas de Junho e, consequentemente, uma profusão de artigos falando sobre a importância das redes na organização de protestos e demandas sociais — e, mais tarde, sobre o perigo que elas poderiam representar. À mesma época, também vieram à tona os vazamentos de Edward Snowden, técnico de informática que expôs a captura, o armazenamento e o cruzamento maciço de dados por parte da Agência de Segurança Nacional dos Estados Unidos (NSA), e o boato de que Cuba teria negado visto de passagem para que o jovem *whistleblower* fizesse escala em Havana — vindo de Moscou rumo ao Equador de Rafael Correa, um dos países que lhe concederam asilo.

Buscar compreender a atuação de Snowden, os vazamentos publicados pelo jornalista Glenn Greenwald e a relação perversa entre algumas empresas de tecnologia e as agências do governo dos Estados Unidos me fez olhar de outra maneira para a expansão da internet em Cuba e, consequentemente, para os parceiros privados que se aproximavam aos poucos, prometendo conectar a ilha ao mundo. O Google era o principal deles, e faria, em 2014, uma visita informal à ilha. Na época, o bloqueio a Cuba proibia esse tipo de relação corporativa, e possivelmente por isso os executivos viajaram com vistos de pesquisadores acadêmicos. Poucos meses depois, em 17 de dezembro de 2014, Barack Obama e Raúl Castro anunciaram a reaproximação diplomática entre seus países. E de parte das tratativas participaram diretores do Google.

A "NORMALIZAÇÃO" DO QUE NUNCA FOI NORMAL

Às vésperas do reatamento de laços diplomáticos entre Washington e Havana, a retórica intervencionista estadunidense parecia arrefecer. Dentro dos Estados Unidos, campanhas de marketing começaram a limpar a reputação cubana em meio à própria população estadunidense. Para conseguir restabelecer as relações bilaterais e pautar o fim do embargo (questão ainda hoje irresoluta), até grandes estrelas pop foram escaladas. Desde 2013, Beyoncé, Jay-Z e Rihanna, entre outros, passaram por Havana de maneira aparentemente despretensiosa, mas com vistas a agregar *cool factor* à iminente reaproximação política.

Antes de visitar o vizinho, em março de 2016, Barack Obama dizia a quem quisesse ouvir que a abertura a Cuba era "irreversível" e se tornava o primeiro presidente dos Estados Unidos a reconhecer a ineficácia (ainda que não a imoralidade) do embargo. Mas, mais que diplomática, a reaproximação seria uma exibição de popularidade do eloquente mandatário, o primeiro presidente dos Estados Unidos a pôr os pés na ilha em 88 anos. Talvez o mais singelo exemplo disso tenha sido sua aparição no programa de humor mais popular do país, o programa de Pánfilo. Em rede nacional, Obama jogou dominó, ensaiou gírias sumamente cubanas e mandou um recado à população local: "Que todo o povo cubano saiba o quanto agradecemos a visita. A comida é maravilhosa, o povo é gentil, e a música, uma das melhores do mundo". Assim que Obama deixou a mesa de jogo, o humorista cubano se encarregou do desfecho cômico virando-se para a câmera, de olhos arregalados: "Esqueci de mostrar minha *libreta*!". A piada é uma menção à curiosidade dos estrangeiros que visitam Cuba e que, em algum momento da estadia, pedem para ver o documento, símbolo do racionamento socialista de víveres.

Por semanas a fio, a simpatia de Obama na emissão televisiva rendeu comentários elogiosos pelas ruas, mercados e centros de trabalho do país. Bem antes de derretida a geleira política, diversas empresas estadunidenses e europeias já vinham se aproximando da ilha, na expectativa de modelar segundo seus interesses o mercado cubano semivirgem, ávido por mercadorias e serviços. E, enquanto a expectativa internacional com relação às mudanças era ver imagens da inauguração de um McDonald's no centro velho de Havana, ou grupos de jovens sentados no Malecón[5] com latas de Coca-Cola comemorando "o fim do comunismo" — cenas que não aconteceram até a publicação deste livro —, pouca atenção se deu à proliferação de smartphones, acompanhada da gradual penetração das Big Tech no cenário tecnológico e no cotidiano da ilha.

O potencial político da internet nunca foi terminantemente ignorado pelas autoridades cubanas. Em 2007, o ministro das Comunicações e da Informação, Ramiro Valdés, chegou a alertar para o fato de que a rede fornecia aos Estados Unidos ferramentas novas e poderosas, capazes de "elevar o poder desestabilizador do império [estadunidense] a novos níveis". Para ele, a internet — "filhote selvagem das novas tecnologias, que pode e deve ser controlado" — precisava ser entendida como um "campo de batalha na luta contra o imperialismo". Valdés, apesar da propensão à censura, não fez uma leitura errônea de como a web poderia servir aos interesses do império. Mas deixou

---

5 Um dos símbolos de Havana, o Malecón é um grande calçadão que se estende por oito quilômetros, beirando a orla. [N.E.]

de compreender duas coisas: primeiro, que isso não viria na forma de bruscos ciberataques, e sim de empresas descoladas que desembarcariam em Havana oferecendo uma gama de produtos aparentemente gratuitos; e segundo, que o método de controle seria híbrido: ao mesmo tempo privado e estatal.

ACERTOS E TROPEÇOS: GOOGLE, ESTRATÉGIAS DE CONEXÃO E REBELDIA

Depois de 2014, quando tudo parecia tomar rumo nas relações entre Estados Unidos e Cuba, a empresa que mais apareceu como símbolo da mudança foi o Google. A companhia, que andava em eventos oficiais e se reunia com artistas e outros cubanos influentes, tinha um braço chamado Google Ideas[6] — um *think and do tank* declaradamente encarregado de atender aos interesses geopolíticos do império. Jared Cohen,[7] integrante daquela primeira delegação da holding Alphabet [dona do Google] a visitar Cuba, ainda em 2014, era o cabeça dessa repartição. Cohen era conhecido como "diretor de mudança de regime" pelo seu trabalho no Departamento de Estado dos Estados Unidos durante a Primavera Árabe. A maneira como o Google se aproximou do país e ganhou espaço, primeiro na

---

6   O Google Ideas foi rebatizado de Jigsaw em 2016 e se tornou uma incubadora de tecnologias com foco em combater o extremismo e impedir a censura on-line. Mas ele nasceu como um *think and do tank* em Nova York, em 2010, depois de Eric Schmidt conhecer Jared Cohen e seu trabalho à frente do Departamento de Estado dos Estados Unidos.

7   Jared Cohen foi consultor de Condoleezza Rice e Hillary Clinton no Departamento de Estado dos Estados Unidos e, segundo Julian Assange conta em seu livro *Quando o Google encontrou o Wikileaks* (2015), teve grande importância na apresentação das ferramentas do Vale do Silício à diplomacia intervencionista estadunidense.

cena política cubana e depois na cultural, estimulava duas leituras: ou o governo revolucionário era ingênuo por não perceber o potencial devastador das gigantes do Vale do Silício, capazes de impor desregulação econômica e ensejar movimentos contrarrevolucionários de dentro para fora, ou estava encurralado a ponto de abrir as portas para o que parecia ser a mais ardilosa de todas as incontáveis tentativas históricas de derrubar o socialismo cubano. Na primeira metade da década de 2010, para boa parte do mundo o Google era apenas um motor de busca, que investia em cultura, educação, pesquisas transformadoras e servia sushi grátis para os funcionários.

Em Cuba, a partir de 2016, a companhia se aproximou de um centro cultural na periferia de Havana. O espaço pertencia ao artista plástico Alexis Leyva Machado, conhecido como Kcho, e levava o nome do bairro, Romerillo. Era uma espécie de museu descentralizado, que declarava a missão de democratizar o acesso da comunidade local à arte desde 2013. A partir de 2015, o artista decidiu que também compartilharia com a população do bairro, de maneira livre e gratuita, a internet ADSL à qual tinha direito por sua posição na cultura. Com o tempo, um acordo com a Etecsa garantiu a expansão do serviço oferecido pelo artista por meio de um ponto de acesso wi-fi, o primeiro gratuito em Cuba.

Até aí, nada a ver com o Google. Mesmo assim, desde março de 2016 o logotipo da Big Tech estava destacado na fachada: Google+Kcho.MOR — arte e tecnologia. A sigla MOR corresponde ao Museo Orgánico de Romerillo. Kcho e sua equipe gostavam de contar, orgulhosos, que a parceria nascera de um encontro, um ano antes, entre o artista cubano e Brett Perlmutter, executivo que acabara de assumir o comando da missão da Alphabet em Cuba. O artista cubano estaria tentando se conectar à rede wi-fi no saguão de um hotel em Washington (onde estava para a inauguração da embaixada cubana nos Estados Unidos) e, sem conseguir, teria brincado com Perlmutter: "Nem na capital dos

Estados Unidos esse negócio de internet funciona direito". Dessa conversa teria brotado a possibilidade de um apoio logístico por parte da transnacional para o espaço cultural. Verdadeira a anedota ou não, o fato é que houve um escambo que fez mais barulho que diferença: a gigante do Vale do Silício doou cem Google Cardboards — máscaras de papelão que, conectadas a um smartphone, podem simular a experiência da realidade virtual —, duas câmeras para a realização de transmissões ao vivo pela internet (streaming), vinte telefones Google Nexus — obsoletos, uma vez que, naquele momento, a geração seguinte do aparelho, o Google Pixel, já estava em circulação — e vinte Chromebooks com cem gigabytes de armazenamento em nuvem, ou seja, computadores que não possuem memória interna e, portanto, só funcionam se conectados à internet. Um "computador com respiração artificial", retomando a acertada expressão do jornalista Javier Martín, do diário espanhol *El País*.

Para o Google, era um preço baixíssimo a pagar pela existência simbólica numa das últimas terras virgens para o extrativismo de dados na face da Terra. Kcho, por sua vez, talvez tenha se conformado com o fato de parecer um mestre da lábia, enquanto vendia um pedaço de soberania nacional por meia dúzia de quinquilharias. Conversei com Leysi Rubio, diretora de comunicação do estúdio em Romerillo à época, para tentar entender as vantagens dessa permuta, que me parecia tão profundamente desproporcional. A expectativa dela era que a empresa ajudaria o país a "retirar blocos do muro do embargo". Obviamente, o embargo não se abalou por esse "aporte infraestrutural" — até porque boa parte das sanções só pode ser suspensa com aval do Congresso dos Estados Unidos, desde que Bill Clinton constitucionalizou a guerra econômica contra Cuba ao sancionar a Lei Helms-Burton, em 1996.

Mas o Google cravou sua bandeira e, discretamente, começou a ganhar terreno na cena cultural havanesa. No início de 2017, em parceria com o Gabinete do Historiador de Havana, o

Museu do Bronx e a Fundação Ford, a companhia lançou um curta-metragem 3D sobre a história do poeta e líder independentista cubano José Martí, intitulado *Nuestro Martí*, na plataforma digital Google Arts & Culture. Em maio de 2018, uma extensa faixa com o logo do Google surgiu nas mãos de militantes na Parada LGBTQIA+ de Havana, organizada pelo Centro Nacional de Educação Sexual de Cuba (Cenesex). Em novembro daquele mesmo ano, a companhia alçou seu mais ousado voo cultural ao assinar toda uma coleção com a marca de roupas Clandestina, sob o sugestivo nome "País en Construcción". A grife cubana existe desde 2015 e foi pioneira no e-commerce local. "O trabalho dela se ajusta muito naturalmente à conexão que estamos tentando estabelecer aqui", declarou à época a chefe de marketing do Google em Cuba, Susanna Kohly Jacobson, funcionária da transnacional desde 2014.

Embora importantíssima para o projeto de colonização total do Google,[8] essa penetração cultural era a ponta do iceberg. A parte submersa já havia começado a se solidificar em junho de 2014, com a visita de membros do já citado *think and do tank* Google Ideas, chefiado pelo próprio Cohen — que havia acabado de cruzar a porta giratória entre o Departamento de Estado de Hillary Clinton e o Vale do Silício. Essa subdivisão do grupo Alphabet tinha como missão declarada "proteger ciberdissidentes de governos autoritários", embora não deixasse claro a quem caberia conceituar "autoritário".

Em entrevista concedida em setembro de 2010 à revista *Foreign Policy*, pouco antes de assumir a divisão geopolítica do Google, Cohen definiu a nova função como uma espécie de expansão do que fazia na seção de planejamento de políticas

---

8   Não uso a palavra "colonização" no sentido figurado. Isso é o que depreendo do livro *A nova era digital*, em que dois executivos seniores do Google, Eric Schmidt e o já citado Jared Cohen, detalham sua concepção de futuro — e, principalmente, o papel que as Big Tech terão na *condução* desse futuro, em relação ao qual os "governos estão perigosamente atrás da curva".

públicas da gestão de Hillary Clinton no Departamento de Estado: "No governo, costumávamos falar de uma abordagem com a 'totalidade do governo', para dizer que múltiplas agências potencializariam ideias e recursos; o Google Ideas terá uma abordagem da 'totalidade da sociedade'". Sua missão incluiria "desde desafios pesados, como contraterrorismo, contrarradicalização e não proliferação [de armamentos], até o tipo de trabalho que as pessoas esperam que façamos, como desenvolvimento e empoderamento dos cidadãos". E havia quem chamasse o Google de motor de busca...

Antes de embarcar para Cuba, Cohen e Schmidt participaram de uma reunião com a *neocon* Heritage Foundation e, uma vez em Havana, se encontraram com profissionais de tecnologia: fizeram uma visita guiada à Universidade de Ciências Informáticas (UCI) de Havana e visitaram a redação do site jornalístico *14 y Medio*, da blogueira contrarrevolucionária Yoaní Sanchez, que ficou famosa por rodar o mundo pedindo "liberdade" para Cuba. Em visita ao Brasil em 2013, a blogueira se encontrou em Brasília com políticos como Aécio Neves, Ronaldo Caiado e Jair Bolsonaro. De volta aos Estados Unidos, Schmidt — que acumulava as funções de diretor-executivo da Alphabet e presidente do conselho de outra organização conservadora, a New America Foundation — atestou a obsolescência do embargo, contestou a inclusão de Cuba na lista de países patrocinadores do terrorismo e criticou as restrições para que cidadãos dos Estados Unidos viajassem para a ilha. Talvez mais importante que tudo isso, ele pediu um esforço ativo para a promoção da "liberdade de expressão" por meio da expansão do acesso à internet. E advertiu: se os Estados Unidos demorarem, Cuba chegará à rede por vias asiáticas.

DESCONEXÃO NA TERRA DO *INVENTO?*

Talvez Cuba estivesse de fato fora da *world wide web* — mas isso não significa que estivesse completamente desconectada. Em 2015, em uma conversa sobre a internet com Jorge Mario Sánchez Egozcue, professor de relações internacionais, ele lançou, sorridente: "Lá na minha casa, cada pessoa corresponde a um HD". Parecia uma metáfora para se gabar de como a família dele era inteligente, algo bem cubano. Na verdade, era literal. Cada pessoa tinha um disco rígido, em que descarregava algo conhecido nacionalmente como *el paquete semanal*. Soube então que todas as segundas-feiras um terabyte de conteúdo era distribuído por absolutamente todas as regiões da ilha. Hiperorganizado, o "pacote semanal" contava com pastas repletas de novelas, filmes comerciais e de arte, criações audiovisuais independentes locais, músicas e softwares, além de uma espécie de YouTube, mais tarde monetizado com publicidade local, exibindo conteúdo de vloggers também locais. Nada disso era provido pelo governo, mas por uma rede horizontal de anônimos com acesso à internet em seus postos de trabalho. Todo mundo participava da distribuição do *paquete*, todo mundo investia no conteúdo. Caminhões atravessavam a ilha carregando produtos culturais, bem como pilotos de avião e funcionários de todo tipo. Todo mundo. Um conhecido levantava um dólar por cópia do conteúdo de um HD a outro. E quem morasse em Havana e não tivesse HD podia encontrar o conteúdo na Snet — *street net,* ou internet de rua.

Essa rede off-line começou como uma brincadeira de estudantes da UCI e da Universidad Tecnológica José António Echeverría (Cujae), que criaram uma *local area network* (LAN) para jogar on-line. Depois, conectaram duas salas diferentes. Então, conectaram prédios. Em 2017, quase uma década depois da primeira conexão, Havana estava inteira interligada, por meio de nove centrais interconectadas, administradas horizontalmente por mais de 150 jovens. Era off-line, mas tinha tudo: um aplicativo de mensagens instantâneas, redes sociais, *microblogging*, fóruns e até uma versão off-line da Ecured, a Wikipédia cubana. E, claro, os games e a versão atualizada do *paquete*.

Enquanto o mundo era dominado por grandes companhias que roubam dados pessoais, espionam, condicionam comportamentos e ditam tendências políticas, o povo cubano, de baixo para cima e de forma autônoma, construía sua própria internet, popular, colaborativa e imune a ataques. Mas obviamente as táticas endêmicas de conexão, por mais originais e interessantes que fossem, passaram despercebidas pelos executivos do Google. Ou melhor, acabaram eliminadas na esteira da chegada da companhia à ilha. Deram lugar aos smartphones, ao Facebook e ao YouTube de verdade, com sua conhecida grande dificuldade de filtrar propaganda de extrema direita.

É uma pena que os comentários de Eric Schmidt sobre os "problemas" da ilha, mais semelhantes a um memorando diplomático que a um relatório de negócios, tenham gerado desconfiança apenas marginal. Talvez uma reação popular mais enérgica à visita do "diretor de mudança de regime" e às recomendações do executivo pudesse garantir vida mais longa às táticas alternativas da conexão cubana. Talvez Cuba pudesse apontar o caminho de uma internet com soberania popular que nós, colonos do Silício, só conseguimos imaginar. Não foi assim. Em dezembro de 2016, Eric Schmidt estava de volta à ilha para assinar com a estatal de telecomunicações Etecsa um contrato formal para a instalação de servidores do Google, o primeiro e único celebrado entre uma empresa de tecnologia dos Estados Unidos e o Estado cubano.

Em junho de 2018, pouco depois da eleição de Miguel Díaz-Canel à presidência de Cuba, Schmidt desembarcou mais uma vez em Havana, acompanhado do ex-senador republicano Jeff Flake. No bate e volta, teve conversas com o próprio presidente, além dos ministros das Relações Exteriores e das Comunicações, Bruno Rodríguez e Jorge Luis Perdomo Di-Lella, respectivamente. Quatro memorandos de entendimento foram assinados e, embora seu conteúdo não tenha vindo a público, especulou-se bastante na mídia anticastrista que a revolução se comprometera formalmente com a liberdade de expressão na rede. Três meses depois, Díaz-Canel devolveu a gentileza e sentou-se com o corpo executivo do Google — e de outras Big Tech — na sede nova-iorquina da companhia. Mais uma vez, ninguém soube exatamente o que se discutiu ali. Mas um funcionário do Ministério das Relações Exteriores me contou, em off, que as empresas propuseram que o governo comprasse uma enorme quantidade de smartphones, alegando que os aparelhos têm potencial "empoderador".

No início de 2019 houve mais um memorando, e a relação finalmente esfriou, cedendo à pressão pela retração das políticas em benefício de Cuba, iniciada assim que Trump assumiu o poder, em 2017. Como sempre, um dos fatores decisivos para a vitória do Partido Republicano que o elegeu foi o voto da comunidade latina (e, sobretudo, cubana) da Flórida, um dos principais *swing states*.[9] O grande responsável pelo *swing* foi o apoio, mesmo que tardio, dado a Trump pelo senador ultra-conservador Marco Rubio, descendente de cubanos e ferrenho defensor do estrangulamento econômico de Cuba. Não que Trump realmente precisasse pagar a fatura, mas, como gesto de gratidão à franja mais reacionária da diáspora cubana, reverteu todas as módicas aberturas promovidas por Obama e ainda adicionou 243 novas sanções ao embargo, restringindo até o acesso ao petróleo venezuelano — e chegando ao absurdo de

---

9   Estados cuja população oscila, a cada eleição geral dos Estados Unidos, entre o apoio aos partidos Democrata ou Republicano e que costumam definir o pleito. [N.E.]

cometer puros e simples atos de pirataria, usando a Marinha dos Estados Unidos para assaltar petroleiros iranianos com destino a Caracas. Até agora, a gestão Joe Biden não reverteu nenhuma das medidas de Trump, e não temos como saber o que teria sido das relações entre Cuba e Google caso a normalização seguisse seu curso.

Mesmo assim, a pegada das Big Tech já está impressa no chão insular, e isso não tem volta. Desde 2018, a ilha desfruta de dados móveis, além dos cibercafés e pontos de wi-fi pelas praças centrais. WhatsApp, Instagram, Twitter e outros produtos de grandes corporações já funcionam a ponto de ser possível realizar chamadas de vídeo. Com a pandemia e os protestos de julho de 2021, as questões com as redes já são outras. A presença do Google em Cuba sobreviveu a Donald Trump e, em configurações distintas, a Snet e o *paquete* também — ainda que sejam infinitamente menores, tanto em escala quanto em influência.[10] O embargo, claro, também permanece, ainda mais cruel e colecionando mazelas, das quais emerge o clima de revolta. Com uma novidade: os protestos de 11 de julho foram permeados por um distúrbio informativo diferente, aquecido pela guerra cultural em torno da música "Patria y Vida", escrita por Yotuel Romero, Descemer Bueno, Maykel Osorbo, Eliecer "El Funky" Márquez Duany e o duo *reguetonero* Gente de Zona, todos músicos muito populares em Cuba, em uma provocação direta ao lema revolucionário "Patria o muerte", repetido à exaustão por Fidel Castro. Outro rastro da ação geopolítica do Vale do Silício.

Talvez a inédita junção dessas quatro coisas — infiltração corporativa, recrudescimento do bloqueio e do discurso anti--Cuba e ampliação da possibilidade técnica de promoção de desinformação — seja, como temos visto em outros países da

---

10 "Transportación de pasajeros, servicios de paquetería y comunales en la agenda parlamentaria", *CubaDebate*, 19 dez. 2021.

região, o mais novo desafio cubano, muito mais complexo que o desgastado discurso acerca da desconexão de Cuba da internet.

REFERÊNCIAS

ASSANGE, Julian. *Quando o Google encontrou o WikiLeaks*. Trad. Cristina Yamagami. São Paulo: Boitempo, 2015.

COHEN, Jared & SCHMIDT, Eric. *The New Digital Age: Transforming Nations, Businesses, and Our Lives*. Nova York: Knopf, 2013. [Ed. bras.: *A nova era digital: como será o futuro das pessoas, das nações e dos negócios*. Trad. Ana Beatriz Rodrigues e Rogério Durst. Rio de Janeiro: Intrínseca, 2013.]

OLIVEIRA, Vanessa. "O panorama da internet em Cuba e uma análise da chegada do Google na ilha", *Revista de Estudos e Pesquisa sobre as Américas*, v. 13, n. 3, p. 135-74, 2019.

VANESSA OLIVEIRA

HERIBERTO PAREDES

12

DÁ PARA JUNTAR MADONNA, REGGAETON E REVOLUÇÃO?

THIAGO SOARES

Em 2014, viajei a turismo para Cuba e me hospedei numa *habitación* (quarto) na casa de um cubano. Para minha surpresa, quando cheguei ao apartamento e fechei a porta do quarto, deparei com um pôster de Britney Spears. Como consumidor e fã de música pop, estranhei a presença daquele ícone num quarto de família em Havana, sobretudo porque sabia da história de tensionamento envolvendo a presença de produtos culturais anglófonos depois da Revolução Cubana.

Fui perguntar ao dono da casa como aquele pôster havia chegado ali. Sem titubear, ele me disse que se tratava de um artefato de sua filha, que, quando adolescente, na década de 1990, era fã de Britney Spears. Como assim, uma cubana fã de Britney Spears?, pensei. Jovens cubanos conheciam Britney Spears (numa época anterior à popularização da internet)? "Você se incomoda com o pôster? Posso retirar", disse o proprietário, com alguma dose de constrangimento, decerto pensando no imaginário revolucionário dos turistas que visitam a ilha de Cuba. "De forma alguma", respondi.

A presença do pôster de uma cantora pop estadunidense em Havana abriu uma série de dúvidas e inquietações que seriam importantes chaves de investigação para meu projeto de pesquisa, apoiado pelo Conselho Nacional de Desenvolvimento Científico e Tecnológico (CNPq).[1] Tracei então estratégias que envolveriam entrevistar e conviver com parte da juventude cubana, realizar um levantamento bibliográfico sobre o acesso à mídia e os processos de midiatização em Cuba e compreender as formas como objetos e fenômenos politicamente "proibidos" se infiltravam no cotidiano do país.

Um ponto de partida se desenhava: esses produtos eram realmente proibidos pelo Estado? De acordo com Mariana Villaça (2006), que investigou a criação do Instituto Cubano da Arte e da Indústria Cinematográficas (Icaic) e seu papel na formação de uma política cultural revolucionária entre os anos de 1959 e 1991, não havia documentos proibitivos sobre a exibição e a circulação de produtos culturais anglófonos. As diretrizes da política cultural em Cuba seguiam traços do modelo leninista, que pressupunha políticas culturais "de conteúdo" necessariamente pedagógicas, definidas pelo Partido Comunista e por membros do Estado. Ou seja, havia permissão para que o povo cubano tivesse acesso a produtos culturais estrangeiros, desde que endossassem valores nacionais na formação de um espírito humanístico condizente com os pressupostos do "novo homem" (Rosa, Amaral & Melo, 2021), como proclamado pelo ícone revolucionário Che Guevara. Na análise de Villaça, os documentos não eram normativos, mas alertavam para o risco da circulação de produtores culturais considerados politicamente "inimigos", anti-humanistas ou que pressupunham a conversão da moral pública. Produções estrangeiras

---

1 A pesquisa "Música pop em Cuba: enfrentamentos políticos e midiáticos", que teve financiamento entre os anos de 2016 e 2018, converteu-se no livro *Modos de experienciar música pop em Cuba* (Editora da UFPE, 2021).

não marxistas poderiam (e deveriam) circular, principalmente aquelas "anti-imperialistas e humanistas".

Dos primeiros anos de formação de uma política cultural revolucionária até a consolidação do projeto cultural socialista, na década de 1970, o Estado cubano traçou diretrizes que envolviam a circulação de artistas musicais, promoção de festivais e mostras culturais com produções oriundas de países do bloco socialista (Soares, 2021), bem como a regulação de atrações não só no campo do cinema mas também nos sistemas midiáticos de rádio e televisão. O Instituto Cubano de Radiodifusão, que em 1962 se converteu no Instituto Cubano de Rádio e Televisão (ICRT), funcionou como um dos organismos centrais para gestão, controle e represamento de atrações culturais "não marxistas" na ilha socialista.

Ainda assim, essas iniciativas não impediam a circulação e o consumo de produtos "indesejados" segundo as normativas do Estado. São inúmeros os relatos, tanto orais quanto documentais, da circulação de discos de bandas de rock, como Beatles, AC/DC, Creedence Clearwater Revival, em narrativas literárias (Gutiérrez, 2000; Padura, 2016) e da audição coletiva desses materiais em reuniões informais de fãs ou admiradores. Discos, filmes e livros estrangeiros chegavam a Cuba principalmente pelas mãos de cubanos em viagens ao exterior — inclusive de integrantes do próprio governo. As redes envolvendo produtos culturais e seu compartilhamento afetivo se converteram em importantes marcadores de sociabilidade em Cuba — mesmo que algumas dessas práticas resultassem em desconfiança em torno da adesão ao projeto revolucionário. Entre as décadas de 1960 e 1970, circulava amplamente a premissa de que o rock, cantado majoritariamente em inglês, seria uma espécie de tradução e simbologia do imperialismo estadunidense e da força do capitalismo, que precisava ser estancada.

Parte da "censura" às produções anglófonas na ilha socialista não vinha propriamente do Estado, mas dos próprios compatriotas. Muitas vezes, escutar um álbum dos Beatles ou dos Rolling Stones parecia uma atitude "subversiva", porque poderia ser vista como uma recusa aos pressupostos socialistas. Essa vigilância silenciosa emergia nos círculos de amizade e familiares, como relata o jornalista Guillermo Vilar, diretor artístico do principal bar em homenagem aos Beatles em Havana, o Submarino Amarillo, localizado no bairro Vedado. O espaço, todo em amarelo, é uma ode à banda inglesa no coração da capital de Cuba. Há cartazes emoldurados, letras de músicas reproduzidas nas paredes e capas de discos dos Beatles — muitas delas "originais" e que serviram de ponto de partida para uma série de desavenças entre amigos e familiares. "Muitos colegas não escutavam Beatles por todas as contradições políticas que existiam. Hoje, a gente celebra a existência deste espaço para mostrar o poder da música de romper as desavenças ideológicas", relata Vilar. Além do Submarino Amarillo, há outros dois bares em homenagem à banda: The Beatles, na praia caribenha de Varadero, e Yesterday, localizado na cidade colonial de Trinidad.

A presença do cancioneiro dos Beatles está corporificada, inclusive, no roqueiro Eddy Escobar, considerado o melhor intérprete cubano das músicas do quarteto de Liverpool e a principal atração do Submarino Amarillo. A cinquenta metros do bar, há uma estátua de John Lennon em bronze, obra do escultor José Villa que logo se converteu num lugar de peregrinação tanto de cubanos quanto de estrangeiros. "Não havia uma censura declarada a esse tipo de música, mas podiam acusar você de desviar a atenção dos interesses da revolução por gostar dos Beatles", descreve Escobar. A ideia de "desvio de atenção" pela cultura pop fazia parte do argumento em torno da noção de "diversionismo ideológico", que, segundo inúmeros entrevistados, era amplamente difundida.

A principal contradição em torno da ideia de "diversionismo ideológico" aconteceu em 2000, quando o próprio Fidel Castro inaugurou a estátua de John Lennon em Havana. "Ver Castro ao lado da estátua parecia ficção científica", diz Escobar. Com a presença do que então era o maior ícone da revolução ao lado do monumento, a localidade passou a se chamar Parque John Lennon. "A escolha dessa praça se deu porque era o local em que beatlemaníacos e fãs de rock se encontravam para trocar discos, revistas e compartilhar informações", lembra Eddy Escobar. O convite para que Fidel Castro inaugurasse a estátua veio do então ministro da Cultura de Cuba, Abel Prieto, que ocupou o cargo entre 1997 e 2012 e se tornou assessor de Raúl Castro. Intelectual, professor de literatura e fã dos Beatles, Prieto foi presidente da União de Escritores e Artistas de Cuba e um dos principais responsáveis por convencer os integrantes do Partido Comunista a promover a "reconciliação histórica" da revolução com os Beatles.

"MTV CUBANA"

Compreender como um pôster de Britney Spears foi pendurado no quarto de uma jovem cubana implicaria perceber o período de consolidação da estrela pop adolescente e sua capilaridade em Cuba: a década de 1990. Enquanto Britney se firmava como uma das maiores estrelas da música global, a ilha passava por um de seus momentos mais difíceis, o chamado Período Especial. A forte crise econômica teria gerado uma espécie de fissura geracional. Trinta anos após o triunfo da revolução, emergia uma geração de cubanos que não desfrutara das benesses da aproximação com o bloco socialista e se afastava do projeto revolucionário, sobretudo no campo da cultura. A falta de alimentos e itens essenciais contrastava com a aparição de um artefato que se converteria num dos principais instrumentos para o contato de jovens cubanos com a cultura pop: a antena parabólica. Era por meio dela, disposta nas coberturas de edifícios de Havana e das grandes cidades de Cuba, que se captavam as ondas radiofônicas e televisivas de emissoras da Flórida.

A popularização das antenas parabólicas instaurou novas camadas na crise diplomática entre Cuba e os Estados Unidos, uma vez que, de acordo com os tratados de diplomacia internacional que versam sobre a mídia, um Estado não poderia permitir a "invasão" de outro por meio de ondas radiofônicas e televisivas. Enquanto fortalecia o embargo econômico a Cuba, iniciado em 1961, o governo dos Estados Unidos parecia fazer ainda mais vista grossa para acordos multilaterais no campo das políticas comunicacionais. Rádios estadunidenses podiam ser ouvidas tranquilamente por jovens cubanos exaustos dos perrengues do Período Especial. Foi nesse contexto que Yadira Costa, então com quinze anos, começou a gostar de música pop e ouvir artistas como Britney Spears, Spice Girls e Backstreet Boys escondida de seus pais, que eram engajados no projeto revolucionário. Não que ela também não fosse. "Sempre percebi que a revolução tinha deixado em Cuba um legado que nos diferenciava de outros países do Caribe e da América Central, mas o custo disso também era alto. A gente precisava sonhar, ver outras imagens vindas de outras partes do mundo", observa Yadira, que se tornou assistente social e desde 2017 mora na Califórnia. "Eu não deixaria de amar a revolução e meu país porque ouvia música estadunidense no meu quarto", ironiza. Esse paradoxo passa a ser assunto familiar e a funcionar como uma nova vigilância no cotidiano dos jovens. "Eu ouvia esse tipo de música escondida de meus pais — não que eles proibissem, mas não me sentia à vontade", conta. Era com as amigas que ela trocava ideias sobre música e cultura pop juvenil, repassando fitas cassetes gravadas de programas radiofônicos estadunidenses captados via parabólicas. O tal pôster de Britney Spears afixado no quarto foi dado por um tio que havia emigrado para Miami e resolvido presentear a sobrinha — para surpresa do pai de Yadira, o professor Wilfredo Costa.

A televisão também encontrava fissuras nas normativas do Estado. Um dos programas televisivos centrais para o consumo de música pop na ilha era o *Colorama*, que tinha feito grande sucesso nas décadas de 1970 e 1980 exibindo videoclipes e apresentações de artistas prioritariamente latinos e cubanos, mas também oriundos dos países soviéticos. Foi através do *Colorama* que cantoras pop como a russa Alla Pugachova se tornaram largamente conhecidas em Cuba. O jornalista Yuris Nórido lembra-se de assistir, na década de 1980, a apresentações repletas de dramaticidade em seu aparelho de TV Krim 218 que formaram a memória afetiva de jovens cubanos — e que incluíam a produção musical de países socialistas, como a então União Soviética, a Polônia e a Alemanha Oriental.[2]

A partir da década de 1990, o *Colorama* passou a exibir videoclipes de artistas estadunidenses na televisão aberta, sendo chamado ironicamente de "MTV cubana" (Soares, 2016b). A crise econômica do Período Especial teria se manifestado também nas mídias. A escassez de produções vindas da América Latina e de Cuba, a queda do bloco socialista e o estancamento do suprimento de produtos culturais vindos sobretudo da atual Rússia oportunizaram a entrada de produções pop de origem anglófona sem grandes restrições na programação do *Colorama*. Dos números musicais ao vivo (e, portanto, caros do ponto de vista da produção), o *Colorama* passou a povoar sua programação com videoclipes, no estilo "parada de sucessos". A vigilância não era mais dirigida a atrações anglófonas, mas a artistas cubanos que haviam emigrado para os Estados Unidos e serviriam de "mau exemplo". Videoclipes de ídolos cubanos que faziam carreira nos Estados Unidos, como Gloria Estefan, crítica ferrenha

---

2   "¿Quien se acuerda de Alla Pugachova?", *OnCuba News*, 15 fev. 2016.

da Revolução Cubana e filha de José Fajardo, guarda-costas de Fulgencio Batista (o líder deposto pelos revolucionários), eram terminantemente proibidos.

Enquanto se preocupavam com os artistas cubanos que serviriam de "mau exemplo", os gestores do ICRT ignoravam a exibição de ícones da cultura pop anglófona. Vídeos de Madonna, Spice Girls, Mariah Carey e U2, todos mundialmente famosos na década de 1990, entre inúmeros outros, passaram a ser exibidos semanalmente no *Colorama*, principalmente depois de acordos entre produtores de TV e cubanos emigrados residentes em Miami, além da captação e da gravação de atrações por meio das parabólicas. A produtora Marta Pita, uma das mais longevas do *Colorama*, explica que, como não havia mais recursos para produzir espetáculos musicais nos estúdios, produtores passaram a contatar seus amigos e familiares (que viviam, em sua grande maioria, nos Estados Unidos) para o envio de material, "para que não cancelássemos a exibição por falta de programação". As fitas Betacam chegavam a Havana vindas de Miami contendo videoclipes, números musicais e afins, e passavam pelo crivo dos produtores. "A gente dizia que a Madonna era uma cantora polaca", revela Pita aos risos, traduzindo como lidava com as fiscalizações oriundas do ICRT. "Mas, nessa época tão precária, estávamos mais preocupados com o que iríamos comer do que com o que seria exibido na televisão", observa, referindo-se às restrições do Período Especial.

A abertura a produtos culturais pop se deu sobretudo a partir da ingerência de produtores de TV e mediadores culturais que burlavam as normas do ICRT e inseriam as atrações na programação da emissora estatal. Foi assim que o jornalista Alberto Arcos viu pela primeira vez, em sua residência em Holguín, o videoclipe "Vogue", de Madonna. "Como meu aparelho de televisão era muito velho e só exibia em preto e branco, descobri somente muitos anos depois que o clipe de 'Vogue' tinha sido originalmente gravado em preto e branco", lembra. O clipe, uma celebração a Hollywood e às divas do cinema, traduz a letra em imagens: "Olhe ao redor, tudo a sua volta é decepção". Na canção, Madonna sugere: o que você precisa fazer é fugir para uma pista de dança. Para o jovem LGBTQIA+ cubano vivendo as restrições e as desilusões do Período Especial, a fuga da realidade por meio da televisão dava mais sentido ao cotidiano (Soares & Lins, 2018). Principal fã de Madonna na ilha, Alberto Arcos graduou-se em jornalismo, passou a trabalhar na rádio La Habana, nunca deixou de exaltar os avanços sociais da revolução e mantinha, paralelamente ao seu trabalho, a página Madonna Cuba no Facebook — o principal ambiente para congregação e compartilhamento de assuntos sobre a cantora pop para cubanos residentes em Cuba e no exterior.

A presença da cultura pop em Cuba pode ser vista principalmente em espaços dedicados aos circuitos de entretenimento de pessoas LGBTQIA+. Um dos principais pontos de investigação para a pesquisa sobre fãs cubanos de divas pop foi a boate Cabaret Las Vegas, localizada em Vedado, que congrega espetáculos de drag queens, transformistas e artistas da noite. A drag queen Marty se apresentava, vestida de Lady Gaga, todas as quintas-feiras na casa noturna (Soares, 2016a). A devoção à estrela pop estadunidense tinha um motivo: o álbum *Born this Way*. "Os artistas pop cubanos não falavam de temas como a aceitação de pessoas gays e trans, era tudo um tabu", observa. Marty, em processo de transição de gênero, frequentava o Centro Nacional de Educação Sexual (Cenesex) para rodas de conversa e atendimento psicológico, e numa tarde levou um pen drive com a canção "Born this Way" para debate entre psicólogas, educadoras e frequentadoras. "A música fala sobre ser quem você é, se aceitar, que é bonito ser do jeito que somos. Sempre levávamos cenas de filmes, livros e canções para as rodas de conversa", atesta. De início, Marty ficou receosa com a recepção de uma música de um ícone dos Estados Unidos como um alicerce educativo, mas, para sua surpresa, houve entusiasmo geral, sobretudo reconhecendo a música como um suporte para a a cidadania e o reconhecimento de gênero de pessoas LGBTQIA+. A forma como Marty baixou a música de Lady Gaga — e levou num pen drive para a reunião no Cenesex — nos leva a outro prisma do consumo de música pop em Cuba: os *paquetes digitales.*

INTERNET E *PAQUETES DIGITALES*

Entender a permissividade de atrativos da cultura pop em Cuba implica debater a regulação e a circulação midiática na ilha. A partir de 2005, com a consolidação das redes sociais digitais, como o YouTube, e a posterior plataformização da cultura, jovens e fãs de produtos da música pop passaram a habitar as redes, o que implica discutir como acessar tais produtos num contexto de conectividade restrita (em Cuba, em 2019, apenas 1,4% das residências tinha acesso declarado à internet). As lógicas restritivas fizeram emergir práticas ligadas à pirataria tanto de produtos quanto de redes digitais.

As práticas de consumo de música pop em Cuba consagraram, a partir da década de 2010, o formato midiático dos *paquetes digitales*: o "pacote" semanal de arquivos digitais baixados e compartilhados através de mídias digitais (pen drives e discos rígidos), cuja distribuição envolvia uma rede de serviços on e off-line, organizada de modo espontâneo, surgida da demanda de consumo de informação e assimilada pelo mercado paralelo à revelia do Estado (Argüelles, Maranhão & Câmara, 2019). Os *paquetes digitales* seriam "gambiarras midiáticas" (Soares & Zanforlin, 2021): formas alternativas e improvisadas de consumo de mídia que emergem em contextos adversos ou restritivos e sinalizam a necessidade de conexão por parte de quem se utiliza delas.

Não é somente ao consumo e à circulação de produtos estadunidenses ou de sucessos pop que os *paquetes digitales* atendem. O reggaeton, gênero musical bastante controverso no contexto de Cuba em função de sua glorificação do consumo, dos carros de luxo, das mulheres e da vida com valores capitalistas, também passou a ser central com o sucesso dos *paquetes*. Um exemplo foi o videoclipe de reggaeton "La Dura", do cantor Jacob Forever, cuja exibição na televisão aberta foi censurada pelo ICRT, o que fez sua circulação via *paquetes* aumentar significativamente (Pereira & Soares, 2019), evidenciando que o cancioneiro latino não canônico e fora dos padrões consagrados pelo Estado havia ganhado um lugar importante na disseminação dos *paquetes*.

Mesmo quando artistas vão se apresentar em Cuba — e foi esse o caso dos espetáculos que celebraram a retomada das relações entre Cuba e Estados Unidos e a visita do então presidente Barack Obama à ilha, em 2016, como os shows do trio de música eletrônica Major Lazer e da banda Rolling Stones —, é nos *paquetes digitales* que produtores precisam disponibilizar seus álbuns e canções, com a finalidade de popularizá-los entre os mais jovens (Soares, 2016c).

Desse conjunto de postulações sobre as dinâmicas dos *paquetes digitales* emerge a premissa de que, diante de um sistema midiático amparado pelo Estado, jovens cubanos vivenciam restrições a produtos da cultura pop, desenvolvendo modos alternativos de consumo de mídia. Os *paquetes* se configuram como o principal dispositivo de enfrentamento midiático, que passa pelo reconhecimento do limite de oferta dos sistemas oficiais e estatais de mídia. Diante da grande demanda por produtos que circulam nas plataformas de streaming mas não encontram ancoragem legal em Cuba em decorrência do embargo estadunidense, as lógicas de pirataria burlam as restrições do Estado ao uso da internet. O consumo de cultura pop permite visualizar as práticas de pirataria de redes e também a formação de novos desafios para o processo de modernização de Cuba.

Parece haver, entre os entrevistados para esta pesquisa, o reconhecimento de que o Estado realiza uma série de movimentos para se aproximar da juventude cubana. O aspecto geracional é central para entender as razões pelas quais a juventude, mesmo nos anos imediatamente posteriores à revolução, quando o país vivia seu auge econômico, ainda assim consumia música anglófona "indesejada" pelo Estado. Os entraves para o consumo de cultura pop na ilha são atravessados por processos históricos e coletivos, mas também pessoais e subjetivos. Fazem com que deparemos com os desafios das dimensões macropolíticas (acordos internacionais, rompimentos diplomáticos, impedimentos legais) e também micropolíticas (políticas de amizade, relações de poder familiares e cotidianas) e que reconheçamos as dificuldades das ciências sociais e humanas com relação às grandes narrativas de uma época e aos "pequenos problemas" de sujeitos que lidam com as contingências da própria vida. Um filme ou o episódio de uma série podem proporcionar formas de lidar com a alegria, a dor, a melancolia e também com as ingerências históricas de uma nação.

REFERÊNCIAS

ARGÜELLES, Yanet Castellanos; MARANHÃO, Ana Carolina Kalume & CÂMARA, Rogerio José. "Las tecnologías de la información y comunicación y el diseño de servicios en Cuba: un estudio de caso sobre el paquete semanal", *Intercom — Revista Brasileira de Ciências da Comunicação*, v. 42, n. 2, p. 167–85, 2019.

GUTIÉRREZ, Pedro Juan. *Trilogia suja de Havana*. Trad. Ari Roitman e Paulina Wacht. São Paulo: Alfaguara, 2000.

LOSS, Jaqueline & PRIETO, José Manuel. *Caviar with Rum: Cuba-USSR and the Post-Soviet Experience.* Londres: Palgrave MacMillan, 2012.

PADURA, Leonardo. *Ventos de quaresma.* Trad. Rosa Freire d'Aguiar. São Paulo: Boitempo, 2016.

PEREIRA, Simone Luci & SOARES, Thiago. "Reggaeton em Cuba: censura, ostentação e fissuras nas políticas midiáticas", *Palabra Clave*, v. 22, n. 1, 2019.

ROSA, Dayane; AMARAL, Roseli do & MELO, José Joaquim. "A construção do homem novo em Cuba (1959-1961): um processo de transformação por meio da alfabetização como prática de liberdade", *HISTEDBR*, v. 21, 2021.

SANTOS, Boaventura de Sousa. *A globalização e as ciências sociais.* 4. ed. São Paulo: Cortez, 2011.

SOARES, Thiago. "Lady Gaga em Cuba". *In*: JESUS, Eduardo; TRINDADE, Eneus; JANOTTI JR., Jeder & ROXO, Marco (org.). *Reinvenção comunicacional da política: modos de habitar e desabitar o século XXI.* Salvador/Brasília: Edufba/Compós, 2016a.

SOARES, Thiago. "Enfrentamentos políticos e midiáticos de fãs de música pop em Cuba", *Logos*, v. 23, n. 2, p. 65-76, 2016b.

SOARES, Thiago. "Acionamentos geopolíticos num show de música pop em Cuba", *Galáxia*, n. 33, p. 171-83, 2016c.

SOARES, Thiago. *Modos de experienciar música pop em Cuba.* Recife: Editora da UFPE, 2021.

SOARES, Thiago & LINS, Mariana. "Madonna, guerreira como Cuba", *Contracampo*, v. 37, n. 1, p. 91-109, 2018.

SOARES, Thiago & ZANFORLIN, Sofia. "*Paquetes* como gambiarras midiáticas: transnacionalismo e consumo cultural no contexto Havana-Miami", *Comunicação e Sociedade*, v. 39, p. 167-82, 2021.

VILLAÇA, Mariana Martins. *O Instituto Cubano del Arte e Industria Cinematográficos (Icaic) e a política cultural em Cuba (1959-1991).* Tese de doutorado. São Paulo: Universidade de São Paulo, 2006.

VANESSA OLIVEIRA

13
CRESCE UMA CUBA EVANGÉLICA E DEFENSORA DA FAMÍLIA E DOS "BONS COSTUMES"?

ANGELICA TOSTES
DELANA CORAZZA

No calor do verão *habanero*, caminhamos cheias de expectativas pelas ruas do bairro de Marianao até a Iglesia Pentecostal Asambleas de Dios. Havia poucos assentos disponíveis. Logo em seguida chegaram novos fiéis, ocupando todos os lugares da igreja, que tinha uma estrutura moderna, com recursos tecnológicos — um projetor para que os fiéis acompanhassem tanto as letras das músicas como os versículos bíblicos trazidos pelo pastor, e um lugar específico para as crianças, que, ao fim do culto, retornaram com uma breve apresentação.

O culto começou com o discurso muito emotivo de uma mulher, que também falou em línguas.[1] A liturgia se assemelha muito aos cultos neopentecostais das igrejas brasileiras. Uma intervenção

---

[1]   Fenômeno conhecido como glossolalia: a capacidade de falar uma língua desconhecida no momento catártico de transe religioso, descrita no capítulo 2 do livro de Atos dos Apóstolos.

inicial mais emotiva; depois, música ao vivo, com guitarra, bateria e bons músicos. Então, a fala do pastor, o pedido do dízimo e os momentos de oração. Uma jovem, acompanhada provavelmente da avó, foi levada ao púlpito para a conversão. Diversas outras mulheres a abraçaram enquanto ela chorava e resistia aos abraços. Por fim, mais música. O culto durou cerca de três horas, mas não nos pareceu cansativo; ao contrário, nos chamava à participação, éramos mais do que ouvintes ali. A certa altura, ao saberem que havia uma estrangeira no culto, vieram em nossa direção, e a primeira pergunta, feita em inglês, foi: "Você acredita em Deus?".

INTRODUÇÃO

Em julho de 2022, a partir de uma articulação latino-americana contra o fundamentalismo religioso,[2] tivemos a oportunidade de conhecer de perto o Centro Memorial Martin Luther King (CMLK), em Havana, uma associação macroecumênica de inspiração cristã que acompanha de forma solidária e profética o povo cubano e as suas igrejas, por meio de reflexão e formação socioteológica, educação popular, comunicação, serviço integral à comunidade e promoção da solidariedade internacional.

O CMLK surgiu em 1987, resultado de uma movimentação presente em toda a América Latina e embasado na junção de fé e luta, com alguns marcos importantes em Cuba, como a publicação da primeira edição de *Fidel e a religião* (1985), de

---

2 O termo "fundamentalismo" antes remetia ao movimento ultraconservador protestante estadunidense da virada do século XX, que reivindicava a inerrância e a interpretação literal da Bíblia, em uma tentativa de reagir à modernidade e aos estudos críticos e culturais do livro. Hoje ele se refere a uma série de dogmas impostos à sociedade, utilizando uma gramática religiosa para a manutenção de poder e interesses sociopolíticos do imperialismo.

Frei Betto, com um milhão de exemplares circulando no país. O centro, que nasceu do trabalho dos pastores batistas Raúl Suárez Ramos, Clara Rodés e outros, se configura hoje como uma das mais importantes instituições de Cuba. Baseia-se "numa ética emancipatória de inspiração cristã; no compromisso consciente, rebelde e profético com o povo cubano, a revolução e o socialismo; na defesa da vida plena de todos os seres humanos como centralidade, sem exclusões ou discriminações, vinculada ao respeito aos direitos da natureza". O CMLK assume também "a diversidade de gerações, gêneros, cores de pele, origens, orientações sexuais, ocupações, conhecimentos e crenças, com sentido ecumênico e de justiça social".[3]

Participamos e fomos assessoras da Oficina Socioteológica organizada pelo CMLK, cujo tema era "A atuação da Igreja em um Estado laico: da crise à criatividade". O encontro tinha o objetivo de analisar o papel social e político da Igreja, levando em conta os limites de sua ação no espaço público. Era o primeiro evento presencial pós-pandemia, e houve, desde o início, uma clara preocupação em acolher todos os participantes, para que se sentissem seguros e parte daquele processo. Trabalhamos por nove dias, nos períodos da manhã, tarde e noite, com companheiros e companheiras que vinham do ocidente ao oriente da ilha, além de alguns brasileiros, como a pastora batista Odja Barros e o coordenador de cursos do Centro Ecumênico de Serviços à Evangelização e Educação Popular Cremildo Volanin.

Uma das atividades era a visita a algumas igrejas com um perfil mais fundamentalista, localizadas nas proximidades do CMLK, em Marianao. Buscamos entender diversas de suas características: a liturgia, os aspectos físicos do espaço, as manifestações dos fiéis, quais passagens bíblicas eram mais

---

3   "Quiénes somos", Centro Martin Luther King, [s.d.]. Disponível em: https://cmlk.org/quienes-somos.

ressaltadas, os discursos do pastor e o que chamaram de "boas práticas". Aqui vale uma primeira constatação importante: ainda que houvesse críticas profundas às ações das igrejas fundamentalistas, os organizadores do encontro apontaram como necessário compreender o que atrai os fiéis para essas igrejas — e que muitas vezes escapou a um cristianismo mais progressista em Cuba — e mesmo a metodologia do trabalho de base ali realizado, que o campo progressista foi perdendo.

Atualmente, as igrejas fundamentalistas em Cuba são um fenômeno que não pode ser ignorado. Em poucos anos, houve significativa expansão desses templos, presentes em todo o território nacional. Com muito financiamento e apoio tecnológico, grande parte delas é respaldada por instituições estadunidenses. Os cultos catárticos, a música ao vivo e os testemunhos de fiéis narrando sua conversão têm conquistado pessoas de diversos níveis de instrução, com destaque para a juventude cubana.

O CMLK tem se empenhado na defesa da revolução e no enfrentamento ao fundamentalismo religioso, promovendo ações práticas e aprofundamento teórico por meio de publicações em livros e revistas, e segue fortalecendo a imagem de Cuba como inspiração para a esquerda latino-americana. Por meio de encontros e seminários que contemplam temas conjunturais e históricos — tendo a solidariedade latino-americana como uma metodologia libertadora —, o local tem sido polo de discussão e construção de conhecimento e mobilizado também a Rede Ecumênica Fé por Cuba, que tem representações em toda a ilha.

ENTRE AS RUELAS E IGREJAS DE HAVANA

Ao longo das três horas de culto da Asambleas de Dios que descrevemos na abertura deste texto, observamos o pastor, um homem de meia-idade muito preparado e extremamente articulado, circular por temas que têm vias comunicantes com as igrejas brasileiras: falou do casamento e da importância da fidelidade ao cônjuge, defendeu a família como uma missão de Deus e nos colocou, a todo momento, como ameaçados pelo pecado, reiteradamente embutindo uma culpa; o fiel seria, antes de tudo, alguém em perigo diante dos demônios, e, desde o mais sutil pensamento, seria dever do crente estar atento para não pecar. Em dado momento, disse: "Podem me chamar de fundamentalista, mas a verdade está aqui" — ele apontava para a Bíblia. Os fiéis concordaram efusivamente.

Concentrou-se na interpretação do capítulo 2 do livro de Malaquias, do Antigo Testamento, que aborda a deslealdade das tribos de Israel a Deus e também do marido à esposa. No telão, era possível ver os tópicos destacados do texto. O primeiro slide exibia os dizeres "Sê fiel a teu cônjuge", acompanhado da seguinte conclusão: "Um divórcio representa uma imagem de Cristo (o homem) abandonando Sua igreja, o que Ele nunca faz, e a igreja (a mulher) deixando Cristo, algo que não é aconselhável. Seja fiel ao seu cônjuge. A fidelidade é uma garantia para o seu relacionamento com Deus". Outro ponto destacado dizia: "Sê fiel aos preceitos divinos", ao que o pastor acrescentou: "Casar-se com um incrédulo nunca é uma opção divina" e "pode afastá-lo de Deus".

Em julho de 2022, ainda não havia sido aprovado o Código das Famílias, documento que contém 474 artigos que defendem, entre outros, o direito à vida familiar livre de violência e à liberdade para todas as pessoas constituírem famílias sem discriminação, colocando em forma de lei valores como o amor, a responsabilidade e a solidariedade. Os setores conservadores da sociedade cubana — igrejas protestantes fundamentalistas e grupos da Igreja católica, entre outros — se organizaram contra a aprovação do código.

RELIGIÃO EM CUBA

Após o triunfo da revolução, Cuba, ainda influenciada pela União Soviética, se declarou um Estado ateu, em razão de uma interpretação equivocada do marxismo. A famosa frase de Marx — "A religião é o ópio do povo" —, usada tantas vezes de forma descontextualizada por parte da esquerda (dado que a abordagem marxiana do tema é muito mais profunda), acabou por criar um vínculo direto entre os revolucionários e o ateísmo que, na prática latino-americana, não se efetiva. O povo latino-americano crê e faz suas leituras do mundo com base em inúmeras crenças e sincretismos. Uma transposição direta entre a religiosidade cristã ortodoxa dos russos e a cubana não funcionaria, obviamente. A população cubana não é necessariamente ateia. Pedro Álvarez Sifontes, pesquisador-assistente do Departamento de Estudos Sociorreligiosos do Centro de Pesquisas Psicológicas e Sociológicas de Havana, nos informa que não há nenhum dado oficial sobre o percentual de cristãos ou de fiéis de qualquer outra religião no país e que muitas das informações divulgadas sobre isso em outras partes do mundo foram, por vezes, manipuladas pelos Estados Unidos. "Durante a revolução, não foi realizado um censo nacional para conhecer a filiação espiritual dos cubanos, pois há um respeito à intimidade pessoal (a religião é considerada uma manifestação da individualidade humana) e à plurirreligiosidade do cubano, que é capaz de praticar várias religiões ao mesmo tempo." Além disso, cada religião faz sua estimativa sobre o número de fiéis; por exemplo, a base de cálculo da Igreja católica é o número de pessoas que foram batizadas, cifra muito maior que a de pessoas que estão dentro das igrejas ou que vivenciam sua fé. "A maioria dos cubanos pratica uma religiosidade muito espontânea, prática e voltada para o cotidiano. Há uma frase muito cubana que diz: 'O cubano se lembra de Santa Bárbara quando troveja.'"

Portanto, ainda que no cotidiano parte significativa das pessoas que têm uma fé não frequente templos e igrejas, a população cubana vivencia sua religiosidade de forma popular e sincrética, o que nos faz indagar como se deu esse caminho entre um ateísmo de Estado e uma população que crê. Não há respostas simples nem lineares, mas é sempre importante entender a Revolução Cubana como um processo que, obviamente, não está livre de contradições e desafios a serem superados.

A mudança de um Estado ateu para um Estado laico foi um passo muito importante dado por Fidel Castro, que, vendo os avanços das lutas da esquerda na América Latina, impulsionadas pela teologia da libertação, e se inspirando em lideranças religiosas, como o padre colombiano Camilo Torres, passou a defender uma aliança entre cristãos e marxistas. Em uma conversa com sacerdotes chilenos sobre essa aliança, afirmou: "Queríamos ser aliados estratégicos, ou seja, aliados definitivos" (Betto, 2018, p. 5). O comandante-chefe da ilha soube identificar, principalmente entre os protestantes, uma metodologia de trabalho fundamental para o avanço da revolução, dado que eles tinham um compromisso com os mais pobres e uma disciplina militante muito forte em suas igrejas. Segundo a teóloga cubana Gisela Pérez, "ao longo dos anos, a revolução percebeu que, embora nossas igrejas fossem filhas da Igreja estadunidense, elas eram cubanas, e que nem todos os líderes pretendiam partir nem estavam interessados em fazer contrar-revolução" (Massón, 2006, p. 102).

Fidel e os membros das igrejas sabiam que esse processo não seria fácil, dada a formação antirreligiosa de boa parte dos membros do Estado; mas, com o avanço do diálogo a partir de uma concepção humanista do marxismo, as tensões iniciais da revolução abriram espaço para um novo olhar sobre o fenômeno religioso. Para o pastor batista Idael Montero, além do fato muito significativo de transformar um Estado confessional ateu em um Estado laico, segue o desafio de compreender o estudo da religião como um fenômeno sociocultural e entender que a laicidade é um processo ainda em curso.

Essa religiosidade não está apenas vinculada à luta e aos processos de libertação. O fundamentalismo religioso tem se feito presente por toda a ilha. Assim como no Brasil e em toda a América Latina, ele vem crescendo de forma expressiva após as políticas neoliberais estadunidenses afetarem todo o continente e a partir das ações mais ofensivas do bloqueio à Cuba. O neoliberalismo propagado em linguagem religiosa busca enfraquecer as instituições políticas e democráticas, colocando a população contra reivindicações que visam a mudanças nos campos social e econômico, e tem promovido práticas de retirada de governos progressistas em Nossa América.

O fundamentalismo faz parte de um projeto expansionista estadunidense que, através da teologia, insere pautas imperialistas que disputam elementos importantes para a nossa classe, como o discurso da família. Embebida por esses pensamentos, Cuba também tem passado por uma expansão de igrejas financiadas com discursos fundamentalistas e contrarrevolucionários. O boom do neopentecostalismo fortaleceu o avanço do imperialismo e do neoliberalismo por meio das várias tendências da fé, nomeadamente a teologia do domínio e o evangelho da prosperidade. A teologia do domínio — ou reconstrucionismo — surgiu nos anos 1970 nos Estados Unidos e busca a reconstrução da teocracia, oferecendo uma cosmovisão cristã para a obtenção e a manutenção do poder de evangélicos em esferas públicas. Já o chamado evangelho da prosperidade defende a acumulação de bens materiais como sinal de bênção divina: ser filho ou filha de Deus é sinônimo de vitória.

Podemos destacar três momentos cruciais para compreender o fenômeno do avanço fundamentalista em Cuba, segundo Izzet Samá Hernández, teóloga e coordenadora-executiva do CMLK. O primeiro é a crise econômica iniciada na década de

1990, levando a uma crise social que fez a população buscar outras formas de alento para lidar com as dificuldades da vida. Nesse contexto, as igrejas cristãs se encheram de fiéis em busca de acolhimento, como veremos adiante. Embora nos anos seguintes o crescimento tenha sido menos expressivo, houve uma movimentação mais forte entre as igrejas evangélicas de cunho pentecostal e, com isso, uma fragmentação das comunidades. A teóloga destaca que as primeiras rupturas foram com as igrejas Asambleas de Dios e a Iglesia Cristiana Pentecostal de Cuba, presentes no país desde 1930. Nem sempre as novas igrejas fundadas tinham lideranças com formação teológica e bíblica, e houve aquelas que se uniram a ministérios e igrejas radicados nos Estados Unidos e em outros países da América Latina.

Um segundo ponto é o que podemos chamar de "novos movimentos religiosos", que, seguindo o espaço do primeiro momento, explodiram com a dimensão neoliberal do evangelho da prosperidade. Essas pequenas ou grandes igrejas se encontram, assim como em outros países de nosso continente, em lugares a que as igrejas protestantes históricas e a Igreja católica não chegaram, dialogando fortemente com setores mais empobrecidos e desempenhando projetos sociais concretos, o que comove e, em alguns casos, muda a vida dos fiéis.

Por fim, o Código das Famílias despertou uma articulação mais organizada das igrejas fundamentalistas cubanas — católicas e evangélicas — no debate sobre as pautas de gênero. Além disso, assim como houve no Brasil, a questão do *homeschooling* chegou à ilha como forma de "proteger" as crianças da "ideologia de gênero", e coisas semelhantes ecoaram entre a comunidade cristã no país. Outro elemento é a desarticulação do movimento ecumênico cubano, que sempre esteve mais vinculado a pautas sociais e políticas, mas, com a onda conservadora e fundamentalista, começa a sofrer cisões em suas ações e organicidade, como o Conselho de Igrejas Cubano e outros movimentos.

A MISTURA DE *BUENAS PRÁCTICAS* E FUNDAMENTALISMO PAUTADO EM GÊNERO E SEXUALIDADE

Para compreender a questão das igrejas em Cuba e na América Latina, é preciso reconhecer as *buenas prácticas* que as igrejas oferecem à classe trabalhadora. Os elementos destacados baseiam-se na pesquisa "Evangélicos, política e trabalho de base", do Instituto Tricontinental de Pesquisa Social, e também nos diálogos com os participantes da Oficina Socioteológica em Cuba:

1. pertencimento e acolhimento: nas igrejas, é possível encontrar um espaço de acolhida desde o primeiro dia em que se chega a um culto. Em momentos de crise, há espaços de escuta e projetos que proporcionam interação social, seja para crianças, seja para adultos, e que constituem uma grande rede de apoio;
2. lazer: nos cultos, a comunidade é instituída e renovada a cada semana. Os cultos são festas populares, repletas de músicas, danças e pregações com alta carga emotiva;
3. organização da vida cotidiana: para muitos fiéis, estar em uma igreja evangélica não é algo passivo. Em sua maioria, eles são atuantes e assumem tarefas no interior da igreja, que passa a ter espaço na vida cotidiana, organizando a vida do trabalhador: a ida aos cultos, os estudos bíblicos, as pregações etc.;
4. espiritualidade: quando pensamos no avanço das igrejas na América Latina, consideramos que as pessoas buscam esses espaços apenas pela precariedade social. Entretanto, é importante pensar que a espiritualidade oferece respostas de cunho existencial e que a fé faz parte do cotidiano dessas pessoas. A experiência mística é um dado a ser considerado: a busca por um sentido último e por respostas subjetivas. Esses espaços têm atraído

jovens que encontram nas igrejas uma identidade, a esperança de mudar de vida (principalmente com os discursos do evangelho da prosperidade) e uma espiritualidade que comove e que gera afeto, mas também culpa e temor.

Contudo, as igrejas evangélicas não são apenas espaços de acolhimento, lazer e espiritualidade; são espaços de contradições. As teologias encontradas em grande parte das igrejas evangélicas na América Latina têm sido embebidas em fundamentalismo religioso — um projeto de poder e um dos instrumentos para a manutenção do neoliberalismo, que tem como objetivo a fixação de uma verdade única, imutável e inquestionável, sendo assim antidialógica e antiplural. Essa verdade absoluta, dogmática, vai muito além da religião; ela constrói modelos de vida políticos, econômicos e sociais:

> Podemos afirmar que o fundamentalismo religioso em Cuba é um movimento reacionário organizado, com forte base comunitária e amplo potencial comunicativo, através de redes internas e externas. Para entendê-lo, é necessário considerar não apenas seus fundamentos dogmáticos mas também seus pressupostos políticos. A nova ofensiva fundamentalista tem uma clara aposta contra a equidade de gênero, a diversidade sexual e os direitos sexuais e reprodutivos, atacando o que chamam de "ideologia de gênero", demonizando, desconsiderando e distorcendo toda abordagem de gênero para políticas sociais e ações educativas. Seu discurso tem repercussão na sociedade cubana atual, que sofre um processo de conservadorismo que afeta setores para além do campo eclesial. (Hernández & Corazza, 2022)

A defesa de pautas morais é uma bandeira importante nos discursos fundamentalistas, manifestando-se nos poderes Executivo e Judiciário, sendo os discursos contra a "ideologia de gênero" o grande estandarte do fundamentalismo religioso. Essa noção de "ideologia de gênero" surge no contexto católico, porém encontra ampla divulgação nas mídias e redes sociais; trata-se de uma maneira utilizada pela direita de referir-se às pautas de gênero, e que foi absorvida pelos setores evangélicos fundamentalistas. Esse termo condena tudo aquilo que não é cis-heterossexual, acreditando que o conceito de família está limitado ao fruto de uma relação matrimonial entre um homem e uma mulher. O aborto é tido como altamente condenável, uma vez que, para o fundamentalismo, apenas Deus tem o poder de tirar a vida, e o direito decisório da mulher a respeito do próprio corpo é desconsiderado. Qualquer questionamento sobre esse modo limitado de estar no mundo é enquadrado como "ideologia de gênero", provocando pânico moral. Cuba não está imune a esse processo.

Em 2022, foi discutido e votado em plebiscito o Código das Famílias, um novo entendimento legislativo que habilita o direito à gestação solidária, ao casamento homoafetivo e à proteção aos idosos e crianças, rompendo com o modelo hetero-normativo.[4] O novo código atualizou a legislação vigente desde 1976 e gerou polêmicas, pois as Igrejas católica e evangélica se manifestaram contra o casamento igualitário e promoveram ações para evitar sua aprovação.

Os cubanos e cubanas participam ativamente da política, de modo que a votação foi mais do que apenas um sim e um não. A vitória do "sim" foi um respiro importante contra o avanço legal do fundamentalismo religioso que também atravessa o país. Bispos católicos se pronunciaram contra a aprovação do código; entre outros motivos, afirmaram que "introduzir na nossa legislação o conteúdo da chamada 'ideologia de gênero', sustentáculo de muitas das propostas [do código], não bene-

---

4 "Cuba aprova novo Código das Famílias com 66% de apoio popular", *Brasil de Fato*, 26 set. 2022.

ficia a família cubana". Ou seja, nem mesmo Cuba conseguiu fugir da falácia da ideologia de gênero, que reivindicava o voto contrário e propagava a campanha "Diseño Original", defendendo o conceito fundamentalista de família.

O que surpreendeu foi a voz ressoante dos fundamentalistas em alguns espaços, como no programa de televisão *Palabra Precisa*, que em abril de 2022 dedicou um episódio à discussão do código. No quadro há uma discussão entre o pastor Bárbaro Abel Marrero Castellanos, presidente da Convención Bautista de Cuba Occidental, e a pastora Dora Arce Valentín, secretária--geral da Iglesia Presbiteriana Reformada en Cuba. No debate, Valentín advoga em defesa do código, pois entende que ele "é inclusivo, apela aos afetos, à justiça e para que as relações entre as pessoas que compõem a família sejam equitativas e justas". Já o pastor Bárbaro aponta que o código tem coisas boas e ruins e, logo no início de sua fala, alega que os pontos bons dizem respeito à defesa dos vulneráveis, como idosos e pessoas com deficiência. Sua primeira crítica ao código trata da correção e da repreensão físicas dos filhos pelos pais, que a lei proíbe, o que o pastor considera uma interferência indevida do Estado: "Parece que o código limita os direitos dos pais sobre os filhos".[5]

No diálogo, o pastor fundamentalista, com sua fala eloquente, elabora o seguinte raciocínio: a igreja não é um termômetro que se adapta ao "mundo", mas antes um termostato que transforma a temperatura de onde está. Por trás da sua metáfora existe a visão da teologia do domínio, que deve ser compreendida, do ponto de vista político, como a construção de uma nova sociedade teocrática, apostando na predestinação dos cristãos a ocupar espaços de poder — não só nas instituições políticas, mas na arte, na cultura, na educação e

---

5　"*Palabra Precisa*: debate sobre el proyecto cubano de Código de Familias (dr. Abel Marrero y dra. Dora Arce)" [vídeo], 2022. Disponível em: https://youtube.com/watch?v=pv2b9Eir2II.

mesmo no interior das famílias, nos costumes mais íntimos, colocando a conversão ao cristianismo como única forma de civilização e salvação (Cunha, 2020). Baseada em um Deus da guerra, que pune, e na constante disputa entre o bem e o mal, a teologia do domínio se insere nos discursos e nas práticas da direita cristã a partir de inimigos a serem combatidos, que, nesse caso, seriam o código. Após dizer que a Igreja deve mudar a consciência da sociedade, o pastor aponta que o código afeta diretamente a "família biológica"; ele repete os termos "biológico" e "reprodução", além de afirmar que é na família biológica que os cidadãos de bem se desenvolvem.

Essa ofensiva fundamentalista ocorre em três espaços principais: redes sociais, comunidades de fé e instituições. Nas redes sociais, há a disseminação do discurso fundamentalista e a busca por articulação com outros atores. Nas comunidades de fé, há convocações para vigílias e dias de oração com discursos antidireitos, além da manipulação dos mais pobres por líderes com agenda política. No espaço institucional, ocorrem declarações, alianças e articulações internacionais, rompendo com espaços tradicionais de articulação ecumênica.

As igrejas com teologias fundamentalistas estão cheias, enquanto as igrejas progressistas e inclusivas lutam para conquistar fiéis. Para os teólogos e teólogas do CMLK, é necessário resgatar a espiritualidade libertadora, com mística, orações, canções e beleza. O fundamentalismo religioso é uma monocultura espiritual, em que há apenas uma verdade e uma visão; combatê-lo envolve um grande plantio de cores, onde todos têm voz, vez e lugar para falar do divino. Por isso, é necessário que cada vez mais haja uma articulação entre as igrejas e movimentos baseados na fé, não só em Cuba, mas em toda a América Latina e o Caribe, para que essas narrativas fundamentalistas sejam combatidas.

REFERÊNCIAS

BETTO, Frei. *Fidel y la religión: conversaciones con Frei Betto*. Havana: Editorial de Ciencias Sociales, 2018. [Ed. bras.: *Fidel e a religião: conversas com Frei Betto*. São Paulo: Fontanar, 2016.]

CUNHA, Magali do Nascimento. *Fundamentalismos, crise da democracia e ameaça aos direitos humanos na América do Sul: tendências e desafios para a ação*. Salvador: Koinonia Presença Ecumênica, 2020.

HERNÁNDEZ, Izett & CORAZZA, Delana. "El nuevo evangelismo neopentecostal: fundamentalismo, teología de la prosperidad y patriarcado — los casos de Cuba y Brasil". *In*: RIVARA, Lautaro & PRIETO, Fernando Vicente (org.). *El nuevo plan Cóndor: geopolítica e imperialismo en América Latina y el Caribe*. Buenos Aires: Batalla de Ideas, 2022.

INSTITUTO TRICONTINENTAL DE PESQUISA SOCIAL. *Resistir com fé: os evangélicos e o trabalho de base*. São Paulo: Instituto Tricontinental, 2022.

MARTÍNEZ, Sergio Arce. *No se puede adorar a dos señores: antología de textos teológicos*. Havana: Caminos, 2019.

MASSÓN, Caridad. *La Revolución Cubana en la vida de pastores y creyentes evangélicos*. Havana: La Memoria, 2006.

HERIBERTO PAREDES

14
CASAMENTO IGUALITÁRIO EM CUBA: MARCOS HISTÓRICOS DO DEBATE

RAÚL PÉREZ MONZÓN

Nos últimos anos, a sociedade cubana deu passos importantes rumo a uma agenda de debate e de políticas que incluem parte dos direitos das minorias sexuais. Este tem sido um dos assuntos mais controversos e alvo de muitas críticas, em um contexto em que prevalece uma mentalidade homofóbica, gerando preconceito e discriminação no imaginário social. Cuba ganhou as manchetes em setembro de 2022 com a aprovação, por referendo, de um novo Código das Famílias. Com ele, foi aprovada a legalização do casamento igualitário e outros direitos que protegem os grupos LGBTQIA+. O objetivo deste artigo é analisar os antecedentes e os fatores que marcaram o ritmo da evolução dos direitos LGBTQIA+ em Cuba, particularmente o casamento igualitário, a partir dos debates e do processo constitucional de 2019 e do Código das Famílias de 2022, a fim de compreender as complexidades da sociedade cubana contemporânea.

Em 2019, durante as visitas que fizemos a bairros cubanos para conversar e distribuir panfletos sobre os direitos LGBTQIA+, como parte da campanha independente "Ahora Sí" [Agora sim], foi realmente interessante ver a reação das pessoas. Enquanto alguns pensavam que éramos grupos religiosos — normalmente os que realizam esse tipo de ação —, outros nos apoiaram e se juntaram à demanda por um "sim" para o casamento igualitário. Isso evidencia a necessidade de maior ativismo pedagógico e a falta de mecanismos de conscientização e representação em todos os níveis. O desconhecimento dos temas relacionados a sexualidade e gênero e a falta de uma cultura política e educacional marcaram a evolução dos direitos LGBTQIA+ em Cuba.

O CAMINHO PARA O CASAMENTO IGUALITÁRIO EM CUBA

A agenda pró-LGBTQIA+ do governo cubano tem tido um impulso crescente desde os anos 1990, com a gestão do Centro Nacional de Educação Sexual (Cenesex). Mais recentemente, promoveu um movimento ativista independente que, sem relação direta com o governo, também tem desenvolvido um intenso trabalho de educação, conscientização e promoção de questões relacionadas a gênero e sexualidade. Sem dúvida, os principais elementos para entender o desenvolvimento e o debate dos direitos LGBTQIA+ em Cuba passam por uma heterogeneidade de fatores, tanto internos quanto externos, que não podem ser simplificados como uma vontade política do governo ou o papel crescente do ativismo na ilha hoje. A única forma de fazer uma análise complexa dos avanços e retrocessos em matéria de direitos LGBTQIA+ é lançar um olhar sobre os processos de crise e reforma que marcaram a evolução das políticas sociais em Cuba nas últimas décadas, bem como sobre o aumento crescente do papel da sociedade civil e a diversificação do ativismo LGBTQIA+.

O debate sobre o casamento igualitário passou a ter maior presença a partir das mudanças que ocorreram com a chegada de Raúl Castro à presidência, em 2006. A mudança no rumo histórico da revolução e a saída de Fidel Castro foram tomadas como um momento de possíveis transformações na tradicional mentalidade homofóbica dentro dos grupos no poder.

Em junho de 2007, o Cenesex e a Federação de Mulheres Cubanas (FMC) anunciaram a apresentação de um projeto de lei para modificar o Código das Famílias de 1975, incluindo a legalização da união estável para casais do mesmo gênero. Essa proposta legislativa nunca chegou a passar pelo plenário da Assembleia Nacional de Cuba, embora a votação tenha sido repetidamente anunciada. Como parte dessa intenção, em 23 de dezembro do mesmo ano, foi realizado no Cenesex o primeiro casamento simbólico de um casal homoafetivo em uma instituição estatal. Igrejas evangélicas e católica se opuseram imediatamente à proposta durante o ano de 2008. Mais tarde, em 2015, os casamentos simbólicos voltaram a ser celebrados no Cenesex como parte das Jornadas contra a Homofobia e a Transfobia, celebradas anualmente no mês de maio.[1]

Nos anos seguintes, o tema continuou tanto na agenda do Cenesex quanto na de ativistas independentes, que apoiavam diferentes iniciativas para promover o casamento igualitário. O assunto voltou às manchetes em dezembro de 2015, quando a Corrente Martiana, a Fundação pelos Direitos LGBTI de Cuba e o Projeto Shui Tuix lançaram a campanha "Nós também amamos", pelo casamento igualitário, e apresentaram uma iniciativa legislativa pela aprovação da Assembleia Nacional do Poder Popular. Nesse mesmo mês, na cidade de Cienfuegos, as redes sociais comunitárias Humanidade pela Diversidade, o grupo Fénix, o projeto Transcuba Cienfuegos, a Rede de Jovens pela Saúde e Direitos Sexuais e a Rede de Advogados pelos Direitos Sexuais enviaram uma carta à Assembleia Nacional

---

1 "Celebran en Cuba simbólicas bodas gays", *Deutsche Welle*, 9 maio 2015; "Cuba celebra bodas simbólicas entre parejas del mismo sexo", *TeleSur*, 9 maio 2015.

do Poder Popular e ao Cenesex, com mais de trezentas assinaturas, para agilizar a aprovação do casamento igualitário.

Já na véspera do referendo constitucional, em 2017, vários ativistas lançaram a campanha "Acepto" [Aceito], de conscientização sobre a necessidade de legalizar o casamento igualitário em Cuba. Em 4 de maio de 2018, Mariela Castro[2] anunciou uma proposta de reforma da Constituição de 1976 para legalizar o casamento igualitário. Em resposta à convocação, naquele mesmo mês, um grupo de ativistas apresentou a Agenda dos Direitos LGBTQI em Cuba, que solicitava, entre suas demandas, a modificação do artigo 36 da Constituição, que dispunha sobre o casamento, e propunha que fosse regulamentada no Código das Famílias a instituição do casamento como "a união voluntariamente acordada entre duas pessoas".[3] Naquele mesmo ano, a Igreja da Comunidade Metropolitana de Cuba emitiu uma declaração apoiando os direitos da comunidade LGBTQI, incluindo o casamento. Essa igreja também se destacou por celebrar bênçãos de amor para casais do mesmo gênero, ação que serviu para promover o debate sobre o casamento igualitário.

A resposta dos grupos religiosos veio em 28 de julho de 2018, quando cinco denominações cristãs (Liga Evangélica de Cuba, Associação Convenção Batista de Cuba Ocidental, Convenção Batista de Cuba Oriental, Assembleias de Deus de Cuba e Igreja Metodista em Cuba) assinaram uma declaração conjunta se opondo fortemente ao casamento igualitário. Mais tarde, outras denominações se juntaram a elas, enquanto a Igreja católica também emitiu sua declaração contrária.

---

2   Filha de Raúl Castro, sexóloga e ativista do feminismo, Mariela Castro é deputada da Assembleia Nacional e diretora do Cenesex. [N.E.]

3   O artigo 36 da Constituição cubana de 1976 traz o mesmo conceito de casamento baseado no artigo 2º do Código das Famílias de 1975: "O casamento é a união voluntariamente acordada entre um homem e uma mulher com capacidade legal para fazê-lo, com o objetivo de viabilizarem a vida em comum". [N.T.]

O PROCESSO CONSTITUCIONAL E O ARTIGO 68

Como parte dos processos de reforma que Cuba vem realizando desde a década de 1990, o Partido Comunista de Cuba (PCC) aprovou as diretrizes para as políticas econômicas e sociais em seu 6º Congresso, em abril de 2011. Por meio de uma série de medidas e diretrizes para reger a política nacional, Cuba iniciou o processo de reforma constitucional.

A comissão redatora da nova Constituição apresentou a proposta ao Parlamento em 22 de julho de 2018, e em seguida o anteprojeto foi submetido à discussão popular entre 15 de agosto e 15 de novembro de 2018. Segundo dados do Conselho Nacional Eleitoral, foram realizadas mais de 133 mil reuniões de debate, das quais participaram 8,9 milhões pessoas. O órgão eleitoral contabilizou 1,7 milhão de intervenções, das quais 783 mil eram propostas: 667 mil modificações, 32 mil adições, 46 mil eliminações e 38 mil dúvidas.[4]

O artigo 68 do anteprojeto de Constituição dispunha que "o casamento é a união voluntariamente acordada entre duas pessoas com capacidade legal para tal, com o fim de viabilizarem a vida em comum".[5] O anteprojeto foi redigido de forma que, uma vez aprovada a nova Constituição, a legislação complementar legalizaria o casamento igualitário.

No entanto, dentro desse processo de consulta popular, foi significativo que o artigo 68 do anteprojeto da Constituição, que tratava da instituição do casamento, tenha recebido 192.408 opiniões, o que representou 24,6% do total emitido durante a consulta, e tenha sido citado em 88 mil reuniões, 66% do total. Este foi um primeiro termômetro da opinião pública sobre a

---

4 "Presentan a los diputados resultados de la consulta popular del Proyecto de Constitución", *CubaDebate*, 18 dez. 2018.

5 "Una reforma en la esquina", *CubaDebate*, 14 ago. 2018.

possibilidade de incluir no texto constitucional o casamento como "a união acordada entre duas pessoas", conforme indicado no artigo do anteprojeto, que substituiria o "entre um homem e uma mulher" da Constituição de 1976.

Paralelamente à consulta popular, articulou-se uma forte campanha de oposição ao casamento igualitário, que encontrou seu núcleo fundamental nas igrejas evangélicas e fundamentalistas, sob a ideia de defender o que consideravam "a família originalmente planejada". Todos os opositores dos direitos LGBTQIA+ se concentraram nessa campanha: as ruas ficaram repletas de panfletos, e as redes sociais, cheias de publicações que se opunham à aprovação do artigo 68. É relevante notar como esse tema passou a ser o centro das atenções do debate, quando o anteprojeto incluía outras questões, relacionadas à representação, à estrutura e ao funcionamento da política cubana. A questão do casamento ocupou opiniões na imprensa e nas redes sociais, e esteve no centro de um intenso debate que acabou por constituir o foco principal de um processo em que foram definidos elementos centrais do funcionamento do país.

Em Cuba, existe há anos um aumento dos fundamentalismos religiosos, que encontraram espaços férteis nos lugares mais pobres, onde vive a população mais vulnerável. O sucesso dessas ideologias nos bairros e nas zonas rurais deve-se a ações de intervenção comunitária que incluem a construção e a revitalização de espaços e a distribuição de alimentos e outros insumos, bem como programas de inclusão de jovens em atividades recreativas e esportivas. As igrejas protestantes conseguiram ampliar seu raio de ação naqueles lugares onde as políticas sociais do governo não conseguiram penetrar e onde outras religiões de maior tradição acabaram cedendo ao seu avanço. Essas igrejas e grupos religiosos recebem apoio financeiro do exterior e estão ligadas a outras com a mesma denominação na América Latina e nos Estados Unidos (Santana, 2020, p. 9).

A pressão da opinião pública e a sensação gerada pelas campanhas da oposição acabaram surtindo efeito sobre o governo, que, diante da possibilidade do elevado número de votos contrários, cedeu, fazendo que o anteprojeto de Constituição recebesse modificações substanciais, incluindo o artigo 68, que passou a ser o artigo 82. A nova redação indicava:

> O casamento é uma instituição social e jurídica. É uma das formas de organização das famílias. Baseia-se no livre consentimento e na igualdade de direitos, obrigações e capacidade jurídica dos cônjuges. A lei determina a forma de sua constituição e seus efeitos. Além disso, é reconhecida a união estável e única, com aptidão legal, que de fato forme um projeto de vida em comum, o qual, nas condições e circunstâncias indicadas pela lei, gera os direitos e obrigações por ela previstos.[6]

Além disso, o projeto incluía uma disposição transitória (a 13ª) estabelecendo que, uma vez aprovado o texto constitucional, a Assembleia Nacional do Poder Popular "disporá, no prazo de dois anos da vigência da Constituição, a abertura do processo de consulta e referendo do projeto do Código das Famílias, no qual deverá constar a forma de constituição do casamento".[7]

Começaram então a surgir diferentes campanhas de ativismo LGBTQIA+, que visavam educar e conscientizar sobre direitos em meio ao debate nacional desencadeado pela consulta popular. Um exemplo foi a campanha "Todos os direitos para todas as famílias", lançada em setembro de 2018 pela Igreja da Comunidade Metropolitana e pelo Projeto Abriendo Brechas de Colores — LGBTI, em defesa do casamento igualitário. Com o mesmo objetivo, outras iniciativas de ativismo surgiram nessa

---

6 "Constitución de la República", *Gaceta Oficial de la República de Cuba*, n. 5 (edição extraordinária), 10 abr. 2019, p. 84.

7 *Idem*, p. 116.

época, incluindo a de Clandestina e La Marca, com "Uma Família Muito Original", e o Projeto AfroAtenas Callejón de las Tradiciones, com sua campanha "Todos os direitos para todas as pessoas". Essas campanhas funcionaram paralelamente à campanha oficial, encabeçada pelo Cenesex e suas redes de ativismo. Até o presidente Miguel Díaz-Canel se declarou publicamente a favor do casamento igualitário, em um discurso em 16 de setembro de 2018. Dessa vez também houve alguns pronunciamentos dentro da hierarquia da Igreja católica sobre o assunto.

O processo de debate e aprovação das modificações relacionadas ao casamento igualitário, com a mudança do artigo 68 para o 82, proporciona múltiplas leituras sobre a realidade cubana e os debates políticos dos últimos tempos. Em primeiro lugar, o artigo 68 representou uma mudança significativa no que diz respeito à mentalidade e à tradição moral da sociedade ao pautar um tema relacionado a gênero e sexualidade que sempre foi polêmico. Além disso, evidencia-se o trabalho educativo sobre essas questões ao mostrar uma forma de pensar conservadora e distante dos debates sobre educação com perspectiva de gênero presentes na sociedade cubana contemporânea. Por outro lado, as campanhas e pressões sobre o tema demonstraram a capacidade organizativa e a força do neoconservadorismo religioso em Cuba, o que insere o país na realidade do contexto latino-americano. Isso sem desconsiderar o peso das instituições cubanas que cederam a essa realidade. O tema foi debatido até mesmo no plenário da Assembleia Nacional, o que não é muito habitual, já que a maioria dos assuntos são aprovados por unanimidade.

A forma como a Constituição foi submetida a referendo representou uma pausa temporária para a chegada do casamento igualitário, já que o texto, embora não se oponha a essa possibilidade — como fazia a Constituição anterior —, tampouco a ratifica. Uma forma de entender esse retrocesso é perceber a necessidade do governo cubano de garantir que a

Constituição fosse aprovada com um alto índice de apoio, em um contexto de renovação da direção histórica da revolução.

CÓDIGO DAS FAMÍLIAS: DEBATE E REFERENDO

O processo de elaboração do Código das Famílias também não esteve isento de debates e questionamentos. Muitos ativistas se perguntaram por algum tempo quem seriam os membros da comissão redatora, como seriam selecionados e outros aspectos do processo, que durou três anos e meio. Um indício das dificuldades e contradições enfrentadas durante a redação é o fato de que o Código das Famílias teve 25 versões nesse período. A norma incluiu um conjunto significativo de aspectos relativos à família e à política sexual do governo, entre os quais se destacavam as possibilidades de casamento igualitário e de adoção. Embora este tenha sido novamente o foco do debate, também foram incluídas questões relacionadas a violência de gênero e doméstica, discriminação e proteção familiar, os direitos das pessoas com deficiência e dos idosos, bem como a proteção dos menores de idade em diversas situações.[8]

O código deixa claro que as pessoas não podem ser tratadas de forma diferente por sua identidade de gênero ou orientação sexual. Ele protege os laços familiares não consanguíneos, como os estabelecidos por adoção ou vínculos sociais. Reconhece os múltiplos tipos de família existentes na realidade, em suas diversas formas e modalidades de reconhecimento jurídico. Também proíbe o casamento infantil (a idade mínima para o casamento aumentou de dezesseis para dezoito anos).

---

[8] "Ley 156 de 2022: Código de las Familias", *Gaceta Oficial de la República de Cuba*, n. 87, p. 2.302–403, 17 ago. 2022.

Os aspectos mais controversos da legislação foram a questão da maternidade de substituição [no Brasil, popularmente conhecida como barriga de aluguel], a alteração do conceito de "pátrio poder", que foi substituído por "responsabilidade parental", e a "autonomia progressiva" dos menores de dezoito anos, compreendendo o direito de serem ouvidos e protegidos em seu estado físico e mental.

A forte campanha do governo a favor da aprovação do Código das Famílias foi um fator a ser considerado no processo de debate e referendo. Três anos após a aprovação da Constituição, o contexto político e social havia mudado em decorrência da pandemia e da crise econômica agravada após a implementação da Tarefa de Ordenação. Essa política tinha como objetivo central a reforma econômica que vinha sendo gestada há anos e que visava reordenar a economia e unificar a moeda. Os efeitos sobre a economia e a sociedade provocaram a perda de credibilidade e a desconfiança durante o processo de debate e referendo do código. Nas redes sociais, uma parte importante da campanha pelo "não" tinha como objetivo gerar uma identificação entre o apoio ao código nas urnas e o apoio ao governo. Os setores mais direitistas e radicais da oposição, dentro e fora da ilha, basearam seu argumento em negar "o apoio a qualquer concessão feita pela ditadura". Portanto, dessa vez a campanha contrária teve muito mais força dentro da oposição do que dentro dos setores fundamentalistas e religiosos. Estes realizaram uma campanha muito menos pública do que a de 2019, priorizando as redes sociais e os espaços tradicionais de socialização, como igrejas e reuniões. Há também uma segunda leitura da resposta à campanha em certos setores conservadores que assumiram o "sim" como forma de apoio ao governo, mas não porque concordavam com o código.

Uma intensa campanha pelo "sim", independente e desvinculada do governo, foi mobilizada pela comunidade LGBTQIA+, pelas feministas e pelos defensores de direitos humanos. O código serviu para criar uma frente bastante ampla de ativistas que normalmente se mantinham separados, articulada em iniciativas comunitárias e nas redes sociais. Nesse contexto, destacam-se o trabalho da Igreja Metropolitana de Cuba, ativa em sua posição favorável ao casamento igualitário; o trabalho do projeto AfroAtenas em Matanzas; a iniciativa Mês da História LGBTQIA+ de Cuba; a plataforma 11M; e muitos outros grupos que há anos realizavam ativismo independente e se uniram na campanha favorável ao Código das Famílias.

O debate em torno do referendo também questionou a saída adotada pelo governo com relação ao casamento ao submeter os direitos de uma minoria à decisão da maioria com base na controvérsia que ocorreu durante o debate constitucional. Os grupos ativistas LGBTQIA+ foram os mais críticos aos mecanismos de aprovação do código, como submetê-lo a um referendo. A posição oficial do governo sempre defendeu a legitimidade do referendo, e os argumentos a favor do código se baseavam no fato de que os direitos e formas de família que já existiam na prática, mas até então não contavam com a proteção e o reconhecimento jurídicos, estavam sendo codificados. A campanha oficial ainda levou especialistas à televisão para falar sobre os conceitos e questões mais polêmicos do debate. A votação do código em referendo foi um caso *sui generis* na legislação recente de Cuba, que normalmente se submetia apenas à aprovação da Assembleia Nacional. Um setor da oposição chegou a questionar o fato de que, enquanto o Código das Famílias era submetido a referendo, outra legislação igualmente importante, como o Código Penal, era aprovada no Parlamento.

Finalmente, o Código das Famílias foi publicado na *Gaceta Oficial de la República de Cuba* como Lei 156 de 2022, dois meses antes do referendo. Isso gerou ainda algum debate sobre a possibilidade de já ter sido aprovado anteriormente, embora o texto dissesse que entraria em vigor assim que fosse ratificado em referendo.

Em 25 de setembro de 2022, foi realizado o referendo popular sobre o Código das Famílias, em que as pessoas podiam votar "sim" ou "não". As cifras divulgadas pela Comissão Nacional Eleitoral ajudam a compreender não só as posições sobre o assunto em votação, mas também o clima político e a mobilização em Cuba. Oficialmente, compareceram às urnas 74,1% dos eleitores inscritos nos cadernos eleitorais, sendo que o "sim" venceu com 66,8% dos votos válidos. Esses números contrastam com a votação da Constituição, em 2019, quando 90,6% dos votos válidos optaram pelo "sim" e a participação foi de 84,4%. É difícil ser absoluto na leitura desses dados, pois não se podem ignorar o tema, a polêmica em torno do código, as campanhas a favor e contra e o impacto da atuação do governo na gestão da crise econômica que levou a um mal-estar e uma perda de credibilidade generalizados. Dizer que algum desses fatores foi mais importante que os outros é minimizar o problema. A crise migratória dos últimos anos também foi levada em conta no resultado eleitoral, pois é crescente o número de pessoas que migram pela rota centro-americana e para outras regiões e permanecem nos cadernos eleitorais. A opinião pública nos dias anteriores ao referendo indicava o pouco interesse dos grupos que não se sentiam diretamente implicados no resultado da votação do código.

A realidade é que o processo que levou à aprovação do casamento igualitário em Cuba com a legislação provisória, aprovada após o código, colocou no centro do debate a política sexual e de gênero do governo cubano, na mesma medida em que evidenciou as complexidades da sociedade cubana contemporânea. A aprovação do novo Código das Famílias com o referendo de 25 de setembro de 2022 é apenas mais um passo no avanço dos direitos LGBTQIA+ em Cuba.

REFERÊNCIA

SANTANA, Ailynn Torres. "Neoconservadurismos en América Latina: análisis desde la crisis". *In*: SANTANA, Ailynn Torres (org.). *Derechos en riesgo en América Latina*. Quito: Fundación Rosa Luxemburg, 2020.

HERIBERTO PAREDES

15
NEGRO E SOCIALISTA: UM OLHAR SOBRE A DESIGUALDADE RACIAL EM CUBA

LOURIVAL AGUIAR

Lázaro acendeu um cigarro. A noite, escura como nós, cobria o céu de Havana. Estávamos sentados no mesmo banco. Ele tentava me convencer a sair com alguma garota cubana (ou garoto), e eu tentava me conectar ao wi–fi público. Enquanto conversávamos, citei que no Brasil eu pesquisava o racismo, o que o fez rir: "Em Cuba existe muito racismo. Veja pela escolha do presidente. Aqui todos acreditaram que o sucessor dos Castro seria Esteban Lazo,[1] mas a cara de Cuba não pode ser uma cara negra". Ele, que tinha cerca de vinte anos, deu uma longa tragada em seu cigarro. Perguntei por que não escolheram Lazo como sucessor de Raúl Castro; ele prontamente respondeu: "Um negro jamais poderia ser o presidente deste país, pois os negros aqui não são livres". Antes que eu perguntasse por qual motivo, ele fixou o olhar no Hotel Habana Libre e completou: "Vê esse hotel? Tem 'livre' no nome, mas é livre apenas para os turistas. As pessoas pobres e negras

---

[1] Ex-presidente do Conselho de Estados no governo de Raúl Castro (2008–2018), cargo equivalente ao de vice-presidente da República, e atual presidente da Assembleia Nacional.

como eu não são bem-vindas aí". Lázaro acendeu um segundo cigarro, se levantou e me deixou sozinho com meus pensamentos, enquanto se dirigia a outro rapaz que havia acabado de se sentar em outro banco da praça.

Cuba é um país fundamental para observar as tensões raciais por diferentes prismas. Sua importância está diretamente relacionada ao fato de ser o único país das Américas que realizou uma revolução socialista, mantida há mais de sessenta anos, e por ter decretado, nos primeiros anos da revolução, a extinção de toda forma de discriminação racial. A eficácia dessa ação, porém, é contestada por diversos pesquisadores em Cuba após a revolução.

A conversa com Lázaro demonstra um ponto de vista crítico sobre as relações raciais, pois deixa entrever a persistência de um racismo contra negros que não deveria existir, segundo o discurso oficial do governo, mas que para Lázaro segue existindo. Mais que afirmar a existência ou não do racismo em Cuba, é fundamental entender quais os elementos materiais que o sustentam e o diferenciam do racismo no resto do mundo.

UM PAÍS SEM RACISMO

Cuba é um país singular em diversos aspectos. Um dos mais importantes e lucrativos portos do mundo durante os séculos XVIII e XIX, com uma agricultura sustentada pela escravização negra, foi o primeiro país a realizar uma bem-sucedida revolução de caráter socialista na América Latina. Reduto turístico que cumpre atualmente um papel importante de produtor de cultura, música e história, Cuba se destaca por manter um modelo socioeconômico que não pode ser comparado a nenhum outro, fazendo com que o país seja visto como um símbolo ao mesmo tempo de resistência, de atraso e miséria. Sua postura política de oposição aos Estados Unidos colocou a ilha no centro do mais longo embargo político-econômico da história, com severas restrições comerciais.

Apesar desse cenário, Cuba se propôs a ser um exemplo de luta na América Latina contra a ideologia capitalista, representada em especial por Washington. Nas palavras de Fidel Castro:

> Cuba representou os povos; os Estados Unidos representaram os monopólios. Cuba falou pelas massas exploradas da América; os Estados Unidos, pelos interesses da oligarquia exploradora e imperialista. Cuba falou pela soberania (*aplausos*); os Estados Unidos, pela intervenção. Cuba falou pela nacionalização das empresas estrangeiras; os Estados Unidos, por novos investimentos de capital estrangeiro. Cuba falou pela cultura; os Estados Unidos, pela ignorância. [...] Cuba falou pela igualdade; os Estados Unidos, pelo privilégio à discriminação. Cuba falou pela verdade (*aplausos*); os Estados Unidos, pela mentira. Cuba falou pela libertação; os Estados Unidos, pela opressão. [...] Cuba falou pelo socialismo (*aplausos prolongados*); os Estados Unidos, pelo capitalismo.[2]

Como forma de se diferenciar do modelo capitalista, que segundo Fidel Castro seria baseado na exploração, realizou-se, em 1962, uma conferência em Havana em que se decretou a extinção do racismo em Cuba. Apesar de essa declaração ter sido fortemente aplaudida, ela não se transformou em políticas públicas con-

---

2 "Discurso pronunciado por el comandante Fidel Castro Ruz, primer secretario de la Dirección Nacional de las ORI y primer ministro del gobierno revolucionario, en la Segunda Asamblea Nacional del Pueblo de Cuba, celebrada em la Plaza de la Revolución", Departamento de Versiones Taquigraficas del Gobierno Revolucionario, 4 fev. 1962. Disponível em: http://www.cuba. cu/gobierno/discursos/1962/esp/f040262e.html.

cretas, o que permitiu que o racismo, herdado de centenas de anos de política escravagista, permanecesse vivo. Segundo o economista e cientista político cubano Esteban Morales:

> Ter proclamado em 1962 que o problema da discriminação racial e do racismo estava resolvido foi um erro de idealismo e de voluntarismo político. [...] Além disso, não ter considerado, na política social, a cor da pele como o que é — uma variável histórica de diferenciação social entre os cubanos — fazia esquecer que os pontos de partida de negros, brancos e mestiços, para fazer uso das oportunidades que a revolução lhes oferecia, não tinham sido os mesmos.[3]

Morales expõe os limites de uma política que ignorou os efeitos sociais da história racista do país, o que possibilitou que se perpetuasse a reprodução de desigualdades entre negros e brancos. Sem um debate aberto na sociedade sobre o que significavam, materialmente, as diferenças que resultam no racismo gerado ao longo de séculos de escravização negra, qualquer política nacional partiria de lugares desiguais para lidar com as experiências de pretos, brancos e mestiços[4] em Cuba.

Outro autor que criticou a política racial da revolução foi o antropólogo Mark Q. Sawyer (2006). Em seu livro *Racial Politics in Post-Revolutionary Cuba* [Políticas raciais na Cuba pós-revolucionária], ele aponta que a maneira como o debate racial foi construído em Cuba não apenas contribuiu para a

---

3   Esteban Morales, "Notas para comprender la problemática racial cubana", *Inter Press Service en Cuba*, 24 maio 2010.
4   A categoria "mestiço" (*mestizo*) é utilizada pelo censo cubano para designar pessoas com fenótipo misto entre brancos, negros e indígenas. Essa classificação, que equivale ao pardo do censo brasileiro, difere da classificação brasileira ao não contabilizar pretos e pardos como uma única categoria (negros). Tanto Brasil quanto Cuba se valem da autodeclaração. Neste artigo, utilizo a categoria brasileira para pretos e mestiços, que é a categoria "negro".

perpetuação do racismo como gerou diversas distorções. Uma delas é que, enquanto Cuba lidava com tensões raciais internas nos primeiros anos da revolução, fora de suas fronteiras ela se apresentava como defensora do antirracismo. Essa imagem se devia a uma postura de preocupação internacionalista e propagandista, necessária naquele momento para diferenciar Cuba dos Estados Unidos, uma vez que o país da América do Norte ainda debatia direitos iguais para negros e brancos (Sawyer, 2006, p. 64).

Uma segunda distorção é chamada pelo autor de "discriminação inclusiva" (*inclusionary discrimination*) — segundo ele, a principal contradição da política racial cubana. Ao mesmo tempo que os negros eram reivindicados, histórica e culturalmente, como parte fundamental da construção da nação e da própria revolução, essa mesma parcela da população era vista como perigosa e de segunda categoria. Parte dessa denúncia está na fala de Lázaro, ao afirmar que "a cara de Cuba não pode ser uma cara negra", pois, mesmo que a contribuição negra seja um dos pilares da cultura cubana, ela não é a expressão da sua política institucional. Essa especificidade fez com que, após a revolução, certos padrões racistas se renovassem, construindo uma sociedade em que existem, ao mesmo tempo, uma melhoria concreta na vida da população negra e uma discriminação cotidiana ignorada pelo poder público.

A integração de negras e negros após a revolução é um tema recorrente para os pesquisadores das relações raciais em Cuba. Alejandro de La Fuente (2001), Mark Sawyer (2006), Nadine Fernández (2010), Aline Helg (2014) e Patricia Grogg (2019) são alguns dos estudiosos que abordam, a partir de diferentes perspectivas, essas tensões raciais. Um ponto comum é como a ausência de políticas que combatam abertamente o racismo proporcionou condições para que ele se mantenha na estrutura da sociedade cubana. Essa forma de lidar com o racismo gera fragilidades estruturais que mantêm negras e negros em contínua situação de desigualdade, à mercê das menores mudanças na conjuntura econômica e social.

Aqui é importante mencionar que, diferentemente do que é encontrado no imaginário popular ao redor do mundo, apenas cerca de 38% da população cubana se reivindica negra (preta e/ou mestiça), tornando Cuba um país de maioria branca (Oficina Nacional de Estadística e Información, 2016). Isso ajuda a dimensionar duas coisas: o peso da influência negra na cultura cubana e a existência de uma relação direta entre negritude e pobreza, visto que Cuba é bastante citada como exemplo de país pobre e com pouca mobilidade social.[5] Assim, mesmo que Cuba proporcione maior estabilidade social para a população negra, a manutenção dessa estabilidade é bastante frágil em relação à da população branca. Essa desproporção reforça estereótipos ligados à população negra, que se aprofundam durante momentos de crise econômica ou política.

Essa dinâmica é denominada por Sawyer (2006, p. 3-35) "ciclos raciais", que, para o autor, são o principal fator da persistente desigualdade em Cuba. A partir de eventos históricos fundamentais, nesse caso a revolução, as políticas raciais se modificam, mas seguem subordinadas a eventos externos, como o embargo ou as crises econômicas globais, que limitam e desestabilizam os avanços materiais da população. Dessa forma, negras e negros teriam seus direitos subordinados às mudanças socioeconômicas globais que determinariam os momentos de abertura — de maior acesso a direitos e bem-estar sociais — e de fechamento — quando esses direitos são restringidos ou diretamente retirados —, reforçados pelas desigualdades históricas entre negros e brancos. Esses ciclos raciais geram uma insegurança social para negras e negros cubanos, uma

---

5 Ver Gregory (1998); Espina Prieto e Rodríguez Ruiz (2006); Pérez Martínez e Torres Zayas (2011); Perry (2016); Aguiar (2021).

vez que suas possibilidades de mobilidade social estão atreladas a fatores externos em vez de ser garantidas legalmente.

A inclusão do negro na sociedade cubana após a revolução se deu de maneira contraditória, uma vez que a reivindicação de igualdade racial se tornou um problema para o projeto de unidade nacional propagado pelo governo revolucionário. Apesar dos discursos oficiais, desenvolveu-se um racismo que, para Espina Prieto e Rodríguez Ruiz (2006), é um *"racismo de pero"*, pois, apesar de os cidadãos e o governo negarem o racismo, sempre vai existir um *pero* [porém], que servirá para justificar uma situação de desigualdade racial por um viés racista. Essa seria a principal característica do racismo cubano: a negação do racismo que convive com sua prática velada, o que se nota em frases e comportamentos: "Não sou racista, mas não gostaria que meu filho tivesse uma namorada negra"; "Não sou racista, mas os negros são marginais"; "Não sou racista, mas não confio em negros"; "Não sou racista, mas não vou a esses bairros cheios de negros"; *"No soy racista, pero..."*.

A experiência do racismo em Cuba passa, então, por dois processos. O primeiro é um discurso de inclusão respaldado por uma legislação que visou diminuir as desigualdades sociais e permitiu maior acesso de cubanos negros a saúde, educação, moradia, trabalho e lazer, em condições iguais às oferecidas à maioria dos cubanos brancos. A inclusão da parcela negra da população cubana em espaços sociais que eram exclusivos de brancos aumentou a participação de negras e negros na sociedade cubana, mas essa participação não foi igualitária.

A estruturação do racismo mesmo após a revolução é fruto de um segundo processo: a ausência de políticas de combate às desigualdades estruturais geradas pelo racismo histórico. Para Bárbara Souza (2016), sem a existência de uma política permanente de combate ao racismo — que permeasse não apenas o campo da igualdade material, mas visasse dissolver a ideologia racista construída por séculos de escravização negra —, Cuba seguiria como uma sociedade com instituições e uma dinâmica social racistas.

O processo revolucionário que culminou na possibilidade de acesso de toda a população a direitos constitucionais básicos, criando uma lei de igualdade para negros e brancos, também criou redes de sociabilidade de caráter excludente. Em Havana, pude notar que muitos cubanos negros reivindicavam o socialismo como parte intrínseca de sua identidade nacional. Para eles, não havia contradição entre os dois pontos, pois os avanços materiais que negras e negros experimentaram nas áreas de saúde, educação, lazer, moradia, mobilidade urbana etc. eram frutos de uma política inclusiva proporcionada pelo sistema socialista cubano. Dessa forma, ser negro e socialista era uma condição normal neste processo de discriminação inclusiva, como pontuou Sawyer.

Essa inclusão permitiu que uma parcela da população antes sem acesso aos espaços de poder pudesse formar médicos, engenheiros e professores universitários, mudando a inserção dessas pessoas negras na sociedade. Essa mudança de paradigma, porém, geraria certa "dívida" moral dos revolucionários negros para com os brancos, que lhes permitiram acesso a esses espaços. Carlos Moore (2015), sociólogo cubano negro perseguido durante os anos 1980 por suas duras críticas ao governo de Fidel Castro, destaca essa suposta dívida moral. O autor ignora, contudo, o papel dos revolucionários negros antes e depois da revolução.

O processo revolucionário cubano foi composto de importantes lideranças negras, como Juan Almeida Bosque (membro fundador do Partido Comunista de Cuba e combatente da revolução, além de ministro da Cultura de 1976 até sua morte, em 2009), Sandalio Junco (importante líder sindicalista negro e um dos primeiros membros do Movimento 26 de Julho, assassinado em 1959) e Asela de los Santos Tamayo (uma líder do Movimento 26 de Julho que se tornou presidenta do

Instituto Cubano da Arte e da Indústria Cinematográficas após a revolução). A trajetória dessas pessoas mostra não só que já existiam lideranças negras desde antes da Revolução Cubana — como o "titã de bronze" Antonio Maceo, reconhecido como herói da luta pela independência de Cuba ao lado de José Martí —, mas que essas lideranças foram fundamentais para o triunfo da revolução, apesar de não serem conhecidas fora dos livros de história nem reconhecidas por toda a população cubana.

Ao observar o protagonismo de negras e negros no processo revolucionário, é possível notar que os negros que construíram a revolução se viram, durante muito tempo, afastados de uma verdadeira inclusão, o que fortaleceu as críticas sobre o caráter racista do governo cubano feitas por diversos intelectuais (Robaina, 2012). Essa pressão fez que o governo passasse a incorporar, por meio de decretos, os negros nas estruturas de poder e decisão do Partido Comunista Cubano a partir de meados da década de 1970. Tais medidas, entendidas como parte de uma agenda de ações afirmativas, possibilitaram maior representação da população negra e de mulheres nessas posições. Atualmente, o mais alto escalão do governo cubano é formado pelo presidente Díaz-Canel e cinco vice-presidentes, sendo três mulheres (das quais duas são negras) e um homem negro, que é o primeiro vice-presidente (o segundo cargo mais alto na hierarquia do governo cubano), totalizando três pessoas negras. Essa mesma proporção tende a se repetir em alguns outros cargos de liderança dentro da estrutura política cubana, como parte das reivindicações de ativistas negros do próprio partido, que viam a necessidade de uma abordagem mais direta da questão racial.

Apesar de o governo cubano ver como um problema a reivindicação desses ativistas dentro da instituição governamental, tendo inclusive afastado alguns deles — como aponta Robaina em seu livro *El negro en Cuba* (2012) —, ela se mostrou um importante espaço de disputa política para a população negra. Será, então, que existe uma distância muito grande entre ser negro e socialista em Cuba? Seria essa uma contradição para os militantes do partido, que tiveram de fazer uma crítica interna à posição do governo sobre a questão racial?

CUBA PARA TODOS: A NAÇÃO DO SOCIALISMO PARA OS NEGROS

Os benefícios sociais da revolução para a população negra foram imediatos. Cuba tornou-se um exemplo de igualdade de direitos formais entre negros e brancos, que eram vistos sob a mesma bandeira pela primeira vez. A própria cultura afro-cubana, marginalizada nos tempos da ditadura de Batista, ganhou uma importância central para o discurso nacional.

Mas essa integração se deu ao custo de não mais se falar em racismo, ignorando as diferenças raciais existentes. Diversos intelectuais negros que apoiaram a revolução, e que dela participaram intensamente, lutando nas frentes de batalha e produzindo teoria, foram vistos muitas vezes como contrarrevolucionários por criticar a política do governo para a população negra. Dessa forma, embora o projeto tenha inicialmente possibilitado avanços materiais, ele foi incompleto.

Partindo desse ponto, a condição dos negros em Cuba é, ao mesmo tempo, de integração e de exclusão, uma vez que eles são essenciais para os discursos de uma só nação, mas que também há elementos apontados como divergentes da ideia de uma nação para todos, como discute Souza (2016). Nesse cenário, a população negra cubana que se reivindica socialista se torna fundamental para compreender a relação entre a ideologia socialista e a percepção de desigualdade sentida por negros cubanos.

Durante um café com uma amiga mais velha, nascida pouco antes do triunfo revolucionário, escutei como ela, uma excelente ginasta durante a juventude, havia sido proibida de competir contra meninas brancas durante os primeiros anos do novo governo. Para ela, a revolução "permitiu que eu e meu pai entrássemos nos lugares pela porta da frente, mas não mudou a realidade que nos faz seguir sentando ao fundo". Contudo, ela não atribui a culpa da permanência desse racismo ao governo, e sim às pessoas que não eram "revolucionárias e socialistas de verdade". Aqui podemos notar novamente essa "dualidade" entre o que uma pessoa percebe das desigualdades e sua relação com a revolução socialista. Para ela, ser "socialista de verdade" é algo diretamente relacionado à superação do racismo e da desigualdade social.

Para outras pessoas, o problema estava na maneira como esses ideais foram aplicados, principalmente na questão da livre crítica ao racismo. O ensaísta e crítico literário cubano Roberto Zurbano (2012, p. 272-6) entende que uma mudança real exige discutir profundamente uma mudança na cultura cubana, em suas instituições e em sua postura perante o racismo. Diversos autores debatem como o governo cubano negou os efeitos do racismo na sociedade nas duas primeiras décadas após a revolução. No entanto, em uma sociedade com uma influência negra tão profunda, seria impossível fechar os olhos para as tensões raciais, que transformaram Cuba em um lugar onde persiste não apenas o socialismo nas Américas mas também um tipo particular de racismo.

O autor, que tem profundas críticas ao governo cubano, entende que essa persistência está diretamente relacionada com a desigualdade entre negros e brancos desde antes da revolução. Em entrevista para o jornal *The New York Times*, ele explica por que, durante a crise do Período Especial, os cubanos brancos prosperaram mais que os negros, afirmando que a maior parte dos que recebem remessas do exterior é branca e mora em casas com melhores estruturas. Isso foi determinante, na análise de Zurbano, para que a desigualdade entre negros e brancos aumentasse neste último período.[6]

O socialismo cubano permitiu que a população negra tivesse acesso a um bem-estar social comparável ao de países de Primeiro Mundo. Porém, essa mobilidade foi freada por problemas externos à política na ilha, como o embargo imposto pelos Estados Unidos, a queda da União Soviética e a crise econômica derivada desses dois processos, que tem no Período Especial seu maior expoente. Esses processos levaram ao aprofundamento das desigualdades entre negros e brancos e a um retrocesso desses avanços, expondo os ciclos raciais citados por Sawyer (2006). Mas quais são os desafios para um olhar socialista sobre essas desigualdades atualmente? É possível manter-se "negro e socialista" em Cuba no século XXI?

OS DESAFIOS DO AMANHÃ EM CUBA

Cuba permanece um país fundamental no debate sobre antirracismo nas Américas. Sua experiência única nos permite olhar para o futuro das reflexões acerca das desigualdades raciais e seus desdobramentos práticos no desenvolvimento de sociedades mais justas e igualitárias. A experiência cubana nos ajuda a compreender dois pontos fundamentais: a urgência de políticas imediatas de ações afirmativas e a necessidade de políticas públicas que visem a uma reparação histórica.

As políticas de ações afirmativas são aquelas que o governo cubano realizou ao normalizar educação, saúde, trabalho, moradia e direitos plenos para todos os cidadãos. É o que garantiu a milhões de cubanos negros o acesso a educação de primeira

---

6   "For Blacks in Cuba, the Revolution Hasn't Begun", *The New York Times*, 23 mar. 2013.

qualidade, possibilitou a erradicação do analfabetismo, o acesso de todos a um sistema de saúde que é referência no mundo, além de ter viabilizado um alto índice de empregabilidade e que minha amiga pudesse entrar no clube pela porta da frente para praticar esportes. Foi essa política de ações afirmativas, implementada na década de 1970, que posteriormente fez que o governo estabelecesse cotas para dirigentes mulheres e dirigentes negras e negros (Souza, 2016), ensaiando uma preocupação com a igualdade racial. Essa igualdade, contudo, estacionou em uma rasa representatividade.

Ainda não é possível visualizar ações efetivas quanto a políticas que debatem problemáticas estruturais (ou seja, histórico-culturais). Como aponta Lázaro no texto de abertura, o perfil político de Cuba ainda não pode ser negro. A implementação de um programa político que busque desvelar as questões mais íntimas que envolvem uma sociedade de origem escravocrata — o reconhecimento, pela parte branca da sociedade, de sua responsabilidade histórica pelos processos de escravização negra — segue urgente. É fundamental compreender como esse processo histórico faz negras e negros terem as piores condições de vida atualmente. Uma política que vise debater uma reparação deve abordar as condições pregressas da população, oferecendo meios para que a comunidade negra alcance o nível de estrutura da comunidade branca.

Faz-se necessário, então, que a pauta antirracista seja levada para o centro do debate sobre nação e poder em Cuba. De acordo com Zurbano, "para os negros em Cuba, a revolução nem começou", ou seja, a discussão sobre racismo e desigualdades urge ser tratada com muito mais intensidade pelo governo e pela própria população. Uma verdadeira revolução será aquela em que negras e negros cubanos estejam à frente, levando consigo a parcela branca da população que se proponha a combater o racismo interno e o racismo estrutural. Porém, essa ainda é uma realidade distante.

Para que haja avanços, liberdade política e liberdade de crítica são fundamentais. Para Lázaro, meu entrevistado do começo do texto, a liberdade em Cuba está atrelada a uma representação política negra. Todavia, a ilha carece não apenas de uma representação política que seja negra, mas, acima de tudo, de uma política que pense o poder a partir de raça, classe e gênero de maneira integrada, olhando para as desigualdades do passado e seus reflexos no presente e no futuro.

As manifestações políticas de 11 de julho de 2021, quando centenas de milhares de jovens tomaram as ruas nas principais cidades do país durante a pandemia para reivindicar melhores condições de vida, foram uma demonstração de que existe espaço e disposição da população para lutar por seus direitos. Entretanto, sem uma mediação dos movimentos sociais de esquerda, esse espaço tende a ser ocupado por lideranças à direita do regime, em especial as comandadas desde Miami. É preciso haver uma revolução dentro da revolução, que permita que essas mudanças, tão necessárias para a evolução do processo revolucionário cubano, sejam verdadeiramente implementadas. No entanto, mudanças estruturais externas, como o fim do bloqueio estadunidense à economia cubana, também precisam ocorrer. Até que esse dia chegue, a população cubana seguirá lutando para conquistar *por la izquierda* as condições de vida digna que a Revolução Cubana lhe prometeu.

REFERÊNCIAS

AGUIAR, Lourival. "Desigualdades e a covid-19: o caso dos palestinos em Havana", *Boletim Cientistas Sociais*, n. 42, 2021.

DE LA FUENTE, Alejandro. *A Nation for All: Race, Inequality and Politics in Twentieth-Century Cuba*. Chapel Hill: The University of North Carolina Press, 2001.

ESPINA PRIETO, Rodrigo & RODRÍGUEZ RUIZ, Pablo. "Raza y desigualdad en la Cuba actual", *Revista Temas*, n. 45, p. 44–54, 2006.

FERNÁNDEZ, Nadine. *Revolutionizing Romance: Interracial Couples in Contemporary Cuba*. New Jersey: The Rutgers University Press, 2010.

GREGORY, Steven. *Black Corona: Race and the Politics of Place in an Urban Community*. Princeton: Princeton University Press, 1998.

GROGG, Patrícia (org.). *Apuntes para un debate racial en Cuba*. Havana: Acuario, 2019.

HELG, Aline. "Os afro-cubanos, protagonistas silenciados da história cubana", *Revista de Estudos e Pesquisas sobre as Américas*, v. 8, n. 1, p. 29–51, 2014.

MOORE, Carlos. *Pichón: minha vida e a Revolução Cubana*. Belo Horizonte: Nandyala, 2015.

OFICINA NACIONAL DE ESTADÍSTICA E INFORMACIÓN. *El color de la piel según el Censo de Población y Viviendas*. Havana: Onei, 2016.

PÉREZ MARTÍNEZ, Odalys & TORRES ZAYAS, Ramón. *La sociedad Abakuá y el estigma de la criminalidad*. Havana: Aurelia, 2011.

PERRY, Marc D. *Negro Soy Yo: Hip Hop and Raced Citizenship in Neoliberal Cuba*. Durham: Duke University Press, 2016.

ROBAINA, Tomás Fernández. *El negro en Cuba: colonia, república, revolución*. Havana: Ediciones Cubanas Artex, 2012.

RODRÍGUEZ RUIZ, Pablo & ESTEVEZ MEZQUÍA, Claudio. "Familia, uniones matrimoniales y sexualidad en la pobreza y la marginalidad: el llega y pón, un estudio de caso", *Catauro: Revista Cubana de Antropología*, v. 8, n. 14, p. 5–31, 2006.

SAWYER, Mark Q. *Racial Politics in Post-Revolutionary Cuba*. Los Angeles: University of California, 2006.

SOUZA, Bárbara Oliveira. *A ambígua condição negra em Cuba: relações raciais e mobilizações coletivas antirracistas*. Tese de doutorado. Brasília: Universidade de Brasília, 2016.

ZURBANO, Roberto. "Cuba: doce dificultades para enfrentar el (neo) racismo o doce razones para abrir el (otro) debate", *Revista Universidad de La Habana*, n. 273, p. 266–77, 2012.

HERIBERTO PAREDES

16
A REVOLUÇÃO CUBANA E AS QUESTÕES DE GÊNERO, RAÇA E INTERSECCIONALIDADE

GISELLE DOS ANJOS SANTOS

Numa das ocasiões em que estive em Cuba, desenvolvendo trabalho de campo, estava em busca de livros vinculados ao meu tema de pesquisa: as representações sociais das mulheres negras cubanas no contexto revolucionário. Devido à dificuldade de encontrar bibliografia, recebi a indicação de recorrer a um determinado vendedor de livros usados na Plaza de Armas, em La Habana Vieja. Quando encontrei o vendedor — um homem negro de 54 anos, formado em engenharia na União Soviética —, disse o que buscava. Daquele momento em diante, ele passou a tentar me dissuadir da procura.

Para esse vendedor, a falta de bibliografia sobre esse grupo específico se devia ao fato de que "as mulheres negras não tinham realizado nada de expressivo durante a revolução". Ele ainda sugeriu que seria mais relevante tratar das mulheres cubanas em sua totalidade, focando a figura da presidenta da Federação de

Mulheres Cubanas (FMC), Vilma Espín. O diálogo durou cerca de quarenta minutos; meus argumentos não foram suficientes para convencê-lo.

A REVOLUÇÃO CUBANA E AS MULHERES

Vilma Espín Guillois foi uma das mulheres (brancas) que atuaram na revolução, combatendo na luta armada, em Sierra Maestra. Ela se casou em 1959 com Raúl Castro, irmão de Fidel, e presidiu a FMC desde sua fundação, em 1960, até 2007, quando faleceu, aos 77 anos. Além disso, Vilma presidiu a Comissão Nacional de Prevenção e Atenção Social e a Comissão da Infância, da Juventude e da Igualdade de Direitos da Mulher, atuou na Assembleia Nacional e foi uma das poucas mulheres que integraram o Bureau Político do Partido Comunista de Cuba (PCC).

Vilma foi uma personagem importante, já que, no cenário de transformações impulsionadas pela revolução, o governo defendeu a integração das mulheres à nova sociedade socialista como uma "prioridade", apontando a necessidade de superar as desigualdades existentes entre mulheres e homens. Assim, a FMC, que teve a finalidade de integrar a mulher à nova sociedade por meio do seu aperfeiçoamento social e cultural, atuou como a ponte entre o Estado e a população feminina.

As mulheres dos diferentes grupos raciais foram convocadas para cumprir as "novas" funções sociais que lhes foram atribuídas pelo governo revolucionário, como trabalhadoras, mães e formadoras das novas gerações.

Dessa maneira, foi desenvolvida uma plataforma de políticas para as mulheres inspirada nas políticas soviéticas, que visavam diminuir as atividades domésticas para facilitar a inclusão das mulheres no trabalho formal e remunerado. Foram criados os

Círculos Infantis (creches para crianças a partir dos quarenta dias de vida), semi-internatos infantis, casas geriátricas, restaurantes coletivos nas fábricas e lavanderias públicas. Houve ainda a legalização do aborto, além de medidas para a liberação e gratuidade de métodos contraceptivos (Santos, 2013b). Todas essas ações estavam relacionadas ao âmbito dos cuidados, funções historicamente atribuídas às mulheres.

Nesse cenário, constituiu-se o discurso de que as mulheres simbolizavam "uma revolução dentro da revolução", frase proferida por Fidel Castro em 1960 e que se tornou um grande lema da questão de gênero no contexto socialista.

OS CONTORNOS E LIMITES DA REVOLUÇÃO DAS MULHERES

Um dos grandes êxitos da revolução foi o aumento da qualificação profissional feminina. As mulheres alcançaram níveis educacionais mais altos que os dos homens, mas isso não significou necessariamente maior presença feminina nos cargos de direção. Em 1991, por exemplo, as mulheres ocupavam apenas 28,8% dos cargos de chefia do país (Álvarez Suárez, 1998).

Em termos de participação política, devido à complexidade e às particularidades do sistema cubano, existem muitas nuances e contradições. Em 1974, após quinze anos de revolução, na primeira eleição municipal do Poder Popular, as mulheres foram somente 7,6% das indicadas. Após muitas transformações no país, a representação atual das mulheres no Parlamento cubano é de 53,2%. Entretanto, atualmente, considerando os 23 ministérios e 3 institutos que integram o Conselho de Ministros, existem apenas 7 mulheres à frente do órgão (Guzmán & Prieto, 2021). Ainda que no contexto mais recente a discussão sobre a participação feminina tenha maior abertura, após 64 anos de revolução o Bureau Político do PCC — a mais alta cúpula de decisão — é composto de 11 homens e apenas 3 mulheres (todas brancas).

Porém, se as mulheres representaram *una revolución dentro de la revolución*, por que esses dados — apesar de melhores que os de muitos países da América Latina[1] — revelam tantas desigualdades? E por que seria tão difícil reconhecer a contribuição empreendida pelas mulheres negras nesse processo?

O diálogo com o vendedor de livros não é fruto de uma percepção isolada, mas sim de uma compreensão formulada em um processo histórico complexo que manteve e por vezes reforçou a lógica da invisibilidade e do silenciamento de questões centrais para compreender a sociedade cubana: a intersecção entre os sistemas de gênero, classe, raça e sexualidade.

O mesmo governo revolucionário que definiu a "emancipação feminina" como uma questão prioritária desenvolveu práticas discursivas que reafirmaram velhas representações historicamente atribuídas às mulheres. Até porque as ditas "novas funções sociais" designadas às mulheres no período revolucionário (trabalhadoras, mães e formadoras das novas gerações) não foram de fato novas tarefas, tal como não foram necessariamente pautadas por novos valores.

Não ocorreu nem mesmo a desconstrução da histórica atribuição do trabalho doméstico às mulheres, mas apenas a propagação de que essas funções deveriam ser assumidas pelo Estado. O governo, porém, às voltas com limitações econômicas, nunca conseguiu atender à demanda existente. Assim, as mulheres cubanas permaneceram sobrecarregadas por duplas ou triplas jornadas de trabalho.

---

[1] Cuba ocupa o 23º lugar no ranking de desigualdade de gênero, uma posição expressiva para um país da América Latina. O Brasil, por exemplo, ocupa a 94ª posição.

Isto foi constatado em uma pesquisa do governo sobre o uso do tempo: enquanto as trabalhadoras dedicavam 36 horas por semana do seu tempo livre às tarefas domésticas, os homens destinavam apenas 12 horas semanais. Ademais, as tarefas executadas por eles eram mais leves em comparação às atividades desenvolvidas pelas mulheres.[2]

Com base em referenciais simbólicos do ideal do "homem novo", modelo da cidadania revolucionária centrada na figura de um homem virtuoso — assim como a defesa de antigas concepções sobre a atuação militar —, o Estado reafirmou códigos de uma conduta de força e racionalidade para os homens cubanos, conformando uma ideia de "poder" intrinsecamente associada tanto à masculinidade hegemônica quanto à branquitude, afastando dos cargos de direção política do país aqueles classificados como os *outros* (mulheres de todos os grupos raciais, homens negros e homossexuais).[3]

A mulher de maior projeção e que ocupou os mais altos cargos políticos do governo revolucionário foi Vilma Espín. Aliás, com o seu falecimento, após 47 anos à frente da FMC, ela foi declarada como "eterna presidenta", e sua foto passou a fazer parte do emblema da organização.[4] Isso indica, por si só, a existência de uma grande lógica personalista nessa sociedade — ainda que os grandes ícones sejam, sem dúvida, figuras masculinas como Che Guevara e Fidel Castro.

Dessa forma, considerando todos os desafios para a superação de sistemas de opressão de caráter estrutural, como o

---

2   "Encuesta sobre el uso del tiempo", Oficina Nacional de Estadísticas, 2001.

3   A homossexualidade foi vista como uma forma de desvio social pelo governo revolucionário. Entre 1965 e 1968, aproximadamente, as pessoas classificadas como homossexuais eram presas e enviadas para as Unidades Militares de Auxílio à Produção (Umaps), que funcionavam como campos de trabalhos forçados, para serem reeducadas.

4   Yolanda Ferrer, que foi secretária-geral da FMC de 1960 a 2007, ficou à frente da organização após o falecimento de Espín — mas ocupando o mesmo cargo — até 2012.

machismo e o racismo, é preciso questionar se as medidas implementadas pelo governo atingiram (ou não) as particularidades vivenciadas pelas mulheres negras.

"UMA REVOLUÇÃO DENTRO DA REVOLUÇÃO", MAS PARA QUAIS MULHERES?

Reafirmando a antiga leitura dos políticos que compreenderam a questão racial como uma temática "divisionista", o governo socialista assumiu a existência de desigualdades entre negros e brancos, mas declarou, em 1962, tê-las superado a partir da supressão dos aspectos jurídicos que impediam a igualdade de direitos no âmbito legal (De La Fuente, 2001). Mas seria possível acabar com o racismo por meio de decreto?

Omara (mulher negra, 57 anos), uma das minhas entrevistadas durante o estudo de campo, afirmou:

> Existiam diferenças de nível entre as condições econômicas das famílias brancas e negras. Com as mudanças no começo da revolução, tratou-se de igualar o nível das famílias, mas as medidas não foram desenvolvidas para equiparar totalmente as duas. Ou seja, o negro aumentou um pouco seu nível de desenvolvimento, mas os brancos também, então a diferença entre esses níveis não diminuiu, segue sendo diferente, porque o negro não obteve bens materiais concretos, só a oportunidade de estudar.

De acordo com o governo, o racismo estaria superado, portanto as autoridades passaram a tratar a temática racial como um tabu, e os que tentaram questionar tal silenciamento foram reprimidos. Criou-se um ambiente em que se autoafirmar racialmente ou discutir o tema era interpretado como um retrocesso e sinônimo de "racismo às avessas".

Esteban Morales (2007) defende que houve distinções no tratamento entre as temáticas de raça e gênero no contexto revolucionário, pois, enquanto as mulheres se articularam em uma organização e receberam políticas específicas, a população negra foi anulada como grupo social.

Eu sustento outra concepção, um pouco mais complexa. Considerando as particularidades históricas que afetam as mulheres negras, alvo direto das interseções dos sistemas de gênero, classe, raça e sexualidade, o que ocorreu foi uma "aparente" diferenciação, marcada pela possibilidade de se organizarem por meio do marcador de gênero, ao mesmo tempo que se vetava a articulação pelo fator racial. Porém, na prática, nas ações empreendidas para ambos os grupos, se encontra o mesmo ideal de homogeneização. Como exemplo disso, temos a FMC, única organização de mulheres existente, que não possuía autonomia efetiva e foi conduzida pelo governo, constituído majoritariamente por homens brancos.[5]

Além da lógica de homogeneização, o governo socialista não desconstruiu as representações de inferioridade presentes no imaginário sobre as mulheres negras, assim como não apresentou um novo corpo de referenciais simbólicos a respeito desse grupo, tendo preferido silenciar o debate sobre o tema racial. A própria FMC também ignorou a classificação racial das federadas e a histórica desigualdade existente entre elas. Inclusive, dentro dessa lógica de invisibilização, deixaram de ser produzidos dados estatísticos oficiais específicos sobre as mulheres negras cubanas, dificultando a possibilidade de análise quantitativa da eficácia das políticas para esse grupo.

---

5   Discuto com mais aprofundamento esse tema em outros textos; ver Santos (2013a, 2013b, 2021).

Contudo, os problemas que ficaram "aparentemente" contidos nas primeiras décadas da revolução ganharam visibilidade com a crise socioeconômica a partir dos anos 1990, conhecida como Período Especial. Esse momento representou um processo complexo, em que os valores e a própria solidariedade entraram em crise. Diferentemente da posição propagada por autoridades e alguns estudiosos, não acredito na ideia de que o racismo simplesmente reapareceu depois da crise, mas creio, sim, que a crise deixou evidente a impossibilidade de seguir mascarando as desigualdades raciais.

REPRESENTAÇÕES SOCIAIS ESTEREOTIPADAS *VERSUS* VOZES INSURGENTES DE MULHERES NEGRAS CUBANAS

A crise econômica do Período Especial, nos anos 1990, e a reabertura para o turismo internacional fizeram eclodir um antigo problema, aparentemente superado pela revolução: a prostituição, ou, como ficou mais conhecida nesse período, o *jineterismo* (Santos, 2016; 2021), com uma intensa repercussão na imprensa internacional.

Como no passado, a prostituição passou a ser uma atividade recorrentemente associada à figura das mulheres negras, hipersexualizadas desde a colonização. Mas o estereótipo sempre sustenta falácias, dando a entender que outros grupos, inclusive de homens, não teriam passado a recorrer a essa alternativa de subsistência durante a crise.

Nos anos mais críticos do Período Especial, prevaleceu a lógica da escassez e da política de racionamento, com a insuficiência ou o desaparecimento de muitos produtos (alimentação, higiene pessoal e para o lar, vestuário etc.). As mulheres negras ficaram ainda mais sobrecarregadas com a redução ou o fim de políticas sociais que atenuavam algumas atividades domésticas. Assim, além de alternativa ao profundo nível de pobreza de algumas famílias, especialmente as que não recebiam remessas de dinheiro de familiares no exterior — majoritariamente as negras, que emigraram em menor número desde 1959 —, muitas mulheres foram empurradas para a prostituição devido ao interesse na emigração por meio do casamento com estrangeiros.

A criminalização da prática da prostituição revela uma nítida contradição, que deixa margem para o reforço dos estereótipos. Os turistas estrangeiros, em sua maioria homens brancos, não são penalizados pela compra dos serviços sexuais, somente as/os profissionais do sexo identificadas/os pelo policiamento, majoritariamente mulheres não brancas — ainda que essas não sejam as únicas a desenvolver tal atividade.

Yolanda (38 anos), outra mulher negra que tive a oportunidade de entrevistar, relatou que passou por sucessivas abordagens policiais abusivas relacionadas a essa visão estereotipada. Ela conta que, certa vez, um policial chegou a responder a sua revolta com uma abordagem violenta: "Você não tem um crachá dizendo que não é puta".

Odaymara (48 anos), que já se viu atrelada arbitrariamente à prática da prostituição inúmeras vezes, inclusive sendo barrada na porta de estabelecimentos por seguranças, defende que a forma como as mulheres negras são representadas na literatura também é responsável por essa imagem:

> Estamos muito mal representadas desde [a época de] *Cecilia Valdés* [romance de Cirilo Villaverde lançado em 1839], e o último [romance] que saiu me parece espantoso. Em *Príapos*, de Daniel Chavarría, a mulata e o mulato são muito estereotipados. Há também Pedro Juan Gutiérrez. Me parece horrível a maneira como nos trata, fala das mulheres negras como nada mais que animais.

Freddy (23 anos), a mais jovem entre as entrevistadas, acrescenta que o problema vai além da representação literária, ressaltando que não houve piora dos estereótipos com a crise:

> Não acho que as imagens tenham mudado, elas pioraram, mas sempre foram assim. As imagens são reproduzidas na televisão, no cinema, na arte, no artesanato e na literatura, em toda parte existe esse tipo de imagem. Há imagens sexistas em muitos filmes cubanos — as mulheres negras geralmente aparecem como as mais sensuais, as mais quentes. Assim se constrói uma delimitação sensual, como se você não pudesse ser nada além disso.

O trabalho de Norma Guillard (2004) sobre a representação gráfica e os estereótipos da mulher negra na publicidade em Cuba revela que a figura da mulher negra se resume, basicamente, a anúncios de turismo em que jovens negras e mestiças aparecem seminuas. A publicidade em Cuba é de responsabilidade estatal. Ou seja, a imagem da mulher negra cubana está articulada com base num grande paradoxo: invisibilidade e silenciamento *versus* representações subalternas, que ficaram ainda mais visíveis durante a crise, com a reabertura para o turismo internacional, reforçando velhas noções preconceituosas forjadas ainda no período colonial.

OS EQUÍVOCOS DA REVOLUÇÃO E OS DESAFIOS NA RECUPERAÇÃO DA MEMÓRIA

Para que as representações estereotipadas sejam exitosas, elas precisam estar acompanhadas da ausência de referências positivas. Por isso, chama a atenção que uma sociedade que hipervaloriza o personalismo e o histórico de lutas tenha invisibilizado referências históricas negras positivas.

Durante minhas entrevistas, ninguém se lembrou dos nomes de mulheres e homens negros relevantes para a história de Cuba que tenham sido mencionados durante sua formação escolar. Freddy sintetizou muito bem a situação:

> Na escola só te ensinam dois: Antonio Maceo e sua mãe, Mariana Grajales. Citam às vezes, e sem aprofundar muito, Quintín Bandera. Citam às vezes, também sem aprofundar a sua vida, a esposa de Maceo, [mas] não como uma mulher que lutou e foi à guerra. A mim foi ensinado que María Cabrales era a esposa de Maceo e mãe de seus filhos, nada mais que isso. E a mesma coisa com Mariana Grajales. Não as mencionam tampouco como heroínas nem nada, só como progenitoras e esposas.

Apenas quatro nomes de personalidades históricas negras citadas na escola, sem nenhum aprofundamento: isso revela o pouco interesse do Estado em evidenciar a contribuição da população negra para a formação dessa sociedade. "Mas quem escreve a história? O poder escreve a história, e em Cuba o poder é branco e masculino", sentenciou Freddy.

O episódio com o livreiro e a fala assertiva de Freddy evidenciam que os sistemas de opressão se articulam de forma a vincular o imaginário social da mulher negra a posições subalternas e inexpressivas. Numa sociedade em que o personalismo é estimulado e os símbolos de poder estão associados a códigos hegemônicos de masculinidade e branquitude — representados na imagem máxima do *caudillo* —, ficam comprometidas as possibilidades de reconhecimento do aporte social dos grupos distanciados de tais signos. Por simbolizarem a alteridade radical da figura do homem branco, os mecanismos de poder instituídos efetuam a subalternização que invisibiliza e silencia as mulheres negras em Cuba.

O governo cubano não se comprometeu com a construção de uma educação implicada com a diversidade e a equidade, valorizando a contribuição dos diferentes grupos raciais para a formação do país. A história de luta do povo cubano, frequentemente exaltada pelo discurso oficial dentro dos moldes nacionalistas, favoreceu a perspectiva de quem contou e ainda conta a história: os homens brancos cis-heterossexuais. Por isso, Selier e Hernández (2002, p. 85) questionam: "Até onde vai um grupo privado de sua história?".

O autoritarismo e a burocracia presentes na orientação do Estado cubano limitaram a organização da sociedade civil de forma autônoma nas últimas décadas. A partir da crise dos anos 1990, porém, surge um processo crescente de emergência e mobilização da sociedade civil, que já trouxe alterações. Nas primeiras décadas do século XXI, começaram a surgir novas agremiações político-sociais — sem vínculo com o Estado — para discutir problemáticas como as de raça e gênero.

Um dos exemplos foi a criação do grupo Afrocubanas, por volta de 2009, unindo as pautas feminista e antirracista.[6] Como resultado do trabalho desse coletivo, foi publicada a obra *Afrocubanas: história, pensamiento y prácticas culturales* (2011), organizado pelas historiadoras Daisy Rubiera Castillo e Inés María Martiatu. O livro, com 34 ensaios e artigos, é um grande divisor de águas para a visibilidade e a valorização da história das mulheres negras na ilha. Alguns anos depois, Rubiera também lançou, em parceria com Oilda Hevia Lanier, o livro *Emergiendo del silencio: mujeres negras en la historia de Cuba* (2016).

Essas obras evidenciam um processo mais amplo, que está sendo desenvolvido por intelectuais e ativistas motivadas pelo objetivo de resgatar e valorizar a memória, a história e a trajetória das mulheres negras cubanas. Esse esforço tem trazido

---

6 Esse coletivo foi desarticulado em 2019, ainda que seus impactos políticos e intelectuais sigam reverberando dentro e fora da ilha.

à tona experiências importantes do passado, como a revista *Minerva*, publicação quinzenal organizada por mulheres negras em Cuba entre 1888 e 1889. O reaparecimento desse material revela que a luta das mulheres negras em prol da construção de uma contranarrativa é muito antiga. Como disse Rubiera Castillo (2019, p. 208), as mulheres negras de ontem e de hoje reforçam diariamente seu "compromisso de lutar para que a sociedade cubana seja mais inclusiva, justa e participativa".

REFERÊNCIAS

ÁLVAREZ SUÁREZ, Mayda. "Mujer y poder en Cuba", *Revista Temas*, n. 14, p. 13–25, 1998.

DE LA FUENTE, Alejandro. *Una nación para todos: raza, desigualdad y política en Cuba 1900-2000*. Madri: Colibrí, 2001.

GUILLARD, Norma. "La mujer negra, su representación gráfica y los estereotipos en la publicidad", *Panorama da Realidade Cubana*, v. 2, 2004.

GUZMÁN, Teodoro Hernández & PRIETO, Amanda Valdés. "La mujer en las estructuras del poder político en Cuba: cifras y contexto normativo (1974-2021)", *Cuadernos Intercambio sobre Centroamérica y el Caribe*, v. 18, n. 2, 2021.

HEVIA LANIER, Oilda & RUBIERA CASTILLO, Daisy (org.). *Emergiendo del silencio: mujeres negras en la historia de Cuba*. Havana: Editorial de Ciencias Sociales, 2016.

MARTIATU, Inés María & RUBIERA CASTILLO, Daisy (org.). *Afrocubanas: historia, pensamiento y prácticas culturales*. Havana: Editorial de Ciencias Sociales, 2011.

MORALES, Esteban. *Desafíos de la problemática racial en Cuba*. Havana: Fundación Fernando Ortiz, 2007.

RUBIERA CASTILLO, Daisy. "Grupo Afrocubanas", *Cuban Studies*, n. 48, p. 202–13, 2019.

SANTOS, Giselle dos Anjos. "A Revolução Cubana e as representações sociais de gênero", *Revista Eletrônica da ANPHLAC*, n. 14, p. 265-86, 2013a.

SANTOS, Giselle dos Anjos. *Mulheres negras em Cuba: representações sociais em tempos de crise (1990-2012)*. Dissertação de mestrado. Salvador: Universidade Federal da Bahia, 2013b.

SANTOS, Giselle dos Anjos. "A representação da mulata no imaginário social cubano", *Revista Eletrônica da ANPHLAC*, n. 21, p. 90-124, 2016.

SANTOS, Giselle dos Anjos. "A Revolução Cubana e as intersecções de gênero, raça e sexualidade". *In*: CALEGARI, Ana Paula Cecon & GENEROSO, Lídia Maria de Abreu (org.). *Revolução Cubana: perspectivas históricas e desafios atuais*. Belo Horizonte: Initia Via, 2021.

SELIER, Yesenia & HERNÁNDEZ, Penélope. "Identidad racial de 'gente sin historia'", *Caminos*, n. 24, p. 84-90, 2002.

HERIBERTO PAREDES

ANDRÉ DARDENGO

17
O MIGRANTE CUBANO NO CONTEXTO REGIONAL: SIMILARIDADES E PARTICULARIDADES

MILAGRO MENGANA CASTAÑEDA
STELLA BONIFÁCIO DA SILVA AZEREDO

A proximidade geográfica em relação aos Estados Unidos, o imaginário do sonho americano e as dificuldades econômicas fazem com que os migrantes cubanos tenham motivações similares às de outros latino-americanos que deixam sua terra de origem. No entanto, o movimento migratório cubano tem particularidades que o diferenciam de outros países da região. Inicialmente, esteve associado a uma reação política ao triunfo da revolução em 1959. Depois foi motivado pela deterioração progressiva do modelo econômico com a queda do socialismo soviético, no final da década de 1980. Ademais, a migração de cubanos para os Estados Unidos sempre recebeu um tratamento diferenciado e um status migratório privilegiado por parte do governo estadunidense.

A ESPECIFICIDADE DA MIGRAÇÃO DOS CUBANOS PARA OS ESTADOS UNIDOS

O fluxo migratório entre Cuba e os Estados Unidos ocorre desde o século XIX, tendo sido impulsionado no contexto da Revolução Cubana. Além da proximidade entre a ilha e o território estadunidense, sobretudo o estado da Flórida, é importante ressaltar alguns fatores que singularizam o tratamento dado aos migrantes cubanos pelas autoridades de Washington desde o rompimento das relações diplomáticas entre os dois países, em 1961.

Em 1966, aprovou-se no Congresso estadunidense a Cuban Adjustment Act [Lei de ajuste cubano], favorecendo o acolhimento dos migrantes cubanos, pois eram considerados oponentes do mesmo inimigo dos Estados Unidos. A lei concedia status migratório legal e permanente para cubanos que estivessem há pelo menos um ano e um dia em território estadunidense, independentemente da maneira como houvessem entrado no país. Após a travessia ilegal, os cubanos geralmente eram liberados pelo serviço migratório com uma notificação para comparecer posteriormente a um tribunal. A partir de então, era possível solicitar proteção através do sistema de asilo estadunidense ou buscar outros instrumentos legais amparados pela Cuban Adjustment Act.

Além de ter contribuído para regularizar uma quantidade elevada de imigrantes cubanos, essa lei também serviu como uma ferramenta política orientada para enfraquecer o governo de Fidel. Enquanto o embargo servia como um instrumento de pressão econômica, a lei oferecia um atrativo político para que cubanos insatisfeitos deixassem a ilha.

Entre 1966 e 2017, a lei não sofreu mudanças de grande magnitude, mas foram acrescentadas medidas pontuais que estimulavam a imigração cubana. Em 1995, após o êxodo de *balseros* do ano anterior, ocorreu um aditamento que ficou conhecido como a política de "pés secos, pés molhados". Na prática, se um cubano que tentasse emigrar fosse capturado ainda no mar (pés molhados), deveria ser conduzido de volta à ilha. Aquele que conseguisse chegar a solo estadunidense (pés secos) poderia permanecer no país e receber residência permanente após um ano.

Só na gestão de Barack Obama é que houve uma alteração significativa na política dos Estados Unidos. A política de "pés secos, pés molhados", que incentivava a imigração e desagradava o governo de Havana, foi revogada em janeiro de 2017 como condição para a reaproximação entre os países. O novo compromisso previa que os Estados Unidos emitissem vinte mil vistos por ano para cubanos.

Ao longo da gestão de Donald Trump, o processo de restabelecimento das relações foi suspenso, e as medidas hostis se intensificaram. Nesse contexto, os diálogos no âmbito da política migratória foram paralisados. As embaixadas foram novamente fechadas, e os cubanos que solicitavam visto aos Estados Unidos precisavam viajar para a Guiana para participar do processo de entrevistas. Por outro lado, Trump manteve a revogação da política de "pés secos, pés molhados", considerando que sua reversão geraria uma nova onda de migração, configurando uma crise.

Em 2022, após a eleição de Joe Biden, as negociações foram retomadas. A expectativa era que fossem reabertos os serviços consulares em Havana para a emissão de vistos, o que aconteceu em janeiro de 2023. Foi dada prioridade para a reunificação familiar, com a concessão de vistos para os cubanos com familiares nos Estados Unidos. O elevado fluxo de cubanos para os Estados Unidos logo após a revolução contribuiu para o estabelecimento de uma comunidade cubana em território estadunidense e que o apoio oferecido por essas famílias serve como atrativo adicional para a emigração.

TENDÊNCIAS DA MIGRAÇÃO CUBANA E SIMILARIDADES COM O MOVIMENTO MIGRATÓRIO DA AMÉRICA LATINA

Embora Cuba tenha conhecido duas ou três ondas migratórias principais, o fluxo de migrantes tem sido recorrente no tempo e não se restringe aos Estados Unidos. Segundo dados do Statista Research Department, mais de 1,3 milhão de cubanos moravam nos Estados Unidos em 2020, 162 mil na Espanha e números similares na Itália, no Chile, no Canadá, na Alemanha, no Brasil, no México, entre outros, totalizando 1,8 milhão de migrantes distribuídos em 129 países.[1]

Nesse sentido, Cuba acompanha as tendências do movimento migratório da América Latina: o aumento do número de migrantes, a preferência pelos Estados Unidos, a tendência à circularidade, a fuga de mão de obra qualificada, a feminização (em 2019, as mulheres representavam 53,5% do total de emigrantes cubanos), o incremento da migração juvenil.[2] Essa "terceira onda" está mais próxima do que ocorre em países vizinhos do que as anteriores.

Como vimos, a primeira onda esteve associada ao triunfo da Revolução Cubana, enquanto a segunda derivou da crise econômica no contexto do fim da União Soviética. Muitos desses primeiros imigrantes que formaram uma comunidade na Flórida cultivam, há mais de sessenta anos, um ódio com relação ao governo cubano. Além das divergências ideológicas, esses imigrantes foram estigmatizados em Cuba como *gusanos* [vermes], uma vez que o desejo de migrar era considerado uma traição aos novos valores da sociedade pós-revolucionária.

---

1   "Cuba: número de emigrantes por país destino, 2020", Statista Research Department, 20 fev. 2023.
2   "Cuba: emigrantes totales", Datosmacro.com, 2023.

Durante a segunda onda, a remessa familiar converteu-se em uma das formas de captar divisas estrangeiras pelo governo. Nesse contexto, foram reconhecidas motivações diferentes para a migração, como a reunificação familiar ou a necessidade econômica, o que pôs fim à estigmatização do migrante. Assim, facilitou-se a circularidade da migração identificada por Silva (2020), afiançada pelas reformas estabelecidas pelo Decreto-Lei 302, que modificou a Lei 1.312, de 1976, conhecida como Lei de Migração. Mesmo tendo chegado de forma irregular ao país de destino, migrantes cubanos que conseguem se regularizar podem retornar a Cuba dentro de um período de dois anos e solicitar novamente a condição de residentes para conservar ou recuperar seus direitos na ilha.

Esse último decreto-lei contribuiu para estabelecer uma nova relação dos migrantes com seu país de origem. Diferentemente das ondas migratórias anteriores, os migrantes mais recentes mantêm laços com a ilha, à qual retornam por questões familiares ou por negócios privados.

NOVAS CARACTERÍSTICAS DA EMIGRAÇÃO CUBANA: A DIVERSIFICAÇÃO DAS VIAS E MOTIVAÇÕES

Reconhecida ou não a hipótese sobre as duas ou três ondas migratórias anteriores, é possível indicar uma nova onda migratória a partir de 2017. Ela se dá em um contexto complexo de crise econômica estrutural, que se expressa em uma crescente e evidente deterioração das condições de vida no país. Esses problemas são causados, em parte, pelas políticas restritivas do governo dos Estados Unidos há mais de sessenta anos, mas também resultam de decisões no âmbito econômico do próprio governo cubano. O quadro foi agravado pela situação sanitária gerada pela covid-19 e a questionável resposta do governo de Miguel Díaz-Canel aos protestos de julho de 2021.

Se durante o Êxodo de Mariel[3] ou a crise dos *balseros* a via marítima foi fundamental, a migração recente inclui vias marítimas, aéreas e terrestres. Os cubanos têm se inserido nas rotas comuns dos migrantes latino-americanos, e a sua presença na fronteira entre o México e os Estados Unidos tem se incrementado.

Essa diversificação das vias de emigração foi facilitada pela flexibilização das políticas domésticas do governo cubano, facilitando as viagens internacionais dos cidadãos com motivações de turismo, consumo ou trabalho. Por exemplo, é possível manter o status de residente e conservar direitos (como o direito à propriedade) quando se requer a entrada durante os dois anos subsequentes à saída do país.

Outro fator foi a flexibilização das políticas de países vizinhos para a outorga de vistos aos cubanos. Muitos chegam por via aérea a esses países e seguem caminho por rotas irregulares até a fronteira. Outros permanecem por dado período nesses países, onde podem obter residência e permissão de trabalho com mais facilidade, para reunir o dinheiro necessário para chegar ao destino final, ou, ainda, para conseguir os recursos para tirar a família do país antes de prosseguir viagem rumo ao "sonho americano". A diversificação das vias usadas pelos migrantes cubanos ficou evidente na crise migratória causada em 2015 pela retenção de mais de sete mil cubanos na fronteira entre a Costa Rica e a Nicarágua.

Outra dimensão dessa flexibilização está relacionada às pressões domésticas enfrentadas pelo governo cubano. O acordo assinado com o governo da Nicarágua em novembro de 2021,

---

3   Emigração em massa de cubanos que partiram do Porto de Mariel para os Estados Unidos entre 15 de abril e 31 de outubro de 1980. [N.E.]

após os protestos de julho, que autorizava a entrada de cubanos como turistas, foi também um jeito de aliviar as tensões internas geradas pela escassez e a insatisfação social.

Uma dificuldade do migrante cubano, que o diferencia em relação ao dos demais países da região, é que, além ser oriundo de uma ilha, seu passaporte é um dos mais restritos do mundo. Pouco menos de trinta países não exigem visto para os cubanos, dos quais nenhum está na América continental (exceto a Guiana): Antígua e Barbuda, Barbados, Bielorrússia, Botsuana, Catar, Dominica, Gâmbia, Granada, Guiana, Ilhas Cook, Indonésia, Malásia, Micronésia, Moldávia, Mongólia, Montenegro, Namíbia, Niue, Macedônia do Norte, Rússia, São Cristóvão e Nevis, Santa Lúcia, Sérvia, Singapura, São Vicente e Granadinas, Trinidad e Tobago, Uzbequistão e Vanuatu.

Mesmo com a exigência de visto, o cubano aproveita variadas oportunidades para sair da ilha. Por exemplo, em 2008 o Equador liberou a entrada de cubanos, mas milhares deles ficaram além dos onze meses permitidos. Nos anos de 2016 e 2017, houve deportações de grupos que começaram a exigir visto para chegar aos Estados Unidos.

Outro exemplo foi o programa Mais Médicos, no Brasil. Centenas de médicos voltaram ao país aproveitando os laços estabelecidos durante o tempo em que atuaram profissionalmente no gigante sul-americano. O Brasil, por outro lado, tem se convertido em destino ou trânsito de longo prazo em função das facilidades da nova Lei de Migração, que outorga aos estrangeiros os mesmos direitos dos seus cidadãos, exceto aqueles de natureza política.

Até mesmo a distante e fria Rússia, que não exige visto dos cubanos, tem se convertido em outro local onde se concentram migrantes em condição irregular após vencidos os três meses regulamentares permitidos.

IMPACTO DA MIGRAÇÃO EM CUBA

O incremento da migração cubana atual gera profundas preocupações em relação ao futuro do país.

Em primeiro lugar, é preciso considerar o impacto da proporção de migrantes atingida nos últimos anos em relação a uma população de 11.256.372 habitantes (dados de 2021, segundo o Banco Mundial). Somente aos Estados Unidos, segundo a agência estadunidense de proteção de fronteiras, chegaram 224.607 cubanos, 2,5% da população total da ilha.[4]

Em segundo lugar, Cuba ostenta indicadores sociais de países altamente desenvolvidos e acompanha tendências demográficas contemporâneas, como envelhecimento da população e baixas taxas de natalidade. A migração cubana continua a ser protagonizada por jovens, mas o número de mulheres migrantes tem aumentado, assim como o de famílias inteiras com crianças. A migração atual tem, portanto, um impacto multidimensional: diminui as possibilidades de substituição geracional, reduz a população economicamente ativa e compromete o futuro econômico do país, tendo em vista uma população cada vez mais envelhecida.

Outro impacto resulta da quantidade de dinheiro que sai da ilha para pagar os custos de viagem, inclusive os chamados *coyotes* nas rotas irregulares por países como Honduras, Guatemala e México. Essas viagens custam entre oito mil e quinze mil dólares. Em certa medida, as remessas, que deveriam contribuir para trazer divisas ao país e melhorar a economia, retornam ao exterior para o pagamento das pessoas envolvidas nas rotas irregulares a caminho dos Estados Unidos.

---

4   "Nationwide Encounters", U.S. Customs and Border Protection, 3 maio 2023.

PALAVRAS FINAIS

Mesmo sem fronteiras terrestres e com as restrições menciona-das, o país compartilha tendências migratórias com a América Latina. O migrante cubano — ainda que prefira os Estados Unidos, como outros migrantes latino-americanos — também chega a outros lugares nos quais surgem oportunidades para um dos passaportes mais restritos do mundo.

A onda migratória atual não é exclusiva de Cuba. No entanto, a análise de seus números e suas características revela que os migrantes são em sua maioria jovens e mulheres, assim como altamente qualificados, em um país com uma população relativamente pequena e envelhecida, índices de natalidade muito baixos e elevada expectativa de vida. Esses elementos constituem uma fonte de preocupação quanto ao futuro.

Como resume o autor Marcos Antonio da Silva, a migração internacional cubana gera uma

> série multidimensional de efeitos e desafios para a sociedade cubana contemporânea, afetando diferentes áreas que vão da economia à demografia, da política à sociedade, da cultura às relações familiares (entre outras) e que têm impacto no cresci-mento e no desenvolvimento econômico, na dinâmica da po-pulação, no mercado laboral e na gestão das políticas públicas, para citar as mais relevantes. (Silva, 2020, p. 123)

Por outro lado, não se vislumbram soluções ou políticas que ajudem a reduzir a saída de um importante setor da população descontente. Esse movimento se intensificou diante da falta de resultados práticos desde a chamada Reordenação, iniciada em 2010, e continua sendo impulsionado pelos benefícios da Cuban Adjustment Act do governo dos Estados Unidos, ins-trumentalizada no confronto com a ilha.

REFERÊNCIAS

AYERBE, Luis Fernando. *A Revolução Cubana*. São Paulo: Editora Unesp, 2004.

PÉREZ JR., Louis. *Cuba in the American Imagination: Metaphor and the Imperial Ethos*. Chapel Hill: The University of North Carolina Press, 2008.

SILVA, Marcos Antonio. "De la isla al mundo: aproximaciones a la migración cubana contemporánea", *Novedades en Población*, v. 16, n. 31, p. 114–26, 2020.

VANESSA OLIVEIRA

HERIBERTO PAREDES

PARTE IV
SOBRE O PRESENTE E O FUTURO

18
MIGRAÇÃO, POLARIZAÇÃO E DESESPERANÇA: UMA CONVERSA COM RAFAEL HERNÁNDEZ

VANESSA OLIVEIRA

Nos estertores da pandemia de covid-19, um caldeirão de contradições me obrigou a desembarcar em Cuba pela sexta vez: se, por um lado, a ilha havia voltado a flexionar sua musculatura na área da saúde, produzindo diversas vacinas funcionais e exportando médicos para o mundo todo, por outro ela foi varrida por uma onda inédita de protestos que, insuflada pelo sempre desperto intervencionismo estadunidense, ganhou cobertura enviesada mundo afora. Eu queria entender essa movimentação a partir do prisma local, o que seria uma ótima oportunidade para conversar com um certo Rafael Hernández.

Renomado cientista político cubano, militante ativo do Partido Comunista e editor da revista *Temas*, uma publicação crítica dedicada às principais questões da vida social, econômica e política de Cuba, Hernández tem buscado esmiuçar as diferenças entre a atual onda de emigração que se abate sobre a ilha e os movimentos pregressos de saída em massa. E ele possui subsídio para análises comparativas; afinal, tem construído esse repertório na *Temas* desde sua fundação, em janeiro de 1995, quando a escassez decorrente da implosão da União Soviética e do agravamento do bloqueio imposto pelos Estados Unidos atingia seu auge, no chamado Período Especial. Em 2002, já passada a fase mais dura, a *Temas* se desdobrou no programa televisivo *El Último Jueves*, em que Hernández, agora apresentador, procura difundir a produção da revista em conversas multidisciplinares, direcionadas ao grande público.

A primeira vez que nos encontramos foi em 2007 para um breve café, quando tive a oportunidade de conhecer as instalações da revista. Quem me levava era um colega jornalista, que dirigia uma revista eletrônica no Instituto Cubano da Arte e da Indústria Cinematográficas (Icaic) e me ajudava a abrir algumas portas para o que seria a minha primeira pesquisa de campo em Cuba. Encontrei outras vezes Rafael Hernández, que sempre manteve tom solene em comentários rápidos e pontuais sobre a situação da ilha. Entendendo a particularidade desse momento, consegui a primeira entrevista formal com ele, que me recebeu na sede da *Temas*, na Calle 23, ao lado do histórico prédio do Icaic, em Havana.

Nesta conversa, realizada em janeiro de 2023 — ano de eleições presidenciais —, o pensador cubano discute a onda de emigração num momento em que a legislação migratória dos Estados Unidos para Cuba dá sinais de mudança, comenta a polarização política nas redes sociais e avalia os desafios correntes da revolução e do Partido Comunista Cubano.

Rafael, existe alguma relação entre os protestos de 11 de julho de 2021 e o atual movimento migratório que se observa desde a segunda metade de 2022 em Cuba?

Acredito que os protestos de 11 de julho não se relacionam com a emigração. São questões distintas. As manifestações de 11 de julho têm outro caráter, outros significados, e respondem a outras circunstâncias. Os protestos de rua de 1994, por exemplo, estavam sim relacionados com a emigração. E a chamada crise dos *balseros* acabou desembocando nas manifestações de 5 de agosto de 1994 [ou *Maleconazo*].

O ciclo migratório em que estamos, porém, parece ter sido desencadeado no contexto da pandemia. Mas a verdade é que os fatores deste ciclo migratório têm estado presentes nos últimos dez anos, já que, de lá para cá, as circunstâncias políticas migratórias cubanas mudaram radicalmente. Em janeiro [de 2023], a lei migratória que permite aos cidadãos sair e voltar fez dez anos. Por isso, qualquer comparação com Mariel [1980] e com a crise dos *balseros* é uma comparação que ignora as circunstâncias essencialmente diferentes da política migratória daquele então. As pessoas que partiram do [Porto de] Mariel ou na crise dos *balseros* sabiam que não poderiam voltar a viver em Cuba. Mas aqueles que migraram a partir de janeiro de 2013 sabiam que poderiam regressar, porque não perderiam a cidadania cubana. Ou seja, a porta não se fecharia atrás deles, e isso continua sendo um importante fator da emigração.

Existem muitos cubanos que entram com um pedido de cidadania espanhola, por exemplo, não necessariamente para viver o resto da vida na Espanha, mas para ter um documento que lhes permita viajar para onde quiserem, já que o passaporte cubano não facilita a entrada em quase nenhum lugar. Também existe desde 1966 uma lei [a Lei de Ajuste Cubano] que garante aos cubanos entrada e permanência nos Estados Unidos mesmo que cheguem sem documentos migratórios. E é impossível compreender o fenômeno da migração cubana sem compreender a Lei de Ajuste Cubano. Portanto, existe uma crise econômica em Cuba, que é um fator de expulsão. Mas há, principalmente, a possibilidade de sair e regressar, além da possibilidade de entrar e ficar nos Estados Unidos. Pelo menos até o dia 9 de janeiro de 2023, um cubano poderia chegar à fronteira dos Estados Unidos e simplesmente entrar. Mas agora os estadunidenses estão mudando as regras...[1]

Agora apareceu a figura do patrocinador, certo? Esta é uma novidade.

Os estadunidenses dizem que não vão deixar passar ninguém cujo passaporte não tenha um visto. Isso é uma invenção de agora. O patrocínio procura assegurar que aqueles que entrem não dependam da ajuda do governo dos Estados Unidos. Mas, acima de tudo, serve para assegurar que entrem por meio de um canal legal. Porque entrar pela fronteira mexicana não é um canal legal. Nos próximos meses, essa medida — se respeitada, ou seja, se os estadunidenses a aplicarem realmente — pode talvez reduzir o fluxo migratório, mas não creio que terá impacto

---

1   Em janeiro de 2023, os Estados Unidos anunciaram que todo cidadão cubano que decidisse migrar precisaria que um residente legal do país se responsabilizasse economicamente por sua chegada, subsistência e adaptação (patrocinador). A decisão é uma extensão aos cubanos, haitianos e nicaraguenses de uma exigência que já existia, desde outubro de 2022, para migrantes venezuelanos. Ela surpreendeu uma leva de pessoas que estava preparada para encarar a rota *de los volcanes*, como é conhecido pelos cubanos o corredor migratório da América Central até os Estados Unidos. Boa parte dos cubanos comprava passagens de Havana para o Panamá ou a Nicarágua e, de lá, começava sua caminhada com *coyotes* (contrabandistas de pessoas) rumo à fronteira mexicana com os Estados Unidos.

neste fluxo migratório atual, porque a crise migratória é um fato. Na minha opinião, se a situação econômica começar a melhorar depois de amanhã, a emigração continuará recebendo incentivo desses outros fatores que dizem respeito às políticas migratórias estadunidense e cubana. Isso poderia até mesmo acelerá-la. Se decidirem continuar o processo de normalização das relações entre Cuba e Estados Unidos, que Obama iniciou e Trump congelou, isso poderia afetar a Lei de Ajuste Cubano, que é uma aberração. Ela foi criada no contexto da Guerra Fria para dar apoio aos que foram para o exílio. Mas não trata daqueles que partem agora como exilados. Sua categoria de entrada não é a de exilado. Uma pessoa que solicita um visto de "reunificação familiar" não é um exilado.

Nem refugiado nem nada.

Nada. Exatamente. Não obtém o estatuto de refugiado. E, ao não se encaixar na categoria de refugiado, também não sofre perseguição política. Então, para que serve a Lei de Ajuste Cubano?

Se a lei da imigração serve a todos...

Tem de ser para todos. Ela cria um duplo padrão com relação a outros migrantes que, em muitos casos, fogem para salvar a própria vida de situações que têm a ver com repressão política, crime organizado ou outras violências. Se você pega um barco, vai para os Estados Unidos e a guarda costeira te intercepta no mar, te mandam de volta, mas, se você entrar pela fronteira, te deixam passar. Isso apesar de Obama ter dito que já não se podia mais entrar no país pela fronteira. A administração Trump tolerou a entrada pela fronteira e, uma vez lá dentro, facilitou o acesso aos cubanos permitindo que eles reclamassem a aplicação da Lei de Ajuste Cubano no tribunal. Veja só, todos os cubanos que estão agora nos Estados Unidos podem recorrer a essa lei. Uma vez em território estadunidense, essa lei os protege. Agora vamos ver o que os juízes vão começar a fazer. Porque nos Estados Unidos parece que tudo depende da lei, mas, na verdade, tudo depende das decisões políticas do Poder Executivo.

Diante dessa possibilidade, é possível que a saída de cubanos rumo aos Estados Unidos se acelere. Claro que, se essa disposição se efetivar, eles não devem deixar que cubanos atravessem a fronteira, mas ainda podem entrar como os outros entram, ilegalmente, escondidos. Uma vez lá dentro, uma vez que tenham conseguido entrar como um mexicano, como um salvadorenho, como um guatemalteco, ao contrário destes, os cubanos têm a possibilidade de ir a um tribunal e dizer: "Eu reivindico o apoio da Lei de Ajuste Cubano" e o tribunal tem que se pronunciar. Não é tão fácil, mas um dia ainda pode acontecer que o governo dos Estados Unidos decida suspender a Lei de Ajuste Cubano. Para isso não é preciso nem ir ao Congresso; o Executivo tem a capacidade de anular o efeito da lei, o que transformaria o imigrante cubano em um imigrante comum. Por isso digo que a migração pode se intensificar: para quem quiser se beneficiar dessa lei, é preciso correr e ir embora logo.

Então a melhora econômica não teria grandes efeitos na imigração, porque esse é um caso de disputa política.

Ainda que a situação econômica melhorasse... Claro que é desejável que a situação econômica melhore, porque a recessão é também um motivador da migração — mas, se olharmos bem, muitos dos cubanos que partem não são os cubanos mais afetados pela crise. São pessoas de classe média, praticamente. Nós não conhecemos aqui a composição social daqueles que emigram, mas a impressão é que muitos dos que estão de partida são pessoas que têm um meio de subsistência em Cuba, que têm um rendimento relativamente elevado e que emigram em busca de um horizonte onde a sua profissão, as suas competências, a sua formação, a sua educação, as suas qualificações lhes permitam ter um maior nível de renda e desenvolvimento. Isso não é a crise migratória. Ou seja, não dá para dizer que a melhora da situação econômica vai automaticamente reduzir o fluxo migratório.

Colocando todos os fatores da migração sobre a mesa, existe outro ponto que não pode ser ignorado: a propagação do fenômeno. Veja bem, se eu tenho um grupo de amigos que começa a ir embora, eu vou ser influenciado, assim como nas demais coisas que esse grupo de amigos faz, e me deixo levar pelo senso comum do grupo, o que serve como um impulso, uma motivação. Sinto um impulso de migrar também, mesmo não tendo uma razão específica, concreta e urgente que me obrigue a fazê-lo. Todo mundo está indo embora, dizem por aí. E ao conversar com as pessoas, você vai ouvir: "Todos os meus amigos se foram". Isso quer dizer que essa é a decisão correta?

Ou seja, na sua leitura, há uma questão econômica; há o comportamento de grupo, porque as pessoas não querem ficar sozinhas; há as questões diplomáticas, relacionadas ainda à disputa entre Cuba e Estados Unidos; e há uma questão financeira de quem tem mais e quer garantir status a partir do exterior.

Há pessoas que vão embora em busca de realização profissional, presumindo que vão consegui-la. Se você tem um pequeno negócio aqui, não é a mesma coisa se for para lá e montar o seu pequeno negócio. As coisas não são tão simples assim. Existem pessoas que nunca puseram os pés na Espanha, por exemplo, e chegam lá e deparam com uma taxa de 20% de desemprego, acreditando que vão arranjar um emprego. Mas vão conseguir trabalho lavando pratos, limpando a rua ou recolhendo lixo.

Vocês têm esses números sobre a situação de quem migra, qual é a raça, as condições sociais etc.?

Não. Tudo sobre esse fluxo migratório está baseado em interpretações. Historicamente, a participação de pessoas negras na composição do fluxo migratório cubano é muito baixa em comparação à branca. Em todo o país a porcentagem de pretos e pardos é de 36%. O que sabemos é a partir dos registros do centro de migração dos Estados Unidos, que varia entre 5% e 6% de pretos e pardos. A porcentagem de cubanos que vivem em zonas rurais chega a 24%, por exemplo, e esses camponeses também têm uma baixa participação no fluxo migratório.

Enfim, existem elementos para a crise migratória, que não são exatamente racionais. A crise econômica é um fator importante, concreto, mas existem outros componentes menos estruturais na hora da decisão, como a imitação. Se você der uma espiada nas redes sociais cubanas, vai ver a reprodução de determinadas atitudes provocadas pela rede. Todo mundo repetindo sem parar uma mesma bobagem.

Qual é o papel dessa mimetização de um discurso pró-migração, por exemplo, ou dessa mimetização da vida nos Estados Unidos, na cultura cubana?

Não conheço nenhuma investigação que tenha sido feita para responder a isso com seriedade. Penso que a imagem do cubano-americano como alguém com recursos ou com um bom padrão de vida etc. tem estado presente como um fator migratório desde [o êxodo do Porto de] Mariel. Na época, não existia aqui nenhuma crise econômica. A economia estava crescendo, o consumo estava crescendo. Naquele momento, havia expectativa, as universidades estavam cheias de gente se formando com emprego garantido, existia um mercado. E a imagem do cubano-americano que tem tudo, que tem mais do que tinha aqui, se torna um emblema de sucesso. Mas, a partir de 1978–1979, essas pessoas que migram começam a poder voltar para visitar. Ou seja, eu vou para lá, começo a trabalhar, começo a ganhar dinheiro, compro um carro, compro uma casa, compro todas as coisas que quero comer e todas as roupas que quero usar e todo o equipamento eletrônico que quero. E, uma vez por ano, vou a Cuba para visitar a minha família. Essa representação desempenhou um papel importante para muitas pessoas que partiram pelo Porto de Mariel em 1980.

É importante acrescentar a essa análise que, em 1980, o socialismo tinha acesso ao mercado internacional; havia um nível de vida em que não faltavam medicamentos nem oportunidades de estudo. Os cubanos que chegaram à idade adulta a partir anos 1990 encontraram um tipo diferente de socialismo. E agora aqueles que atravessaram a crise de covid começaram a conviver de forma aguda com uma perda do nível de excelência dos serviços de saúde. Mesmo antes da covid já havia escassez de medicamentos. Mas o impacto causado pela pandemia, somado à crise econômica, ao turismo que não chegava etc. — esse conjunto de fatores produziu uma situação geral de déficit. As pessoas vêm de fora agora carregadas de antibióticos. Porque não há antibióticos, e você fica doente e não tem como se tratar. Ou seja, essa é hoje uma situação especialmente dura da vida cotidiana aqui.

E isso também vai aprofundar a sensação de incerteza, não?

Sim, claro. Ou seja, o contexto do fluxo migratório é muito mais complexo que a crise econômica. Tem a ver também com esse enfraquecimento dos serviços, com a redução do acesso a serviços. Se acrescentarmos a situação de 20% da população cubana que tem mais de 65 anos, o que eles devem fazer? Que opções essas pessoas têm? O discurso [oficial], por exemplo, os identifica como vulneráveis, assim como os pobres e as famílias cujas mulheres são a única ou a principal fonte de renda. E esse crescimento da população vulnerável é também uma imagem da sociedade em que vivemos, juntamente com o crescimento da desigualdade. Se você tem um negócio e o negócio funciona, você vive aqui, muitas vezes, melhor do que alguém que vive do seu entorno familiar ou da pensão/aposentadoria. Porque nenhuma pessoa idosa vive somente de sua pensão. Portanto, essa condição de vulnerabilidade, que pode ser mitigada pela rede familiar, é a realidade de muitas pessoas.

O que tenho ouvido muito é que grande parte das pessoas que migram têm até quarenta anos, e que essas são, muitas vezes, pessoas responsáveis pela subsistência da família. Como ficam, então, esses vulneráveis?

Desde os anos 1990, a migração tem um componente de estratégia familiar: alguém da família vai para mandar dinheiro de volta. Alguém vai para que o resto da família não tenha que ir. E geralmente os que partem têm entre dezoito e quarenta anos, essa é a maior parte do fluxo migratório no mundo todo. As pessoas com setenta anos de idade não emigram. É impossível que o fluxo migratório tenha 20% de pessoas idosas, por exemplo. No entanto, às vezes a expedição para sair daqui arrasta menores de idade e idosos que não podem decidir não partir, porque não podem ficar sozinhos. A emigração tem sempre uma porcentagem relativamente alta de pessoas que não podem decidir ficar, porque dependem da família. Na época do Mariel, por exemplo, que é algo que foi muito estudado, 30% das 125 mil pessoas que migraram não puderam tomar a decisão de ficar porque eram dependentes — crianças e pessoas mais velhas. O que quero dizer com isso é que é um fenômeno complexo, que não possui uma razão única.

Mas qual é o discurso que te incomoda, exatamente? É a comparação entre as ondas migratórias?

Não. É a simplificação que incomoda. "Estamos no pior momento migratório de Cuba", dizem muitas pessoas. Não, isso não é verdade. O que acontece é que a sociedade — assim como outras coisas — não é a mesma e, não sendo a mesma, sente a emigração de formas que não sentia antes.

E como a sociedade sente hoje a emigração?

Como um sinal de catástrofe. Uma enorme quantidade de pessoas do meu grupo da escola primária e secundária foi embora. Mas estávamos em 1961, 1962, 1963, 1964. Era outra sociedade. Parte da minha família também se foi, e a separação foi muito dura. Mas o ímpeto da sociedade, a cultura cívica predominante, a cultura política da revolução tinham uma força. E essa é uma cultura diferente. Em 1969, havia capacidade de resistência, e estávamos em circunstâncias econômicas piores que as de agora — eu sei porque vivi aquele momento. Em 1970 era infinitamente pior que agora. Era algo generalizado, não havia diferenças, mas era muito pior que hoje. No entanto, na situação atual, até aqueles que não estão financeiramente tão mal se sentem insatisfeitos, irritados e até incomodados com as circunstâncias em que vivem. E a capacidade de responder à liderança — que não é Fidel Castro, nem sequer Raúl Castro — também não existe.

E isso significa muito, suponho.

Claro. O crédito de Fidel Castro durante 1993 e 1994, no meio da crise — lembrando que não havia transporte, não havia comida suficiente, os preços estavam disparando, a inflação galopante, havia uma queda gigantesca da produção —, era enorme. Naquele momento, o discurso e a liderança de Fidel Castro eram fatores importantes para facilitar a resistência a algo que ia acabar, a uma crise que ia acabar. Agora, se você fizer uma pequena sondagem por aí, vai ver que, quando perguntada, muita gente diz: "Isso não vai acabar". Neste momento, as pessoas deixaram de acreditar que vamos melhorar. Quando o presidente diz que vamos ter melhores condições, taxas de crescimento mais elevadas etc., existem muitíssimas pessoas que não acreditam. É uma desesperança que se expressa numa falta de certeza de que isso vai ser verdade. Porque estar no túnel não é o mesmo que acreditar que o túnel vai acabar em breve, que estamos chegando à saída do túnel.

Se você conversar com gente que está indo embora, talvez possa comprovar que muitas dessas pessoas acreditam que essa situação pode continuar indefinidamente. E isso é a sociedade. Essa incredulidade é a nossa sociedade. Porque a sociedade tem arrastado problemas desde os anos 1990 até, pelo menos, 2008, quando começou a melhorar. Ou seja, a partir de 1996, 1997, houve alguns anos, uma década, de certa melhora, e muito lentamente pudemos perceber essa melhora. Isso mudou nos últimos dez anos, mesmo antes de Díaz-Canel, antes da mudança de governo. Especialmente nos últimos cinco anos, com as promessas de que agora isso aqui vai funcionar, e aí vem a Tarefa de Ordenação e a unificação monetária etc.

As famílias tinham se acostumado a viver com o peso conversível e o peso cubano. A famosa bifurcação monetária ou duplicidade monetária durou vinte anos, as pessoas se acostumaram a viver com isso e sabiam como distribuir. Agora, nem a moeda foi unificada como se esperava, nem a melhoria salarial prometida durou. A própria reforma monetária arrastou consigo a inflação. Assim, ganhávamos 400 pesos e passamos a ganhar 6 mil, 5 mil, 4 mil pesos, mas os preços se multiplicaram ainda mais. Há quatro ou cinco anos, se eu te dissesse que algo vale mil pesos, você não acreditaria. Agora, você vai comer duas pizzas em um restaurante e gasta mil pesos.

Hoje, se algo vale 600 pesos, dizem que está barato. E quem ganhava 600 pesos antes? Ninguém. Tudo isso são diferentes elementos que compõem um cenário e vão convergindo em uma falta de credibilidade da política. A política está em seu ponto mais baixo de credibilidade.

Rafael, mas isso é global, não?

Eu não tenho dúvida. Assim como a rejeição dos jovens à política também não é um fenômeno somente cubano. O descrédito da política, a descrença dos jovens, a exacerbação da migração, o corredor centro-americano e mexicano por onde passam dezenas de milhares de pessoas todos os dias... Isso faz parte de um fenômeno global. E da África para a Europa, e do Oriente Médio para a Europa. Muita coisa que acontece lá acontece também com a gente. Mas a maior parte dos cubanos está convencida de que isso acontece com a gente como resultado da má gestão e deste sistema que não serve. Muita gente pensa assim, inclusive pessoas revolucionárias, que acreditam no socialismo, mas veem a migração, a partida dos jovens, a inflação como coisas que só estão acontecendo conosco e com mais ninguém. E pensam que isso se resolveria se optássemos por um sistema misto de socialismo e capitalismo — que terminaria sendo um sistema capitalista.

E como você enxerga essa crença ou essa expectativa?

Eu acho que é impossível prever uma coisa ou outra numa circunstância como esta, porque vivemos numa situação de mudanças, e eu acredito que o governo sabe disso tudo. Em outras palavras, o governo está consciente disso. A ideia de que os líderes vivem em outro mundo, por causa dos discursos de triunfo, em contraposição com a situação real em que vivemos, é uma ideia errada. Ouvimos atentamente todos os dias quando Díaz-Canel se encontra com as pessoas, e quando ele fala, em muitas ocasiões, percebemos que sabe o que está acontecendo.

Assim como Raúl sabia quando chegou ao poder, em 2008, e não só falava claramente sobre o problema como convocou assembleias populares para registrar as principais queixas.

Claro.

Mas o que está acontecendo lá dentro, então, é algo muito engessado.

Nas famílias revolucionárias e nas fileiras do Partido Comunista, há pessoas que pensam de forma muito diferente. Há pessoas que têm posições muito conservadoras, ortodoxas e rígidas. Há outras que têm posições muito liberais, abertas e flexíveis, e há aquelas que estão no meio. E aqueles que lideram o partido, não os quadros intermediários, mas os líderes mesmo, sobretudo o máximo dirigente, [ele] tem que ser o dirigente de todos. Poderiam ser três partidos. Somos suficientemente diferentes para que fossem três partidos, mas não queremos. Queremos um só. Mas esse partido único exige, como fez Fidel Castro ao longo de toda a vida, mover peças em um tabuleiro político do lado direito, do lado esquerdo e no meio. Ele sabia fazer isso, porque foi o arquiteto da unificação das forças políticas revolucionárias. E conseguiu realizar isso em uma Cuba muito mais complexa. Porque, embora os níveis cultural e educacional de uma parte importante da população fossem baixos, o nível da elite política, da classe política revolucionária, era alto. Eram pessoas com um grau de cultura e de sofisticação nos seus debates... Quando você olha para os documentos antigos, você se assusta com o nível cultural dos debates intelectuais.

E isso mudou?

Mudou. Essa, definitivamente, não é a situação de agora. Acho que foi aí que perdemos. Mas, em todo caso, não temos mais Fidel Castro. Então, a unificação também requer uma liderança que reflita, como um espelho, as diferentes correntes. Conviver em um projeto de socialismo que tem diferentes interpretações para uma posição mais conservadora, para uma posição mais liberal; conviver, coexistir, é mais difícil, a relação é mais tensa. E isso é visível num debate entre pessoas revolucionárias. Eu sou a favor do debate, e nós provocamos o debate aqui, com essa revista [Temas]. Nesses debates é que enxergamos uma forma de fortalecer a cultura política cubana e contribuir com ela, no sentido de colocá-la a serviço da mudança. Uma cultura política capaz de enfrentar os desafios que as mudanças trazem. Temos de conseguir fazer isso, e fazê-lo requer uma capacidade de debater sem aprofundar a divisão. Em outras palavras, fomentar o debate sem fomentar a polarização ou a divisão que quebra, que torna impossível o diálogo entre aqueles que pensam de forma diferente.

Mas isso viria do topo do partido ou de toda a sociedade?

De toda a sociedade. Isso tem de ser gerado de uma forma que aconteça da base ao topo. Penso que hoje exista mais consciência sobre essa necessidade, mas definitivamente existem pessoas que não compreendem isso.

Acha que a sociedade está polarizada?

Sim, a sociedade tende a se polarizar, e isso se reflete no debate intelectual.

E nas redes sociais...

E nas redes sociais, é mais do que óbvio. As pessoas dizem a si mesmas: eu sou socialista, sou comunista, não sei o quê, mas brigam entre si até a morte. E essa polaridade não é debate. Essa briga não é debate. E isso é realmente prejudicial e requer uma política que dê espaço a todas as vozes — a todas as vozes, inclusive àquelas que se opõem à política, que discordam da política, mas que não se propõem a romper com a ideia de socialismo. Para isso, a política tem que abrir espaço.

Na sua opinião, esse seria o maior desafio de Cuba neste momento?

Sim. Esta é, para mim, uma questão central.

VANESSA OLIVEIRA

19

"NÃO HÁ MAIS O QUE DEFENDER, ME JOGUE UMA CORDA": QUANDO NÃO HÁ SAÍDA DO LABIRINTO CUBANO

HERIBERTO PAREDES

A cozinha me ensinou a procurar alternativas. Com uma porção de frango, você consegue fazer noventa, cem, trezentas coisas. Mas, se não souber cozinhar, você só faz uma ou duas. A cozinha amplia o meu horizonte, não me limita à situação econômica, mas me dá uma oportunidade de amadurecer e superar meus limites. Quando não tenho um ingrediente, procuro uma alternativa para resolver essa falta. É algo humano, não de cozinheiros.

Reinier está perto dos quarenta anos e passou a maior parte da vida imerso nessa equação que pretende buscar alternativas constantemente. Não é uma situação tão diferente daquela que se vive na América Latina, mas dentro de Cuba a busca é prolongada e costuma gerar desespero, embora também engenhosidade e criatividade para superar os desafios. Ele, como dezenas de milhares de habitantes da ilha, partiu para continuar sua jornada em outro lugar. Nascido no oriente cubano, migrou primeiro para Havana, onde aprendeu o ofício de cozinheiro e, a partir daí, procurou maneiras de sair da terrível circunstância de ver água por toda parte. A água, porém, não foi o motivo de sua asfixia.

O que vou relatar nas páginas seguintes não é fruto de especulação. Nem é a soma de preconceitos ou acusações sem argumento que caíram como fogo inimigo sobre o processo revolucionário que começou em 1º de janeiro de 1959 na maior das Antilhas. Dou fé de cada uma das pessoas mencionadas, isto é, da sua existência, do seu testemunho e do que foi refletido a partir dele. Em alguns casos, mudo o nome para resguardar as identidades, mas as palavras e os relatos fazem parte da vida real das pessoas. Não são teoria, são práxis.

O cozinheiro de Havana, meu amigo, está fora da ilha neste momento e continua sua busca, mas agora não é o desespero, e sim a curiosidade que se tornou o motor de seus passos. Não é asfixia, mas sim amizade, a face da vida que vê agora. Inicialmente professor de nível básico, depois poeta e agora cozinheiro, Reinier tornou-se uma voz de grande confiança, da qual me aproximo com bastante frequência para falar sobre temas espinhosos, aqueles em que não se toca facilmente, em conversas acompanhadas de rum e, às vezes, lágrimas.

Há alguém em Cuba que ainda defenda a revolução? Essa foi a pergunta que lhe fiz uma vez, há muitos anos, e que temos repetidamente tratado de responder. Sua voz não foi a única; também me aproximei de outras vozes, de diferentes gerações e com diferentes experiências de vida. Tentei condensar muitas das reflexões em um curta-metragem documental que eu e a documentarista canária Sonia Håkansson realizamos entre 2017 e 2018 e levamos — sem a permissão do Partido Comunista de Cuba — a algumas salas de cinema da ilha para gerar debate e alimentar discussões. O nome que cunhamos fala daquilo que, além de disputas políticas ou controvérsias, permanece nos corações daqueles que vivem dentro e fora da ilha: *Nos Queda Cuba* [Nos resta Cuba].

Ana, a faca mais afiada de Havana, seria uma espécie de contraparte nesses bate-papos, nessa conversa interminável. Ela, com mais alguns anos de vida e experiências de maternidade no auge do Período Especial, conta no documentário como ia trabalhar todos os dias de bicicleta e como dividia a comida que tinha em mais porções — por mais mirradas que fossem — para poder alimentar sua primeira filha. Se para Reinier a comida é uma pedra de toque que desencadeia memórias e reflexões, para Ana a comida tem sido o trauma e a cura de um momento extremamente difícil, sobre o qual não podemos saber muito a menos que passemos por ele. "Eu sempre tenho uma geladeira cheia. Não consigo vê-la vazia porque me lembro daquele momento, não consigo ver as pessoas sem comer. Nós passamos fome e seguimos em frente."

De uma perspectiva muito mais esperançosa, Ana não deixa o barco afundar:

> Cuba vai mudar? Sim, Cuba vai mudar, é claro que vai mudar e vai haver desigualdade, porque a desigualdade tem que existir, porque vai ter gente que vai melhorar muito, vai ter gente que vai melhorar pouco e vai ter gente que, talvez, não melhore nada. Isso é aqui e em qualquer lugar do mundo, em qualquer sistema, e tenho esperança de que será um sistema melhorado.

Até agora as coisas estavam avançando dentro do esperado, dentro dos costumes, seguindo, talvez, visto de fora, um roteiro mais ou menos previsível e alimentado por várias fontes e muitos estereótipos: Cuba garante comida para todos por meio da *libreta*, os médicos cubanos são os melhores do continente, não há pobreza na ilha, a educação é a melhor e um direito de todos, e o bloqueio é a razão de tanto sofrimento. Tudo isso é e não é verdade: há também contrastes e zonas cinzentas, que levantaram suas vozes para quebrar falsas expectativas.

De repente, em março de 2020, a crise piorou de maneiras inimagináveis. Após a inesperada tormenta da pandemia, o dia seguinte na ilha foi muito difícil, e a devastação e a falta de criatividade eram perceptíveis, como se o Estado estivesse apenas preocupado em resolver questões.

O que faço daqui em diante — espero — é formular mais perguntas do que certezas; quero saber mais por meio de dúvidas. Não é um ataque *gusano* nem uma rendição; é uma tentativa de entender as vozes que ouvi com atenção, uma espécie de balanço dos vinte anos de relação com a ilha infinita. É também uma declaração de que vou continuar ao lado das pessoas maravilhosas que me acolheram por lá; a maneira de dizer que eu ainda estou na fila da Coppelia e da *guagua*.[1]

METRALHADORA

Será possível continuar caminhando tranquilamente depois de ver cubanos sendo impedidos de entrar em um hotel? É justo que os turistas possam comer coisas melhores, com mais variedade e a qualquer momento, enquanto na maioria das casas cubanas a comida é um tabu — às vezes porque não há uma coisa, às vezes porque não há outra? É necessário gerar uma diferença social extrema entre turistas e cidadãos e cidadãs?

---

1   Coppelia é uma famosa sorveteria em Havana, e *guagua* é uma forma coloquial de se referir aos ônibus.

Seriam os turistas pessoas que merecem melhor tratamento, mais direitos e mais acesso a serviços do que outras pessoas, cubanas? É possível fazer vista grossa e fingir que o turismo sexual, o *jineteo*, é normal, sem, pelo menos, dispor de condições justas de trabalho? Podemos continuar viajando para Cuba com malas cheias de sabonetes, desodorantes, bugigangas e seja lá o que for que possamos trocar por certos benefícios enquanto ainda justificamos o regime governante dizendo que se trata do bloqueio? O bloqueio dos Estados Unidos é inteiramente responsável? Isso é pena ou solidariedade internacionalista? Todos os planos da economia e da política cubanas seriam bem-sucedidos sem o bloqueio e sem os ataques das pessoas contrarrevolucionárias? O socialismo é possível num mundo capitalista? Será que é necessário o controle total do partido sobre a vida pública, laboral, cultural e, às vezes, econômica da ilha? As pessoas continuarão na luta e viverão pela esquerda para sobreviver? Continuaremos a alimentar os estereótipos do rum, do tabaco e das mulheres, a eterna festa, sem questionar que um dos países com maior desigualdade na região, no início de 2023, é justamente Cuba? Será que o êxodo das pessoas cubanas que deixam tudo, vendem o que podem, decidem se aventurar pela América Central e atravessar o inferno mexicano para entrar nos Estados Unidos em busca de uma vida melhor vai continuar? O fato de haver tanta gente querendo ir embora não deveria ser considerado ao fazermos um balanço do que está acontecendo na ilha? Todas as críticas ao que ainda é chamado de Revolução Cubana vêm da direita financiada por grupos de Miami? Já é possível aceitar que há também críticas vindas da esquerda, e até mesmo de posições políticas libertárias? Vamos continuar gritando "Cuba sim, ianques não", enquanto os dólares são a moeda que todo mundo realmente procura na ilha? Haverá em algum momento uma autocrítica, depois de mais de sessenta anos de regime revolucionário e de seus resultados reais? A repressão da diversidade de preferências sexuais, identidades, opiniões e posições políticas é a maneira mais democrática e livre de encará-las? O direito de discordar é um sonho inalcançável na Cuba de hoje?

"PRIMEIRO COMER, DEPOIS A MORAL"

Transcorria o ano de 2017 quando as fendas da fronteira entre o México e os Estados Unidos começaram a ferver. Milhares de pessoas de Honduras, El Salvador e Nicarágua abarrotaram quase todas as rotas que levavam à fronteira. Os 3.185 quilômetros são também uma porta pela qual todo mundo quer passar. Em meio à multidão, caminham milhares de pessoas cubanas. À imagem de um pequeno fio d'água que começa a reivindicar seu espaço e seu lugar no largo rio, elas procuravam um buraco na porta para atravessar e começavam a aparecer nas ruas de cidades como Ciudad Juárez, Nuevo Laredo, Reynosa e Matamoros. Elas não sabem que estão em um território extremamente violento, o que sabem é que querem ser ouvidas e que decidiram se juntar ao rio da migração em busca de uma vida melhor.

Entrevisto uma dúzia dessas pessoas, e o denominador comum é a busca de opções para decidir. Elas procuram apenas possíveis caminhos que as levem a vidas diferentes. Não estão mais dispostas a se conformar com um único destino, o do progresso que prometeu a safra dos dez milhões ou os planos quinquenais. Elas não querem mais a *libreta* nem a circulação de três moedas — a do câmbio, a nacional e a que rege o mercado clandestino. Não querem se sentir desconectadas do resto do mundo, como uma ilha dentro de outra ilha.

Ao compilar suas histórias para uma reportagem a ser publicada no México, percebi que o que exige cuidado não são essas pessoas, mas aquelas que decidem se beneficiar da construção de hotéis de luxo nos principais pontos turísticos de Cuba, em vez de garantir moradia decente para todos. Algo não muito diferente acontece no resto do mundo como parte do processo de gentrificação. É preciso ter cuidado com aqueles que promovem seu país como um paraíso, onde as melhores praias e os melhores restaurantes são inacessíveis para a maioria por causa dos altos preços. É preciso ter cuidado com aqueles que usam o discurso do socialismo para esconder o fortalecimento do capitalismo na ilha. Não faça coisas ruins que pareçam boas.

No final de 2022, troquei algumas mensagens com uma amiga de longa data, muito querida, cúmplice de aventuras e aprendizados. Rosa estava desesperada:

— Eu hesitei em lhe contar, mas é impossível continuar aguentando esta situação: estou fazendo tudo o que posso para ir embora. Sinto muito, lamento por esta situação, porque durante vários anos falamos muito sobre os ideais de liberdade e justiça social em Cuba. Mas isso já é impossível de suportar, *chico*, vou vender tudo o que tenho e vou embora, não aguento mais, e não quero desperdiçar essa fase da minha vida com fome e sem opções.

— Não tenho nada a lhe dizer, mas estou disposto a ajudá-la no que for necessário para que você venha até aqui e comece uma vida diferente, para que você ajude a sua família. São momentos muito duros. Você sabe que eu acabo de ir à ilha, e o que encontrei foi devastador. "Primeiro comer, depois a moral", dizia nosso querido Brecht, Bertoldo, o rebelde, lembra?

— [*Chorando*] Com a pandemia deu tudo errado. Antes eu pensava que a gente ia prosperar, sabe, mas não tem mais discurso que explique a escassez, a limitação dessas pessoas, a repressão. Eles têm a gente com a corda no pescoço. Estou disposta a atravessar todos os países necessários, a pé ou do jeito que for, ir até você ou chegar até a fronteira, mas estou ficando sem ar, querido. Não há mais o que defender, me jogue uma corda.

Em resposta à questão central deste texto, outro amigo cubano me respondeu certa manhã, enquanto tomávamos café:

> Acredito que não haja mais ninguém que defenda a revolução, a menos que fingir tal defesa traga algum benefício a essa pessoa ou lhe seja conveniente, por ser funcionária ou ocupar algum cargo público. Não é bom para ninguém estar em inimizade com o governo, mas não conheço ninguém que acredite nessa história de revolução e não veja que, há muito tempo, o bem que pôde ser construído acabou.

Alguns dirão que é uma situação de crise financeira, inflação, questões ligadas ao bloqueio e à política externa dos Estados Unidos em relação a Cuba. No entanto, o que se vê não se julga; o que acontece nas ruas e nas casas é falta de comida, de abastecimento de produtos básicos de higiene. Há um ambiente de desilusão em que se afirma que "este é o maior êxodo que a ilha já viu, ainda pior que no Período Especial".

Certamente, especialistas econômicos e analistas políticos serão capazes de fazer análises, embora isso não ajude a explicar situações que ocorrem, por exemplo, quando são habilitadas algumas páginas da internet nas quais se pode comprar produtos básicos nas Tiendas Panamericanas — a preços muito elevados com relação ao salário médio cubano —, mas não se pode comprar as mesmas coisas comparecendo pessoalmente à loja, sob a justificativa de escassez ou limitação no número de produtos que podem ser vendidos. Às vezes, é simplesmente impossível comparar as coisas.

Muitas pessoas fazem filas intermináveis que não dão em nada, porque não há mais nada, ou porque toda a cota diária já foi vendida. O que acontece quando as medidas preventivas para reduzir a propagação da covid-19 avançam e a alimentação retrocede? Haverá, em algum momento, um equilíbrio entre o urgente e o importante?

"Isso me lembra que limitar a riqueza/ significa, antes de tudo, acabar com a/ desigualdade: erradicar a pobreza infantil", escreveu, em "Las abarcas desiertas", o poeta espanhol Miguel Hernández, que morreu na prisão por causa de suas ideias. Se esse princípio tivesse sido defendido com unhas e dentes no processo revolucionário cubano, talvez a conversa fosse outra. E não porque há crianças vivendo sob pontes — como acontece no resto do continente —, mas porque quem viaja a Cuba nos dias de hoje vai perceber o malabarismo que qualquer família tem que fazer para conseguir viver dia após dia. É uma ilha que tem o campo parado, que prefere promover a indústria do turismo à autonomia agrícola; uma ilha que tem opções, mas que precisa desaprender e se desapegar de seu governo monolítico para acordar e conhecer novas maneiras de seguir em frente.

PROGRESSO

Como sairá Cuba dessa encruzilhada que não acaba? É claro que não há uma resposta definitiva. Será que alguém ainda defende a revolução? De que revolução estamos falando? Direi algo que será controverso e certamente rechaçado: com uma raiva profunda, tenho que admitir que a Cuba que conheci nos últimos vinte anos não é tão diferente daquela considerada o cassino dos Estados Unidos antes da revolução. Não é que nada tenha acontecido entre os anos 1940 e 1950 e o ano de 2023. O que me faz pensar nessa ideia devastadora, acredito, é o fato de que a desigualdade não foi eliminada. Ela se aprofundou num momento em que a luta revolucionária deveria ter assegurado a todos pelo menos comida suficiente, moradia digna e a tranquilidade de um dia a dia que os fizesse sorrir.

Refiro-me novamente ao cinema; penso em *Suite Habana* (2003), do diretor cubano Fernando Pérez, que, com um olhar muito certeiro, faz um retrato múltiplo de algumas pessoas de Havana no início do século XXI. O denominador comum? A falta de alegria, com exceção de algumas histórias em que a dança — último resquício de liberdade — ainda consegue iluminar os rostos e provocar sorrisos. Não dá para pensar com fome, não dá para defender uma revolução com fome, é quase impossível pensar em alcançar os mais altos e mais delicados objetivos do "homem novo" com fome e com pessoas presas por discordarem, com o campo erodido e com turistas aproveitando tudo o que lhes é permitido.

Não é necessário que um Al Capone da atualidade dê ordens à ilha. Os ônibus especiais para estrangeiros, a comilança do turismo irrestrito, o comércio sexual incentivado por mexicanos que fizeram de Cuba um bordel às escondidas já são o bastante. Não seria desejável que o governo revolucionário cubano optasse, em primeiro lugar, por garantir as condições mínimas de vida de sua população? Que estabelecesse um espaço de diálogo real ou uma série de políticas públicas para analisar a debandada migratória, em vez de criminalizá-la e controlar as saídas?

Vi uma desigualdade esmagadora disfarçada de verde-oliva e cartazes de Che; vi turismo sexual a tal ponto que tive que esclarecer a alguns amigos que minhas intenções de relacionamento eram amigáveis, e não a compra de prazeres sexuais; vi homens muito ricos dos Estados Unidos, do Canadá, da Europa e da América Latina serem tratados como reis graças ao seu dinheiro, que os autorizava a cometer quaisquer humilhações e maus-tratos. Tive que passar pela situação humilhante de querer entrar em uma praia ou um hotel acompanhado de amigos cubanos e não poder, porque eles eram proibidos de entrar. Recentemente, numa terça-feira, 6 de dezembro de 2022, um amigo me levou ao aeroporto em seu carro particular, e, enquanto eu estava na fila para despachar minha bagagem, um policial se aproximou para me perguntar se eu o conhecia e se havia feito algum pagamento ilegal por seus serviços. Muito incomodado, defendi meu amigo para que eles não tomassem sua carteira de motorista, e disse ao policial para prestar mais atenção a outras coisas no lugar de encher o saco de pessoas honestas.

E vi como a ideia de progresso ganha um lugar primordial, a falsa ideia de que esse é o caminho para sair da pobreza, do bloqueio, e onde está esse novo ser humano que os dirigentes revolucionários tanto proclamaram. Mas a realidade é dolorosa e cheia de terrenos baldios em franca devastação ecológica por falta de cultivo. Não de uma indústria agrícola em grande estilo, mas da recuperação da vida camponesa para abastecer a ilha de comida e de produtos que o clima e o tipo de solo permitam cultivar naturalmente.

Em vez de concentrar a economia no turismo e no endividamento internacional, o fortalecimento da autonomia camponesa e a possibilidade real de gerar um mercado interno talvez fossem uma maneira de melhorar as condições imediatas da alimentação das famílias cubanas. Aliviar o cerco e permitir a dissidência e a participação política, eliminar a vigilância e deixar de alimentar a ideia esquizofrênica de inimigos contrarrevolucionários ajudaria consideravelmente.

Sair da corrida pelo progresso a todo custo e a qualquer preço ajudaria muito na construção de uma sociedade diferente. Felizmente, há muito aprendizado nas últimas décadas sobre como, de uma perspectiva antirracista, feminista e interseccional, é possível imaginar e construir processos sociais que caminhem na direção oposta à das grandes narrativas estatais, sempre localizadas sob o arcabouço patriarcal e os *caudillos*. Com isso quero dizer que, se há uma revolução que pode ser defendida, é aquela em que a vida digna do povo é priorizada, e não a desigualdade na qual uma elite continua a concentrar o poder político e econômico.

Um regime de governo que se autodenomina socialista não pode gerar mais capitalismo, mesmo que, em uma óptica regional, essa seja a visão do contexto dos supostos governos de esquerda na América Latina. Não há desculpas, e sim uma situação social emergente que pode explodir quando menos se espera. Talvez seja necessário o retorno de uma onda de rebeldia e o fim de uma realidade que está mais próxima da Cuba de Batista que da plena justiça social irrevogavelmente defendida pelos protagonistas da revolução.

A Revolução Cubana despertou consciências em toda a América Latina, possivelmente no mundo inteiro. As pessoas seguiam com entusiasmo as corajosas declarações de Fidel Castro, Camilo Cienfuegos e Ernesto Che Guevara, acreditavam que essa luta abria a possibilidade de existência de alternativas a um mundo capitalista que se impunha — e continua a se impor — com a violência e a pobreza. Talvez, e essa é uma possibilidade, um processo profundo de revisão e autocrítica sobre os caminhos percorridos por essa revolução e seus efeitos ao longo de mais de seis décadas possa gerar confiança e empatia entre a população cubana, como se quebrasse o muro interno, cancelando o abismo que separa o povo dos donos da ilha.

Um dos princípios do conceito de revolução é que deve haver sempre movimento para evitar a estagnação. A água estagnada apodrece, cheira mal e traz doenças, de modo que as próprias revoluções represadas em si mesmas cheiram mal a quilômetros de distância. A revolução é algo que não tem fim e que precisa beliscar a si mesma para existir, cavar com o que havia antes para abrir caminho para o novo, porque os seres humanos nunca são os mesmos. E esse momento muito provavelmente chegou a Cuba. Um dos filhos de Che, Omar,[2] escreveu uma canção que também pertence à tradição iorubá e cujo refrão diz assim: "Se você quer aprender o desconhecido, tem que deixar para trás o que foi aprendido".

---

2   Referência a Omar Pérez Lopez (1964-), poeta, compositor e músico que só aos 25 anos descobriu ser filho de Che Guevara. Sua mãe, Lidia Rosa López, quando engravidou, já era casada — assim como o próprio Che, que não deu a Omar seu sobrenome. [N.E.]

HERIBERTO PAREDES

20
O QUE MUDOU E O QUE NÃO MUDOU COM A NOVA CONSTITUIÇÃO CUBANA, DE 2019?

JULIO ANTONIO FERNÁNDEZ ESTRADA

INTRODUÇÃO

Em 2019, o povo de Cuba confirmou a validade da Constituição por meio de um referendo realizado em 24 de fevereiro. "De fato e de direito, o referendo transforma o projeto constitucional em Constituição vigente." A tabela 2 mostra os números do comparecimento às urnas (8,7 milhões de cubanos) e a preferência do eleitorado (86,85% favoráveis à proposta).

O último processo eleitoral semelhante a este, ocorrido em Cuba depois do triunfo da revolução, teve uma enorme participação popular, que também votou massivamente pelo "sim", com uma taxa de aprovação de 97,7% dos projetos da Constituição e da Lei de Transição Constitucional, submetidos a um referendo nacional em 15 de fevereiro de 1976.

Em ambos os momentos, foi convocada uma consulta popular para que o povo tivesse a oportunidade de expressar suas discordâncias, opiniões e propostas de mudanças. Nas

Tabela 2 — Votos para a aprovação da Constituição cubana de 2019

Eleitores por tipo de voto	Total	% do total de eleitores votantes	% do total de eleitores aptos a votar
Sim	6.816.169	86,85%	78,3%
Não	706.400	9%	8,11%
Total de eleitores que exerceram o direito de voto	7.848.343		90,15%
Total de eleitores aptos a votar	8.705.723		

Fonte: Torres–Cuevas e Suárez Suárez (2018).

duas ocasiões, os processos também foram dirigidos e controlados pelo Partido Comunista de Cuba (PCC).

O processo para referendar a Constituição de 1976, que institucionalizou a revolução, durou cerca de um ano e envolveu mais de seis milhões de cubanos, cujas propostas levaram à modificação de sessenta artigos. O projeto foi levado à deliberação do 1º Congresso do PCC e aprovado no fim de 1975 (Torres-Cuevas & Suárez Suárez, 2019). No caso da última Constituição cubana, em 2018, foram realizadas 133.681 reuniões entre a população, grupos de trabalhadores, camponeses, estudantes universitários e do ensino médio. Foram recebidas ainda propostas de fora do país. O resultado foi de 8.945.521 participantes e 1.706.872 intervenções divididas em modificações, acréscimos, eliminações e dúvidas.

Para processar essa extensa informação, foi criado um grupo de trabalho de trinta pessoas: nove integrantes, mais duas assessoras da comissão redatora e dezenove de outras instituições. O resultado foi levado a debate na comissão redatora. A versão final incluiu mudanças em 60% do texto original (Torres-Cuevas & Suárez Suárez, 2018). Tanto a Constituição de 1976 quanto a

Figura 5 — Comparação entre os eleitores votantes em 1976 e em 2019

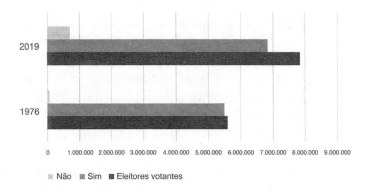

Fonte: Torres-Cuevas & Suárez Suárez (2019).

---

de 2019 foram redigidas e propostas por comissões especiais, criadas e designadas para a ocasião. Diferentemente de 1976, em 2019 a imprensa independente cubana e algumas publicações estrangeiras, credenciadas ou não em Cuba, expuseram o critério de intelectuais dentro e fora do país a respeito da necessidade de uma Assembleia Constituinte, como meio de promover um novo pacto social na maior ilha do Caribe. Como já mencionado, essa não foi a solução escolhida para o processo.[1]

Entre as duas versões da Constituição, houve importantes reformas de cunho político e econômico. Em 1978, o nome da Ilha de Pinos foi mudado para Ilha da Juventude. Em 1992, foi realizada a mais importante reforma constitucional parcial pela qual passaria a Constituição de 1976, quando o 4º Congresso do PCC orientou que fossem feitas mudanças na carta magna

---

[1] Os veículos digitais *El Toque*, *Sobre Cuba* e o blog *La Cosa*, do intelectual cubano Julio César Guanche, que sistematizou tudo o que foi escrito sobre a Constituição, destacaram-se na publicação de artigos sobre o assunto durante os dois anos anteriores ao referendo.

para permitir a inserção de Cuba no mundo unipolar após a queda do bloco socialista, entre 1989 e 1991. O chamado Período Especial em Cuba começava a atingir duramente a economia, a sociedade, a legitimidade do Estado e a transição otimista para a construção do socialismo.

A emenda de 1992 introduziu, assim, uma nova forma de propriedade (as empresas mistas), eliminou a irreversibilidade da propriedade socialista de todo o povo (agora revogável pelo Conselho de Ministros), introduziu um artigo sobre a obrigação do Estado na proteção do meio ambiente e eliminou a menção do Plano Único de Desenvolvimento Econômico--Social, substituindo-o pela declaração de que o Estado dirige a economia de acordo com um plano. As portas para o investimento estrangeiro foram abertas, embora a restrição da propriedade privada para pessoas naturais de Cuba com cidadania cubana tenha sido mantida.

O Estado também mudou, principalmente em nível local. Os comitês executivos das Assembleias Provinciais e Municipais do Poder Popular foram substituídos por Conselhos de Administração, que deveriam desempenhar um papel de ativação da eficiência econômica nos territórios e de preponderância da atividade governamental nesses espaços.

A reforma também introduziu os Conselhos Populares como as mais altas instâncias de poder em suas demarcações. Na prática, eles foram a solução, concebida por Fidel Castro, para encontrar o elo perdido entre a vontade popular nos municípios e o trabalho dos órgãos do poder estatal nesses limites territoriais. A chegada da crise econômica dos anos 1990 a Cuba transformou os Conselhos Populares em escritórios sem poder político específico que prestavam assistência aos órgãos locais, o que foi visto pela população como mais uma estrutura da burocracia do Poder Popular.

O capítulo VII da Constituição de 1976 registra uma das reformas mais importantes, que eliminou, entre os princípios de organização e funcionamento dos órgãos estatais, os da unidade de poder e do centralismo democrático, restando apenas o da democracia socialista. No plano político-ideológico, o Estado foi identificado como uma instância constituída por trabalhadores, sem diferenças entre trabalhadores braçais e intelectuais ou de qualquer outro tipo, e a ideia martiana[2] da república com todos e para o bem de todos foi usada como símbolo de inclusão e abertura ideológica. Isso ficou evidente a partir da qualificação do partido como martiano, além de marxista-leninista. Essa mesma reforma introduziu o caráter laico do Estado e a liberdade religiosa como um direito. Por fim, foi introduzido um capítulo sobre o estado de emergência, desenvolvido segundo a Lei de Defesa Nacional nos anos subsequentes.

A última reforma constitucional, parcial como as anteriores, pela qual passou a Constituição de 1976 ocorreu em 2002. Em resposta a um projeto político, econômico e jurídico — apresentado como um projeto de lei com o nome de Varela pelo líder da oposição, Oswaldo Payá, que reuniu mais de onze mil assinaturas de apoio, por meio da iniciativa legislativa popular, e que não foi aceito pela Assembleia Nacional nem chegou a ser discutido no corpo legislativo —, os coordenadores nacionais das organizações sociais do país fizeram uma consulta popular para saber se os cubanos queriam continuar vivendo sob o socialismo. A grande maioria da população respondeu que sim. Com esse resultado, essas organizações populares pediram à Assembleia Nacional que introduzisse, na Constituição da República, um parágrafo que expressasse a natureza irrever-

---

2   A referência a José Martí na reforma constitucional de 1976 em Cuba deve-se ao fato de ele ser considerado um herói nacional e uma figura emblemática da luta pela independência da ilha. Além disso, ao chamar o Partido Comunista de "martiano", os líderes cubanos queriam ressaltar a importância do ideário de Martí na formação da identidade nacional cubana, além de enfatizar a compatibilidade do socialismo com a filosofia política de Martí. [N.T.]

sível do sistema político e econômico socialista em Cuba. Esta cláusula pétrea de irreversibilidade do socialismo ainda está em vigor na Constituição de 2019.

COMO CHEGAMOS A 2019?

Em 2019, Cuba estava imersa em uma crise econômica que persistia havia mais de trinta anos. A recuperação dos anos 2000, o abandono da indústria açucareira como motor da economia, a aposta no turismo como tábua de salvação econômica e a exportação de recursos humanos, principalmente de pessoal médico, foram coroados pela fulminante e decepcionante lua de mel com os Estados Unidos, que não foi muito além do fim do segundo mandato do presidente Barack Obama.

Os males do Período Especial começaram a ser vislumbrados novamente, alguns deles porque nunca haviam desaparecido por completo. Assim, a crise energética tornou-se maior à medida que a Venezuela começou a mergulhar em uma profunda recessão, dada a dependência de Cuba do petróleo venezuelano. A vitória de Jair Bolsonaro no Brasil marcou o fim do programa pelo qual centenas de médicos cubanos prestaram serviços nesse país da América do Sul. O turismo foi muito afetado pelas novas proibições do presidente Donald Trump e pela intensificação do embargo a Cuba.

A sociedade cubana também era outra. Nos antigos *bateyes*[3] dos engenhos de açúcar, onde os habitantes viviam orgulhosos de suas tradições, já não há empregos, não há transporte, não há incentivo aos estudos, e a pobreza avança rapidamente.

---

3 Assentamentos formados ao redor dos engenhos de açúcar. [N.T.]

Na década de 1990, a educação cubana sofreu um êxodo massivo de professores, que migraram principalmente para o setor de turismo e para novos trabalhos autônomos a fim de sobreviver, porque os salários que recebiam em sala de aula eram muito baixos. Hoje, Cuba colhe os frutos, não exatamente doces, dessa crise. O número de estudantes que almejam carreiras universitárias é muito menor que há três décadas, os exames de admissão ao ensino superior vêm diminuindo sua complexidade até chegar a níveis irrisórios, e, por fim, não é necessário obter bons resultados nesses testes para entrar na universidade.

Os nascidos na década de 1990 em Cuba não viram Fidel Castro em ação nem testemunharam a prosperidade socialista dos anos 1980. Eles viveram a proliferação da globalização neoliberal e o recuo das vitórias parciais do Estado de bem-estar social nos lugares onde ele chegou a se estabelecer. A mística socialista, a era do orgulho oficial cubano de fazer parte da vanguarda em direção ao comunismo no mundo, não chegou aos jovens de hoje, que viram suas mães e pais frustrados por não alcançar o bem-estar material e debater-se no ciclo da sobrevivência que tem sido a vida de tantas gerações.

Em 2019, mais de quatro milhões de cubanos possuíam celulares, com os quais mais de seis milhões usavam a internet e acessavam informações e propagandas que não se restringiam aos meios de comunicação de massa completamente dirigidos pelo Estado.[4] A oposição política continua ilegal, assim como o exercício independente do jornalismo, mas as novas gerações consomem, por meios alternativos, o que o Estado não mostra na televisão nem na imprensa partidária.

Cuba ainda irradia seu brilho para o exterior. A esquerda da América Latina, da Europa e do resto do mundo continua a

---

[4] "Digital 2019: Cuba", DataReportal, 31 jan. 2019. Disponível em: https://datareportal.com/reports/digital-2019-cuba.

considerá-la uma alternativa, uma opção e um exemplo histórico e atual: o farol que ilumina os movimentos progressistas do Terceiro Mundo. Mas a luta política dentro do país não permite que o Estado mostre sua melhor face. Toda a política cubana é reduzida aos extremos que, de um lado, consideram o bloqueio/embargo o único obstáculo real ao desenvolvimento do país e, de outro, acreditam que o único obstáculo é o governo que dirige os destinos da ilha.

Enquanto isso, a sociedade civil cubana mostra que goza de boa saúde. Levanta-se espontaneamente, sem que o Estado possa fazer nada, para prestar ajuda humanitária às pessoas afetadas e vítimas de tornados, furacões, acidentes e outras catástrofes. Também proliferam os meios de comunicação cubanos independentes, criados por jovens, quase todos fora do país, que produzem um jornalismo crítico, agudo, em alguns casos objetivo, em outros extremista, mas de toda forma lido e visto por milhares de pessoas.[5]

Cuba chega a 2019 com outro povo, outra realidade, outro ímpeto, mas com o mesmo desejo de sair das dificuldades e melhorar suas condições materiais e o exercício da vida civil.

O PROJETO DE CONSTITUIÇÃO PARA A REPÚBLICA DE CUBA

Se a reforma de 1992 teve que dar passos ao mesmo tempo democratizantes e liberais para que Cuba se inserisse em um mundo capitalista sem companheiros de viagem na construção do socialismo, a Constituição de 2019 foi uma tentativa de modernizar o discurso, a linguagem política e as estruturas estatais.

---

5   Destacam-se, entre muitos outros, *El Toque, Periodismo de Barrio, El Estornudo* e *Rialta*.

O projeto constitucional incluiu, no artigo 68, o reconhecimento do casamento sem torná-lo exclusivo para casais heterossexuais. No artigo 18, declarava que "[a] República de Cuba, em seu propósito de promover a integração latino-americana e caribenha, pode, por meio de tratados, atribuir a entidades supranacionais o exercício dos poderes necessários para esse fim" (Torres-Cuevas & Suárez Suárez, 2019, p. 37). O texto também reconhecia o direito à água, com a devida retribuição e o uso racional, e consagrava o ensino gratuito apenas até a universidade, excluindo os estudos de pós-graduação.

Da mesma forma, foi muito impressionante a maneira como o projeto regulamentava o direito à saúde pública gratuita somente para serviços de atendimento, proteção e recuperação, nada mais, e incluía que "os direitos e deveres reconhecidos por esta Constituição são interpretados em conformidade com os tratados internacionais de direitos humanos ratificados por Cuba" (Torres-Cuevas & Suárez Suárez, 2019, p. 40).

Todos esses casos foram excluídos do texto que foi aprovado na Assembleia Nacional e levado a referendo em 24 de fevereiro de 2019. Houve explicações de alguns artigos, por exemplo, no que tange à questão muito polêmica do reconhecimento do matrimônio igualitário, que, segundo a comissão que estudou os resultados da consulta popular, foi o conteúdo mais criticado ou com mais pedidos de eliminação.[6] Outros conteúdos desapareceram sem que se saiba o motivo, como

---

6   Em 25 de setembro de 2022, o projeto do Código das Famílias foi finalmente submetido a um referendo e também a uma consulta popular por vários meses, o que gerou um amplo debate em Cuba. A votação do código foi a mais polarizada da história da institucionalização da Revolução Cubana. Foi a menor participação eleitoral em sessenta anos, e menos de 70% dos votos válidos foram favoráveis à nova lei. A soma do número de pessoas que não votaram, votaram em branco, anularam o voto ou votaram pelo "não" foi maior que a dos votos a favor do texto. Ver cap. 14, "Casamento igualitário em Cuba: marcos históricos do debate", p. 214–53, neste volume.

a questão da interpretação dos direitos humanos segundo os tratados internacionais ratificados por Cuba.

Em outros casos, o povo teve que defender seus direitos mais preciosos, como os de educação e saúde pública e até mesmo o direito à água.

A CONSTITUIÇÃO DE 2019

A Constituição trazia uma boa notícia, que pesava muito no cenário político cubano: o reconhecimento, pela primeira vez em sessenta anos, por meio de um documento jurídico, dos direitos humanos e mecanismos de proteção a eles relacionados.

Paralelamente, houve a consagração de um Estado socialista de direito, o reconhecimento do princípio da supremacia constitucional, de garantias do devido processo legal, do *habeas corpus*, uma espécie de *habeas data*, um esboço de um futuro processo de amparo judicial de direitos e a regulamentação de um processo judicial para solucionar possíveis ações judiciais de indivíduos por danos morais e materiais causados pelo governo.

Além disso, a elaboração de uma declaração mais extensa e inclusiva de razões para a não discriminação foi considerada um avanço, apesar de excluir a discriminação por ideologia política, uma proteção mais ampla do meio ambiente e a projeção da autonomia municipal como uma necessidade do Estado e da democracia, bem como a limitação temporal do exercício dos cargos públicos mais importantes a dois mandatos de cinco anos. Houve também inclusões positivas, como o novo Conselho Nacional Eleitoral e o reconhecimento da Controladoria-Geral da República como órgão estatal.

Pouco polêmica e aguardada sem entusiasmo pelo povo foi a inclusão da divisão entre as funções de governo e aquelas meramente estatais, com a criação do cargo de primeiro-ministro à frente do governo da República e o desaparecimento das Assembleias Provinciais do Poder Popular, para dar lugar aos Conselhos Provinciais, liderados pelos governadores.

Essa mesma Constituição de 2019, por outro lado, considera, de forma abertamente liberal, o direito de propriedade como um direito humano; condiciona o exercício de vários direitos humanos à existência de leis de desenvolvimento que os regulem e controlem; não permite o voto popular direto para a eleição do presidente da República, dos governadores das províncias ou dos administradores municipais; declara que o Estado representa o povo como sujeito da propriedade socialista; e inclui, sem argumentos para apoiá-la, a propriedade privada na propriedade pessoal,[7] que é mantida desde 1976, embora quase nenhum jurista possa agora explicar do que se trata. Por fim, o texto magno incluiu um título em que a segurança nacional é apresentada como o novo paradigma defensivo do Estado, o que tem trazido muitas preocupações entre defensores dos direitos humanos e ativistas políticos dissidentes da linha oficial do Estado.

CONCLUSÕES

Cuba já havia mudado antes da aprovação da Constituição de 2019. No entanto, o documento constitucional, uma vez que não foi produzido por uma Assembleia Constituinte, não permitiu a incorporação das novas gerações na discussão sobre o futuro imediato e de longo prazo do país.

---

7 A propriedade pessoal tinha muita importância e sentido na Constituição de 1976, porque significava que o tipo de propriedade que era protegido não era a típica propriedade com amplas faculdades, incluindo uso, gozo e disposição, entre outras, e sim uma com limitações em favor do Estado e dos interesses gerais.

Três anos e meio depois da votação popular que favoreceu o texto de 2019, Cuba vive uma crise migratória sem precedentes. Só em 2022, mais de duzentos mil cubanos entraram nos Estados Unidos pela fronteira terrestre do território mexicano, muitos deles depois de uma odisseia pela América Central.

Em julho de 2021, ocorreram os maiores protestos populares dos últimos sessenta anos, que foram reprimidos, e centenas de manifestantes foram punidos com longas penas de privação de liberdade.

Em outubro de 2022, Cuba experimentou apagões de até vinte horas diárias em locais distantes de Havana e de até oito horas diárias na capital do país. As crises alimentar, energética e social são esmagadoras, e nenhuma delas pode ser resolvida pela nova e reluzente Constituição aprovada em 2019.

A nova Constituição trouxe a declaração dos direitos humanos, mas eles devem ser aplicados na vida real. A Constituição de 1976 era antiquada e falava de um mundo que já não existia desde 1991. A Constituição de 2019 manteve a espinha dorsal do Estado onipresente, do monopartidarismo, e, fazendo vista grossa, abriu as portas para a propriedade privada e o investimento estrangeiro de grandes empresas.

Em 2022, o cenário político cubano era muito mais dividido e competitivo do que em qualquer outro momento da história da última revolução no poder. No entanto, essa tensão ocorre sobretudo em espaços públicos que não são institucionalizados ou reconhecidos como válidos pelo governo da ilha. Isso permite a existência de uma dimensão da sociedade cubana e de seus problemas muito distante quando se compara aquilo que é exposto pela imprensa oficial de Cuba e pelos dirigentes do Estado e do governo àquilo que é mostrado em publicações da imprensa independente e de toda a gama de redes sociais com conteúdo escrito, vídeos ou podcasts.

A Constituição de 2019 transita, em pouco mais de três anos de vigência, por um caminho de inaplicabilidade, inutilização e desuso, semelhante ao caminho já percorrido pela Constituição de 1976.

REFERÊNCIAS

AZCUY, Hugo. *Análisis de la Constitución cubana y otros ensayos*. Havana: Instituto Cubano de Investigación Cultural Juan Marinello, 2010.

FERNÁNDEZ ESTRADA, Julio Antonio. *Compilation of Legal Terms for Use in the Law in Force in Cuba and Related Legal Institutions and Concepts* (no prelo).

MESA-LAGO, Carmelo. "La economía cubana en el 60º aniversario de la revolución". *In*: Barcelona Centre for International Affairs (org.). *Anuario internacional Cidob 2019*. Barcelona: Cidob, 2019.

TORRES-CUEVAS, Eduardo & SUÁREZ SUÁREZ, Reinaldo. *El libro de las constituciones*, tomo 1, *Constituciones, estatutos y leyes constitucionales en Cuba entre 1812 y 1936*. Havana: Ediciones Imagen Contemporánea, 2018.

TORRES-CUEVAS, Eduardo & SUÁREZ SUÁREZ, Reinaldo. *El libro de las constituciones*, tomo 2, *Constituciones, estatutos y leyes constitucionales en Cuba entre 1940 y 2002*. Havana: Ediciones Imagen Contemporánea, 2019.

HERIBERTO PAREDES

21
A JUVENTUDE É A REVOLUÇÃO, OU VICE-VERSA?

ARIEL DACAL DÍAZ

Sempre que pronuncio a palavra "revolução", associo-a à juventude. Seu caráter de esplendor e impulso também parece ser o caráter imperecível da juventude. Sem dúvida são dois substantivos com muitos canais que se conectam de forma mais ou menos epidérmica ou subcutânea. A relação entre eles é fonte de muita poesia. Mas aqui não falaremos estritamente de — nem por meio de — poesia, e sim de política e da concretude histórica, aqui e agora, que a relação entre revolução e juventude poderia descrever.

Deve ficar claro, desde o início, que este é um texto de opinião. Uma reflexão com forte dose empírica. Isso o torna suscetível a todos os contrapontos, observações e ajustes possíveis. A verdade é que se trata de um assunto instigante e urgente para compreender o presente e o futuro de Cuba.

Para enquadrar a reflexão, poderia levantar o seguinte problema: a juventude é a revolução, ou a revolução é a juventude? Mais que um trocadilho, é um campo que convida a perspectivas amplas. A verdade é que uma variável não pode ser considerada sem a outra. Vivem uma espécie de codependência que condiciona, em todas as ordens, os marcos da política.

Um primeiro dado para orientar a reflexão é o tenso quadro demográfico cubano: a população diminui, urbaniza-se e envelhece. Pouco mais de 20% têm mais de sessenta anos de idade. Quase 68% estão em idade produtiva, o que implica garantir a produção de bens e serviços para si e para pouco mais dos 30% restantes. Se somarmos a esses dados os ciclos migratórios permanentes, mais tensão aparece sobre os jovens no cenário nacional.

Um segundo elemento é o território ideológico em que se produz hoje a juventude cubana, marcado pela pluralidade de visões, perspectivas, propostas e significados. Os jovens e as jovens são o centro das atenções de todas as tendências de luta dentro e fora da ilha, com diferentes projetos de país, inclusive antagônicos.

Uma terceira informação é a corroída legitimidade histórica da revolução, reforçada por uma limitada capacidade de gerar condições materiais para sua reprodução. Limita-se também a renovação do discurso político revolucionário para a juventude.

Um quarto fator é o aumento das propostas de sentido para esse núcleo populacional, entre as quais se destaca a emigração, com mais força e perigo que em momentos anteriores. É lugar-comum escutar, entre pessoas jovens, sobre a criação de projetos de vida fora da ilha, com pouca noção política.

Uma quinta informação é o cenário de crise estrutural que vive a sociedade cubana. Dedico mais palavras a esse tema, ampliando alguns dos elementos contidos nos dados anteriores. Começo perguntando: quais são as condições em Cuba nas quais as variáveis "revolução" e "juventude" devem ser analisadas?

A crise estrutural da ordem social cubana passa por um momento de alta complexidade. Um longo processo de ajustes na ordem econômica, social e política (trinta anos), com pelo menos três fases bem definidas, traça o esboço do que ocorre hoje em Cuba. A conjuntura atual descreve essencialmente a crise do modelo de ajuste dos anos 1990, com:

1. aumento constante das taxas de pobreza, desigualdade;
2. existência e visibilidade de privilégios;
3. produção insuficiente de bens e serviços;
4. diversidade política não canalizada.

A crise apoia-se em três condições fundamentais:

1. gestão ineficiente das reformas internas;
2. tensões nas relações internacionais, intensificadas pelo bloqueio dos Estados Unidos;
3. cenário mundial da pandemia de covid-19.

Nesse contexto, Cuba apresenta um quadro estrutural de hete-rogeneização social, que demonstra diferenças com relação a propriedade, renda e tipo de trabalho dos indivíduos. A estrutura econômica é mista (formas públicas, privadas, cooperativas, familiares, individuais). Nela, persistem problemas históri-cos, aos quais se somam outros que afetam negativamente o desempenho recente.

Há também uma estagnação em termos reais dos recursos destinados aos serviços sociais desde 2010, fazendo com que o Estado deixe de ser o provedor da equidade, como ocorrera durante décadas. A distribuição da riqueza nessa nova estrutura depende de outros fatores socioeconômicos, que historicamente tendem a reproduzir as desigualdades. A família cubana típica é menos dependente do Estado do que era no final dos anos 1980.

Tal situação se desdobra, segundo María del Carmen Zabala, em questões relacionadas à participação cidadã; ao acesso a um meio ambiente confortável, serviços públicos e proteção social; à distorção em quantidade e qualidade da relação trabalho/ renda; e às desvantagens para o consumo cultural.

Os níveis de desigualdade, de acordo com os escassos dados disponíveis, têm aumentado constantemente, o que explica-ria por que certos grupos e comunidades foram colocados à margem, inclusive das modestas taxas de crescimento econômico alcançadas, enquanto sofrem desproporcionalmente os impactos da crise agravada pela pandemia de covid-19.

A tudo isso soma-se o fato de que a diversidade social, político-ideológica, cultural e demográfica em Cuba está aumentando. Essa diversidade, com amplo espectro de manifestações, não encontra espaço suficiente para ser assimilada. Esse núcleo contém uma forte dissonância entre o tipo de sociedade existente, que cresce na diversidade de perfis, e a capacidade de processar e metabolizar essa diversidade na ordem social.

Como aponta Julio César Guanche, especificamente no campo da diversidade política:

> Não é uma discussão entre ideias: há uma colisão entre as formas materiais de produzir as coisas e sua formas de circulação, e essa colisão não expressa apenas um conflito de ideias, mas conflitos estruturais, de como as coisas devem ser expressas, como podem ser organizadas, como podem circular, como podem surgir e como podem ser mantidas.[1]

O impacto da crise manifesta-se, cada vez mais, no conflito social, com expressões díspares, sendo a mais aguda os protestos de 11 e 12 de julho de 2021. O reconhecimento da legitimidade do conflito, das condições específicas que o geraram, não tem sido suficiente e sequer chega a enquadrar suas expressões e canalizar soluções geridas coletivamente e socialmente legitimadas.

A crise atinge as instituições políticas, onde a sucessão de lideranças históricas não foi concluída de maneira satisfatória com base em uma nova cultura política de gestão pública participativa. Esse processo se complexifica com a crise do paradigma que fundamenta a Revolução Cubana, que, como

---

[1] "Es crucial demostrar que quieres algo más que a ti mismo: Julio César Guanche", *DesInformémonos*, 25 jan. 2020.

aponta Guanche, vem sofrendo sucessivas desvalorizações desde a década de 1990, em torno dos preceitos de igualdade e justiça.

Um fato relevante do contexto é a polarização social e política, ligada ao acesso desigual a recursos econômicos e políticos. As possibilidades cotidianas de troca e exposição de argumentos capazes de contribuir para a criação de sentidos comuns, que promovam projetos coletivos, são muito escassas. Mesmo os processos de articulação entre atores com preceitos ideológicos semelhantes costumam manifestar algum nível de conflito.

As tensões descritas podem ser direcionadas, no mínimo, para quatro cenários fundamentais:

1. certo tipo de conflito civil interno;
2. a radicalização, por meio de um endurecimento político, do Estado cubano;
3. a destruição do que foi o Estado cubano e do projeto social no qual se baseou: transições, ao estilo da União Soviética e do extinto bloco socialista;
4. a reforma democrática do socialismo cubano.

Com o objetivo de preservar o projeto de justiça social e reconstruir o tecido social com igualdade e justiça, torna-se essencial a emergência e sustentabilidade de espaços de expressão, criação e controle de políticas baseadas nas diferenças. Além disso, é essencial recorrer ao diálogo social e político como forma de resolver os conflitos latentes.

No epicentro dessas crises está a juventude, um grupo etário que canaliza dentro de si todas essas tensões e tendências e que é definidor dos rumos que a realidade cubana deve seguir. É a face mais visível e representativa das tendências que mobilizam hoje a diversa sociedade civil, seja por sua postura abertamente contrária ao socialismo e aos valores de justiça e direitos que sustentam o projeto da Revolução Cubana, seja pelos grupos que afirmam as condições atuais como viáveis, sem deixar de referenciar os coletivos jovens que, embasados num pensamento crítico, organizado e propositivo, impulsionam uma reformulação do projeto revolucionário da ilha, de caráter socialista.

Pode-se afirmar que a sociedade civil cubana tem um rosto jovem. No entanto, com a aprovação via voto popular da nova Constituição, em 2019, o lugar crescente, dinâmico e diverso da sociedade civil no mapa dos atores sociopolíticos foi ignorado. O pequeno avanço em reconhecer outras formas associativas não é suficiente para abarcar e contemplar o lugar da sociedade civil na dinâmica política nacional. Esse fato representa uma barreira para a influência que o setor juvenil pode ter dentro da dinâmica política nacional.

Contudo, ser jovem na realidade cubana não é sinônimo imediato de ser revolucionário. Diante dessa afirmação, surge uma reflexão: o que significa ser revolucionário em Cuba hoje?

Podemos tratar dessa questão por diferentes abordagens. Assumo como enfoque essencial o caráter socialista adquirido pelo projeto da Revolução Cubana. Ao considerar a validade dessas variáveis, parto de duas afirmações:

1. há uma crise da compreensão socialista que incorporou, a partir de 1959, o projeto revolucionário de independência e justiça social da nação;
2. é necessária uma revolução dentro da revolução. Ou seja, uma correção de seus conteúdos e formas socialistas.

O socialismo, declarado em 1961, nomeou as mudanças radicais que ocorreram em Cuba a partir da vitória de 1959 — mudanças que implicaram uma revolução social que detonou estruturas de todo tipo e erigiu uma realidade totalmente diferente.

O termo "socialismo" marcou o caráter desse processo em meio à percepção de que as mudanças em curso se adequavam às aspirações históricas da nação cubana, assumidas pelos interesses setoriais do momento. Naquela época, o socialismo se definia por suas premissas concretas e reais, por suas conquistas, pelo que fazia e pelo que prometia. Houve mudanças reais nas condições de vida, bem como na subjetividade individual e coletiva.

A dura experiência cubana de forjar uma república verdadeiramente soberana, baseada em princípios de justiça social e equidade como coordenadas de um processo de desenvolvimento centrado no bem comum, demonstrou que isso só seria possível por meio do componente socialista que enriqueceu o nacionalismo radical com suas metas de socialização, autogestão e autogoverno.

A partir de 1961 e ao longo de seu desenvolvimento, tornaram-se visíveis duas grandes linhas no imaginário socialista: o socialismo marxista-leninista, de inspiração soviética, e o socialismo marxista de vocação crítica, com visão latino-americana e terceiro-mundista. Este segundo seria limitado em sua expressão.

Por sua vez, a herança ideológica soviética, base estruturante do desenho sociopolítico assumido pelo projeto revolucionário em Cuba, após uma tentativa heroica de consolidar um socialismo cubano (1959–1975), esqueceu-se da especificidade e da complexidade dos conflitos e acumulados históricos da nação cubana. Reforçou a compreensão economicista do socialismo e o determinismo histórico que lhe é inerente. O socialismo foi assumido como uma meta de chegada, e não como uma transição para uma sociedade que desmantelasse todas as formas de dominação social de um grupo ou classe sobre os outros.

Esse modelo levou à administração da revolução por decreto, à monopolização da verdade e à limitada possibilidade de crítica social e de articulação de dissensos sobre as políticas públicas.

Como resultado, governou-se em nome do povo e dos trabalhadores, não a partir deles, o que impõe limites à política como ato social e cotidiano. Trabalhadores e trabalhadoras se tornaram objetos de benefícios sociais, mas não sujeitos da conformação e do controle destes últimos.

O setor burocrático (político, econômico, militar), derivado da compreensão da vanguarda, tornou-se um intermediário entre os setores populares e o projeto da revolução. Consequentemente, o burocratismo do aparato estatal cresceu desproporcionalmente em suas funções e prerrogativas. A corrupção também cresceu, amparada na falta de transparência e na ausência de uma cultura adequada de prestação de contas e controle social sobre o funcionalismo público.

Nesse desenho político, é possível encontrar a participação social para mobilização, apoio e execução, mas, com relação à tomada de decisões, essa participação é bastante limitada.

É compreensível que hoje as novas gerações associem a ideia de socialismo não às primeiras conquistas, mas às deficiências acumuladas na esfera econômica, à insuficiente socialização do poder, às restrições democráticas, à burocratização das instituições, às diferenças geracionais e ao avanço do individualismo frente a opções coletivas. Até mesmo o termo "socialista" é usado como desqualificação.

Tudo isso erodiu o projeto socialista a ponto de exigir sua refundação. Nesse cenário, a noção de socialismo perdeu terreno no imaginário nacional com relação ao liberalismo e ao republicanismo. Várias fontes de pensamento matizam essa nova cena: social-democratas, social-liberais, comunalistas, libertários, anarcossindicalistas, cristãos de base... E isso, mais que um fato, é uma exigência muito complexa para as definições de Cuba.

Podemos concordar que uma revolução dentro da revolução é necessária. Mas, por onde começar? Para os propósitos desta apresentação e do tema que convida ao debate, procuro atualizar o estado dessas duas grandes linhas socialistas que existiram em Cuba e que hoje se manifestam com mais clareza.

O socialismo de matriz soviética concretiza a compreensão do desafio cubano nos seguintes termos:

1. desenvolver a economia nacional constitui o principal desafio, sem que as decisões tomadas signifiquem uma ruptura com os ideais de igualdade e justiça da revolução. Nesse desenvolvimento, reafirma-se o predomínio da propriedade de todo o povo sobre os fundamentais meios de produção;
2. estimular, pelo partido único — representante e garantidor da unidade da nação cubana —, o intercâmbio de opiniões, tanto dentro da organização partidária como no seu vínculo de base com os trabalhadores e a população. Ao mesmo tempo, fortalecer e aperfeiçoar permanentemente a nossa democracia, garantindo a participação cada vez maior dos cidadãos nas decisões fundamentais da sociedade;
3. fortalecer a cultura anticapitalista e anti-imperialista, combatendo com argumentos os padrões da ideologia pequeno-burguesa: o individualismo, o egoísmo, a ganância, a banalidade e a exacerbação do consumismo;
4. zelar pelo comprometimento e a ética daqueles que possuem responsabilidades relacionadas ao controle e à disposição de recursos materiais e financeiros.

Com relação a essas questões, pela ótica do socialismo crítico, propõe-se que o maior desafio para a ordem social em Cuba não é econômico, mas político. Surgem, assim, os seguintes pontos de atenção:

1. desestatizar e descentralizar o socialismo cubano em função de mais autogoverno e mais autogestão;
2. direcionar o foco para o desenvolvimento democrático, o que implica alcançar procedimentos democráticos para estabelecer e controlar as regulamentações;

3. encaminhar a politização da esfera pública em geral, e no âmbito laboral em particular, entendida como um conjunto de práticas sociais para definição, decisão e controle da política, o que diz respeito à elegibilidade de todos os cargos públicos;

4. promover relações de produção democráticas, a exemplo da autogestão e da cogestão da propriedade estatal, como parte da definição das formas de propriedade e posse acordadas.

Independentemente da compreensão predominante, a verdade é que ser socialista não é uma condição que existe fora das pessoas, da subjetividade; é um aprendizado social, uma prática histórica, um acúmulo cultural. Seu conteúdo humanista, libertador, antiopressivo, inclusivo e coletivo não floresce por decretos ou declarações, e sim pelas práticas concretas que mostram ser possível viver de outra maneira.

O desenvolvimento de políticas socialistas que visem a formas sociais de produção material e espiritual capazes de potencializar atitudes e sentimentos socializadores da liberdade é uma condição para essa forma de ser socialista.

Aliás, compartilho certamente do princípio de José Martí: para superar a crise e colocar o desenvolvimento nos trilhos, não se pode prescindir de ninguém que esteja honestamente disposto a contribuir para isso, algo que seria difícil sem diálogo, sem o necessário contraste de opiniões e sem a busca por consenso.

Mas, para efeito desta análise, concentro-me nos discursos socialistas, e não em outros corpos ideológicos que honestamente procuram redefinir o projeto de nação mas não necessariamente se envolvem na redefinição que, para eles, deve ser assumida pelo projeto socialista.

Em todo caso, como diz Valdés Paz, precisamos não só produzir uma boa ideia de sociedade, mas acompanhar qualquer proposta social com um nível de consenso que garanta o apoio das grandes maiorias do país.

Devemos, sim, olhar para o assunto em sua integralidade. Nação, revolução e socialismo não são a mesma coisa, mas um condiciona o alcance e a plenitude do outro. Não são iguais, mas têm uma relação acumulada cujo conector é a política prática e criadora por meio da qual se busca contribuir, sustentar e reinventar uma ordem social que garanta os conteúdos e as concretizações do projeto revolucionário da nação cubana: independência nacional e justiça social — política que, ao mesmo tempo, implica enfrentar a política que nega, adia ou distorce a possibilidade da ordem social que realiza tal projeto.

Visto dessa forma, o socialismo, enquanto qualidade do projeto revolucionário de nação, deve buscar, no caminho da plena soberania, a democracia popular, o desenvolvimento socioeconômico e maior equidade, além de criar uma ordem social das relações humanas em constante processo de libertação.

O socialismo deve ser uma totalidade composta de pouquíssimos elementos essenciais e constituintes, um processo de acumulações. E, como ninguém tem a última palavra sobre o que deve ser, aproveito este espaço para compartilhar o entendimento que transformei em meu compromisso socialista, a partir do qual dialogo com a crua realidade e o pragmatismo ensurdecedor que nos convida a mutilar sonhos.

Socialismo, porque implica relações socializadoras de poder, a produção e a política que envolvem equidade, dignidade e felicidade. Participativo, porque as pessoas o tornam seu e se sentem parte dele. Popular, porque os setores econômica e culturalmente submetidos são o sujeito que confronta a hegemonia que exclui, nega e mutila. Democrático, porque a liberdade espiritual e material de todos é administrada por todos. Libertador, porque promove relações sociais humanizadoras. Comunitário, porque é realizado no comum, no coletivo, no público como espaço de crescimento humano. Criador, porque expande a criatividade humana, individual e coletiva, a sua condição infinita. Inclusivo, porque contém as muitas diferenças que nos enriquecem. Ecológico, porque estamos em harmonia com toda a existência. Ético, porque o amor ao próximo é consciente e militante. *Sentipensante*, porque unir o sentir ao pensar é a possibilidade de a linguagem alcançar sua plenitude para dizer a verdade. Amoroso, porque o socialismo é o nome político do amor.

É justamente por meio desses conteúdos que a Revolução Cubana se torna jovem, é jovem. Então, se ser jovem é uma potencialidade — mas não uma infalibilidade — do ser revolucionário, o caráter revolucionário da juventude reside em assumir, potencializar e realizar essa revolução, estudá-la para avançar em suas condições de possibilidade.

O que é bem diferente é a prevalência de instituições que reificam o revolucionário em conteúdos que acabam servindo a interesses distantes da renovação da própria revolução — instituições que limitam, silenciam, expulsam em nome da história.

O jovem é um conteúdo político da ação, e a juventude é um sujeito potencial dessa ação. Ao enfocar esse assunto como um problema da agenda política revolucionária, pode-se propor, como estratégia, a reconciliação da juventude cubana com o projeto de justiça, dignidade e soberania da revolução. Ou seja, assumir a produção e o ajuste de seus conteúdos. Ao mesmo tempo, uma agenda política imediata deve buscar que mais pessoas jovens desejem ficar em Cuba, com esperança e condições de fazer, com suas mãos e afetos, um país melhor.

VANESSA OLIVEIRA

VANESSA OLIVEIRA

22
A UTOPIA E SEUS PROBLEMAS[1]

AILYNN TORRES SANTANA
JULIO CÉSAR GUANCHE

A Revolução Cubana foi um evento crucial do século XX. São várias as provas da singularidade de suas vitórias: derrotou militarmente o imperialismo estadunidense na América Latina pela primeira vez (1961); alcançou, na década de 1980, um índice de desigualdade (coeficiente de Gini) de 0,24; e construiu, também nessa década, o primeiro Estado de bem-estar social da região (Burchardt, 2006).

Entre os temas centrais do século XX estavam as ideias de utopia e de Estado-nação. A Revolução Cubana fez de ambos os aspectos seus eixos centrais, por isso foi estudada por Jan Gustafsson (2015) como uma das grandes "utopias sociais e políticas" daquele século, cujos efeitos perduram até os dias de hoje. A utopia é, em sentido crítico, inspiração e potência para a transformação da ordem da vida e para a reflexão permanente acerca de vários temas. Um deles, com profundo significado de 1959 até o presente, é o princípio da igualdade e da justiça social. Com base nele, é possível repensar se essa utopia sobrevive e de que forma.

---

[1]   Publicado originalmente na revista *Jacobin Brasil*, 24 jun. 2021.

Estamos interessados em falar sobre a utopia e seu conteúdo igualitário em quatro períodos: (1) os anos 1990 como fronteira da utopia de igualdade e justiça; (2) 2021 e a necessidade de reformulação dessa utopia; (3) o 8º Congresso do Partido Comunista de Cuba e a utopia da igualdade e de justiça; e (4) haveria um consenso nacional sobre a utopia de justiça e igualdade?

A FRONTEIRA DA UTOPIA: ANTES E DEPOIS DOS ANOS 1990

O mês de janeiro de 1959 marcou o antes e o depois da utopia revolucionária cubana que estava em construção desde a primeira metade do século XIX. Sem dúvida, essa virada não foi a única nos últimos 62 anos.

A mais conhecida e analisada, a partir dessa data, é a que ocorreu nos anos 1990, após a queda do campo socialista e a profunda crise que enfrentaram o governo e o povo cubano. Antes, o êxodo migratório de Mariel, na década de 1980, havia antecipado o estranhamento da "revolução dos humildes" por grande parte dos que formavam a base principal dessa nova migração.

O Período Especial — nome oficial dado à crise — rompeu o discurso utópico de 1959. E fez surgir, na literatura, a narrativa do "desencanto" como uma espécie de melancolia crítica sobre a utopia revolucionária, que só podia ser sentida por aqueles que a viveram;[2] aqueles que não a viveram — "mais novos", "pós-novos" etc. — afirmavam que não pertenciam a lugar nenhum.

----

2 Leonardo Padura é o membro dessa geração mais conhecido internacionalmente.

O cinema cubano interpretou a utopia nos filmes *Alicia en el Pueblo de Maravillas* (1990), de Daniel Díaz Torres, e *Fresa y Chocolate* (1993), de Tomás Gutiérrez Alea e Juan Carlos Tabío. Outros, mais jovens, discutiriam posteriormente a utopia como uma reelaboração do "revolucionário", como um projeto reinclusivo que deveria persistir na busca por justiça e contra a desigualdade, como fez *Conducta* (2014), de Ernesto Daranas. Também se produziram críticas frontais à utopia, como *La Obra del Siglo* (2015), de Carlos Quintela, *Utopía* (2004), de Arturo Infante, e também distopias como *Juan de los Muertos* (2011), de Alejandro Brugués.

As artes plásticas cubanas registraram igualmente esse caminho. Em 2017, a maior mostra de arte cubana exibida nos Estados Unidos, cuja magnitude só pode ser comparada a outra realizada em 1994, foi intitulada justamente "Adeus, utopia: sonhos e decepções na arte cubana desde 1950". E algo semelhante aconteceu na arquitetura.[3]

Esses discursos artísticos tinham fortes raízes sociais. As bases sociais, culturais e políticas da sociedade cubana dos anos 1990 experimentavam, com suas próprias linguagens, a crise da utopia originária de 1959: "Na memória e no imaginário social da utopia cubana, há uma fronteira no tempo que pode ser tão importante quanto as do passado pré-revolucionário e talvez do futuro pós-revolucionário, e é a fronteira dos anos

---

3   Se nos anos 1990 as escolas de artes, conhecidas como "Cubanacán", davam forma espacial à utopia da igualdade e da justiça originárias da revolução, um projeto de arquitetura imaginou, entre 1980 e 1993, "uma arquitetura ocidental sem mercado, a decolagem de uma utopia coletiva desconhecida pelo próprio governo socialista", como "ativação de um movimento que começou como crítica ao urbanismo oficial da época e que hoje cobre a atualidade como a espada de Dâmocles sobre as construções do capitalismo de Estado à vista". Ver "La utopía paralela: ciudades soñadas en Cuba (1980–1993)" [folheto da exposição], 20 jul.-27 out. 2019. Disponível em: https://ajuntament.barcelona.cat/lavirreina/sites/default/files/2019–07/UtopiaParallela_ESP.pdf.

1990" (Gustafson, 2015, p. 77). Nessa fronteira, o conteúdo igualitário da utopia passou a integrar a memória ou a aspiração de futuro, mas deixou de ser uma realização.

Um conjunto de entrevistas realizadas em 2012 para uma pesquisa acadêmica informou que, naquela data, tanto a igualdade quanto a justiça (entendida como garantia material de existência) continuavam a ser conteúdos importantes da "desejada Cuba". No entanto, as referências eram diferentes: para os idosos, implicava um retorno aos arranjos anteriores à crise dos anos 1990; para os jovens, a construção de uma "nova Cuba" (Santana & González, 2014).

Da mesma forma, a referência a um país "para todos", com o que ela implica de utopia igualitária, continuou a ser vital. Esses depoimentos expressam isso com clareza: "Eu gostaria que houvesse uma economia um pouco melhor, que houvesse mais possibilidades para nós, jovens, que pudéssemos resolver com o nosso trabalho os problemas de todos" (Santana & González, 2014).

Na verdade, Cuba havia mudado. A crise dos anos 1990 chegou a um país com baixíssimos índices de pobreza e desigualdade e transformou radicalmente essa realidade. No início dos anos 2000, a pobreza urbana era de 20% (Ferriol, 2004) e a rural devia ser ainda maior, mas não havia dados oficiais a respeito. A desigualdade se ampliou: em 2016, a mídia oficial divulgou que o índice de Gini poderia ficar entre 0,40 e 0,45 — um aumento drástico da desigualdade, algo próximo das posições medianas na tabela regional desse indicador.

Desde o início do Período Especial, o poder político cubano tem afirmado que as estratégias para enfrentar as sucessivas crises seriam igualitárias e cooperativas: "Ninguém ficará desamparado" tem sido uma declaração frequente. Antes que a pandemia devastasse o mundo, a partir de 2019, a crise cubana estava em alta. Nesse contexto, Raúl Castro anunciou que, embora não fosse como nos anos 1990, "a situação poderia agravar-se [...]. Temos sempre que nos preparar para a pior variante".

Em 2020, a pandemia da covid-19 agravou tudo. A crise se aprofundou em Cuba e no mundo. Para enfrentá-la, o governo anunciou reformas econômicas que deveriam intervir para melhorar as distorções da economia. Foram retomadas medidas já enunciadas ou parcialmente ensaiadas em momentos anteriores, e foi prometido que "agora" seriam implementadas.

2021 E A NECESSIDADE DE REFORMULAÇÃO DA UTOPIA DE IGUALDADE E JUSTIÇA

Nas primeiras semanas de 2021, declarações oficiais asseguraram que "não haverá grandes perdedores" e que "ninguém ficará sem teto". O motivo dessas declarações foi o início da chamada Tarefa de Ordenação da economia cubana.

As mudanças começaram imediatamente. E com o governo Biden, voltou a esperança de flexibilização das medidas de asfixia dos Estados Unidos no embargo contra Cuba. Mas isso não pareceu acontecer num curto prazo — Cuba não é uma prioridade para esse governo. Além disso, o endurecimento do bloqueio movido por Donald Trump piorou uma política que condiciona e estrutura o desempenho econômico e social cubano.

A vida doméstica nacional também se transformou. A Tarefa de Ordenação tem mostrado seus custos sociais. A crise econômica tem aumentado e se expressa na crescente escassez de produtos básicos, com gravíssima falta de medicamentos, desabastecimento de anticoncepcionais, especialmente camisinhas, um aumento súbito do custo de vida em maior proporção que o aumento de salários estatais, além do aumento também súbito do desemprego devido à contração do setor privado como consequência da pandemia.

Nesse processo, a violência de gênero aumentou. Muitos dos subsídios universais e direcionados foram eliminados. Foi reintroduzida a comercialização de diversos tipos de produtos, inclusive de alguns bens de primeira necessidade, em moeda livremente conversível em parte do comércio varejista e atacadista. A precarização, já muito difundida, hoje está em alta e atinge setores que antes ficavam relativamente protegidos (como os suprimentos de remédios).

Cuba enfrenta também uma crise de cuidados anterior à pandemia, devido ao envelhecimento demográfico, às baixas taxas de natalidade, ao aumento dos lares monoparentais (principalmente sustentados por mulheres) e à escassez de serviços públicos de cuidados para crianças e idosos com necessidades especiais.

Assim, em 2021, com uma crise global crescente, o agravamento de várias crises nacionais e um persistente bloqueio financeiro, econômico e comercial por parte dos Estados Unidos, a declaração de que "ninguém ficará desamparado" está mais difícil de ser cumprida. O desamparo é um fato para importantes grupos sociais. À medida que o poder público se responsabiliza ou não, as (im)possibilidades de persistir na mesma utopia evidenciam a urgência de pensar criticamente algumas questões sobre os rumos do país.

O 8º CONGRESSO DO PARTIDO COMUNISTA DE CUBA E A UTOPIA DA IGUALDADE E DA JUSTIÇA

No 8º Congresso do Partido Comunista de Cuba (PCC), partido único que dirige o Estado e a sociedade por mandato constitucional, tanto o ex-primeiro-secretário, Raúl Castro, como o presidente da República — agora também à frente do partido —, Miguel Díaz-Canel, mantiveram o discurso repetido na última década: "ninguém ficará desamparado". Por sua importância para o programa político e para a utopia, a declaração precisa ser examinada em suas consequências: o que significa, concretamente, que "ninguém ficará desamparado"?

O informe central do congresso afirmou que as decisões econômicas não podem, em nenhum caso, gerar uma ruptura com os ideais de justiça e igualdade da revolução. Além disso, assegurou que o partido defenderá para sempre o princípio de que em Cuba jamais se permitirá a aplicação de terapias de choque contra as camadas mais humildes da população e, portanto, "ninguém ficará desamparado". Era esperado que essas declarações levantassem conteúdos específicos em ao menos uma das comissões, que se ocupou do campo da socioeconomia. Contudo, uma agenda social direcionada ao problema das desigualdades e do empobrecimento foi, por acaso, o assunto menos comentado nos documentos, discursos e resoluções do congresso.

Declarou-se que o programa principal para o socialismo é a justiça integral. O informe especificou "que as principais missões do partido" são "a economia nacional, a luta por paz e a firmeza ideológica". Parecem ser esses os núcleos duros do que o PCC entende como a utopia a defender, e não a luta contra a pobreza e a desigualdade.

O vocabulário empregado para se referir aos custos sociais da crise atual teve outro registro. Falaram da necessidade "de elevar o nível de qualidade de vida, com ênfase na segurança alimentar e energética, na educação, na saúde, entre outros". Apontaram a necessidade de "controle da correlação entre a dinâmica dos preços e os rendimentos provenientes do trabalho, das pensões e das prestações de assistência social" para "implementar novos programas e serviços sociais dirigidos às pessoas e núcleos familiares vulneráveis". Porém, padrão de vida e vulnerabilidade não são o mesmo que desigualdade, pobreza e crise de reprodução da vida.

Os riscos da "destruição do socialismo" e da "restauração capitalista" se associaram principalmente a pedidos de permissão de importação privada, à demanda de autorização para o exercício de algumas profissões (como a arquitetura) e à ameaça externa, mas não à ampliação das brechas de equidade.

O congresso também tematizou debates audíveis na sociedade civil sobre igualdade e justiça. Destacam-se três entre eles: (1) direitos das mulheres, violência de gênero e preconceitos associados a orientação sexual e identidade de gênero; (2) discriminação racial; e (3) proteção do meio ambiente e dos animais. No entanto, a forma como as desigualdades de gênero e cor da pele estruturam as desigualdades e o perfil da pobreza não aparece nesses documentos públicos.

Cuba vive também, como já dissemos, uma crise de cuidado, com consequências para a manutenção da vida e para a autonomia econômica das mulheres, que são, como em todas as partes do mundo, as principais cuidadoras. No entanto, isso também não foi tratado pelo congresso, embora tenha sido incluído no Programa Nacional de Promoção da Mulher, coordenado pela Federação das Mulheres Cubanas, entidade designada como "mecanismo que tem se dedicado à promoção da mulher".

Quando a "baixa taxa de natalidade" e o "envelhecimento da população" foram mencionados no congresso, foi para falar de outro assunto: a defesa militar do país. O relatório fez essa alusão para inserir na discussão política a possibilidade de estender a obrigatoriedade do serviço militar também às mulheres, o que gerou questionamentos sobre a própria existência dessa obrigação para qualquer pessoa.

Em suma, no que diz respeito a igualdade e justiça social, o congresso teve mais ausências que polêmicas. A ausência de atenção explícita a esses tópicos deve ser motivo de grande preocupação. Revela-se uma identificação insuficiente dos problemas centrais da sociedade atual para a reelaboração do consenso, dando-lhe nova centralidade. O compromisso igualitário foi declarado apenas de forma retórica e não foi concretizado nos acordos parlamentares.

Diante disso, é necessário propor soluções para o presente cubano, considerando a dimensão das mudanças ocorridas no país, da magnitude da diversificação e das desigualdades que sua sociedade vivenciou dos anos 1990 até hoje e da diversidade dos discursos que deram representação a essas mudanças.

UM CONSENSO NACIONAL SOBRE A UTOPIA DA JUSTIÇA E DA IGUALDADE?

Cuba apresenta grandes diferenças a seu favor na gestão sanitária da crise com relação a muitos países do mundo. No entanto, no cenário atual, não parece suficiente repetir que a igualdade é a utopia fundadora da revolução. Nem é suficiente "morrer de sucesso" com o que foi alcançado nessa esfera. Imaginar que a "utopia de 1959" está sempre disponível e imutável despolitiza a história do que foi essa mesma utopia, já que a naturaliza como se tivesse seguido um curso uniforme e destemido ao longo da história.

Processar politicamente o horizonte crítico sobre o desencanto, a incompreensão ou a rejeição da "utopia de 1959", quando ela é tratada sem mudanças a respeito de si mesma, requer ativismo social e elaboração autônoma dos sentidos políticos. Nesse campo, há grandes problemas: os atores vinculados às demandas de raça, gênero, proteção animal e outras disciplinas, como jovens, acadêmicos, o setor artístico e intelectual, jornalistas, atletas e o campo religioso, foram identificados no relatório do congresso como alvo do "componente subversivo da política dos Estados Unidos em relação a Cuba".

A situação apresenta um dilema de peso: estabelece uma linha de continuidade entre a ação cidadã em campos muito diversos e a gestão intervencionista da política dos Estados Unidos, que é real e historicamente comprovada, mas não é abrangente nem subordina todo o tecido realmente existente da sociedade civil nacional. Discernir entre uma coisa e outra também deve ser o foco da discussão atual.

Entender a década de 1990 como a fronteira interna do processo revolucionário é identificar as fraturas e transformações dentro da história revolucionária. É entender que uma parte do campo social cubano pensa o passado não como o anterior a 1959 — o capitalismo dependente —, mas como o anterior aos anos 1990 — a utopia materialmente realizada da igualdade e da justiça social —, e que outras zonas sociais construíram seus referentes críticos em resposta a esse antes e depois ou, ainda, sem a memória dela, no caso das gerações mais jovens.

Em seguida, afirmar que, se a revolução for derrotada, Cuba pode voltar a ser uma república neocolonial (1902–1958); que, se os partidos de "direita" fossem permitidos, a nação estaria retrocedendo sessenta anos em sua história; e que o horizonte comum da resposta política é a "restauração capitalista" pode ser uma má interpretação da gama de comparações que realmente existem em meio às gerações atuais e da natureza de algumas das críticas ao desempenho do Estado cubano.

As gerações que convivem no país hoje têm em comum um passado cada vez mais distante da Cuba pré-1959. Considerá-lo leva a reconhecimentos críticos: um amplo campo social não enfrenta problemas que "ainda persistem" ou "vestígios que não puderam ser eliminados", mas problemas que foram criados, recriados e atualizados ao longo das suas vidas. Ou seja, leva a confrontar a promessa da utopia revolucionária com sua própria história, suas conquistas, suas dívidas e suas deficiências.

Esse reconhecimento permite encontrar um fundo social de longo prazo para as causas do atual aumento da crítica e da oposição ao sistema político, e permite identificar conteúdos sociais da cultura política socialista em Cuba, dificilmente notados pelo relatório central do 8º Congresso do PCC ao afirmar, por exemplo, que a "alma da revolução" são as Forças Armadas Revolucionárias, e não a mobilização do campo popular.

Se o que foi dito acima for uma descrição plausível, relançar uma "oferta ideológica" renovada com os princípios de igualdade (política e social) e justiça social em seu centro pode ser uma forma essencial de reconstruir o consenso em lugar da lógica punitiva e repressiva que promete controlar o conflito. Com isso, pode-se oferecer uma nova noção de futuro, tanto para as gerações que viveram a utopia revolucionária original quanto para as novas gerações, que apresentam demandas críticas contra a desigualdade no contexto atual. Em outras palavras, uma reformulação da utopia capaz de politizar os conteúdos de justiça e igualdade e de afirmar programas explícitos para sua concretização.

Se algo semelhante não for feito, é provável que o atual momento cubano já implique uma nova fronteira, diferente de 1959 e dos anos 1990, com consequências políticas e culturais da importância das anteriores. Uma nova fronteira que deixa para trás, como parte da política realizável, a utopia da igualdade e da justiça.

REFERÊNCIAS

BURCHARDT, Hans-Jürgen. *Tiempos de cambio: repensar América Latina.* San Salvador: Fundación Heinrich Böll, 2006.

FERRIOL, Ángela. "Política social y desarrollo". *In*: ÁLVAREZ, Elena & MÁTTAR, Jorge (org.). *Política social y reformas estructurales: Cuba a principios del siglo XXI.* Cidade do México: Cepal, 2004.

GUSTAFSSON, Jan. "Cuba y las fronteras de la utopía: reflexión teórica y empírica", *Sociedad y Discurso*, n. 27, p. 60–83, 2015.

SANTANA, Ailynn Torres & GONZÁLEZ, Diosnara Ortega. "Actores económicos y ¿sujetos de la política? La reforma cubana y los trabajadores autónomos", *Osal — Observatorio Social de América Latina*, n. 36, p. 61–80, 2014.

VANESSA OLIVEIRA

SOBRE
OS AUTORES

AILYNN TORRES SANTANA é feminista, cientista social, ativista acadêmica e pesquisadora do Grupo Internacional de Pesquisa em Autoritarismo e Contraestratégias da Fundação Rosa Luxemburgo. É professora visitante na Universidade Livre de Berlim e pesquisadora associada da Faculdade Latino-Americana de Ciências Sociais (Flacso) no Equador. Integra o conselho editorial das revistas *Cuban Studies* e *Sin Permiso*.

ALINE MARCONDES MIGLIOLI é economista e professora da Universidade de Sorocaba. É formada em ciências econômicas pela Universidade Estadual de Campinas (Unicamp), mestre em economia pela Universidade Estadual Paulista (Unesp) e doutora em desenvolvimento econômico pela Unicamp em parceria com o Centro de Estudos de Economia Cubana, em Havana. Pesquisa mercado imobiliário e economia urbana. Desde 2016, estuda o mercado de imóveis em Cuba.

ANA SYLVIA MARIS RIBEIRO é doutoranda em geografia humana na Universidade de São Paulo (USP) e professora de geografia na rede municipal de São Paulo. Seus interesses de pesquisa abrangem geografia econômica e dos transportes e sociologia urbana.

ANDRÉ MOULIN DARDENGO é doutor em política social pela Universidade Federal do Espírito Santo (Ufes) e professor do Departamento de Ciências Econômicas da Universidade Federal dos Vales do Jequitinhonha e Mucuri (UFVJM). É autor de *Cooperativas e transição socialista: a experiência das cooperativas não agropecuárias em Cuba* (Lutas Anticapital, 2021).

ANGELICA TOSTES é mestra em ciências da religião, professora e pesquisadora do Instituto Tricontinental de Pesquisa Social. Teóloga feminista, é membro da Global Interfaith Network for People of All Sexes, Sexual Orientation, Gender Identities and Expressions e colunista da revista *Carta Capital*.

ARIEL DACAL DÍAZ é educador popular, membro do Centro Martin Luther King e doutor em ciências históricas pela Universidade de Havana. É autor de *Rusia: del socialismo real al capitalismo real* (Editorial de Ciencias Sociales, 2005) e organizador de *Movimientos sociales: sujetos, articulaciones y resistencias* (Ruth Casa Editorial, 2010).

CARLOS ALBERTO CORDOVANO VIEIRA é professor e pesquisador do Instituto de Economia da Universidade Estadual de Campinas (Unicamp) e co-organizador de *Imperialismo, subdesenvolvimento e território: dimensões teóricas, históricas e empíricas* (CRV/Editora Unicamp, 2021).

DELANA CORAZZA é cientista social com mestrado em arquitetura e urbanismo pela Universidade de São Paulo (USP). Integrou o Núcleo de Práticas Jurídicas da Pontifícia Universidade Católica de São Paulo (PUC-SP), onde trabalhava com regularização fundiária das favelas paulistanas, e foi coordenadora de pesquisa no Observatório de Remoções (USP/UFABC). É pesquisadora do Observatório sobre os Neopentecostais na Política, do Instituto Tricontinental de Pesquisa Social.

FABIO LUIS BARBOSA DOS SANTOS é doutor em história econômica pela Universidade de São Paulo (USP), professor do curso de relações internacionais da Universidade Federal de São Paulo (Unifesp) e autor de *Uma história da onda progressista sul-americana* (Elefante, 2018), *Além do PT: a crise da esquerda brasileira em perspectiva latino-americana* (Elefante, 2016) e *Origens do pensamento e da política radical na América Latina* (Editora Unicamp, 2016). É também co-organizador dos livros *Fronteiras da dependência: Uruguai e Paraguai* (Elefante, 2021), *México e os desafios do progressismo tardio* (Elefante, 2019) e *Cuba no século XXI: dilemas da revolução* (Elefante, 2017).

GISELLE DOS ANJOS SANTOS é historiadora, ativista e doutoranda em história social. Sua linha de pesquisa abrange mulheres negras, relações de gênero e raça e mulheres negras na sociedade cubana. É uma das autoras de *Mujeres afrodescendientes en América Latina y el Caribe: deudas de igualdad* (Cepal, 2018).

HERIBERTO PAREDES é fotógrafo e jornalista independente. Colabora com diversas publicações no México, onde reside, e também nos Estados Unidos, na Guatemala, em El Salvador, em Honduras, na Costa Rica, no Brasil, no Haiti e em Cuba. É membro do projeto No Están Solas, dedicado à busca de pessoas desaparecidas no México, e codirigiu o documentário *Nos Queda Cuba* (2019).

JESSICA DOMINGUEZ DELGADO é jornalista formada pela Universidade de Havana, educadora popular e feminista. É editora do DeFacto, unidade de verificação de dados da revista digital *El Toque*, uma plataforma multimídia cubana independente.

JOANA SALÉM VASCONCELOS é doutora em história econômica pela Universidade de São Paulo (USP), professora na Faculdade Cásper Líbero (FCL) e na Universidade Federal do ABC (UFABC) e coordenadora da Rede Emancipa de Educação Popular. É autora de *História agrária da Revolução Cubana: dilemas do socialismo na periferia* (Alameda, 2016) e co-organizadora dos livros *Paulo Freire e a educação popular: esperançar em tempos de barbárie* (Elefante, 2023) e *Cuba no século XXI: dilemas da revolução* (Elefante, 2017).

JULIO ANTONIO FERNÁNDEZ ESTRADA é bacharel em direito e doutor em ciências jurídicas, e foi professor titular na Universidade de Havana até sua expulsão, em 2016, motivada por suas críticas à realidade social do país. É colunista da revista digital *El Toque*, plataforma cubana de mídia independente. Atualmente é professor visitante no David Rockefeller Center for Latin American Studies da Universidade Harvard, acolhido pelo programa Scholars at Risk.

JULIO CÉSAR GUANCHE é jurista, historiador e doutor em ciências sociais. Lecionou na Universidade de Havana e foi professor visitante na Universidade Harvard, no Instituto Max Planck e em várias instituições em diversos países. É autor, entre outros, de *¿Quiénes somos todos? Libertad, igualdad y fraternidad en Cuba* (Dyskolo, 2023) e *En el borde de todo: el hoy y el mañana de la revolución en Cuba* (Ocean Sur, 2007).

LAURA TEDESCO é professora de ciência política na Universidade Saint Louis de Madri (SLU-Madrid), onde coordena um projeto de pesquisa sobre futuros cenários políticos em Cuba. Com Rut Diamint, escreveu *¿Demócratas o usurpadores? Un análisis de líderes sudamericanos* (Eudeba, 2019) e *Latin America's Leaders* (Zed, 2015).

LOURIVAL AGUIAR é doutorando em antropologia pela Universidade de São Paulo (USP). Sua pesquisa atual dedica-se ao estudo da relação racial em Cuba a partir da perspectiva da antropologia urbana e etnográfica. Ministra cursos sobre cultura negra e história da África.

MILAGRO MENGANA CASTAÑEDA é bacharela em direito pela Universidade de Camagüey e doutora em relações internacionais pelo programa de pós-graduação San Tiago Dantas (Unesp/Unicamp/PUC-SP). É pesquisadora do Observatório de Regionalismo e do Núcleo de Estudos e Análises Internacionais do Instituto de Políticas Públicas e Relações Internacionais (Ippri) da Universidade Estadual Paulista (Unesp).

OLGA ROSA GONZÁLEZ MARTÍN é doutora em ciências da comunicação e vice-diretora do Centro de Estudios Hemisféricos y sobre Estados Unidos da Universidade de Havana. É membro do núcleo de pesquisadores da Asociación Cubana de Comunicadores Sociales (ACCS), da Asociación Cubana de las Naciones Unidas (ACNU) e da Asociación de Estudios Latinoamericanos (Lasa).

RAÚL PÉREZ MONZÓN é professor no Departamento de História da Universidade de Havana. É ativista em prol da causa LGBT+ e pesquisa gênero, sexualidade, homossexualidade e homofobia no âmbito da Revolução Cubana.

RUT DIAMINT é professora de ciência política na Universidade Torcuato Di Tella, em Buenos Aires, e pesquisadora do Consejo Nacional de Investigaciones Científicas y Técnicas (Conicet). Foi assessora do Ministério da Defesa da Argentina e membro do Advisory Board on Disarmament Matters, que assessora o secretário-geral da ONU. É autora de *Sin gloria: la política de defensa en la Argentina democrática* (Eudeba, 2013) e *Democracia y seguridad en América Latina* (Nuevohacer, 2001), entre outros.

STELLA BONIFÁCIO DA SILVA AZEREDO é mestranda em relações internacionais pelo programa de pós-graduação San Tiago Dantas (Unesp/Unicamp/PUC-SP), pesquisadora e membro da coordenação executiva do Núcleo de Estudos e Análises Internacionais do Instituto de Políticas Públicas e Relações Internacionais (Ippri) da Universidade Estadual Paulista (Unesp).

THIAGO SOARES é doutor em comunicação e cultura pela Universidade Federal da Bahia (UFBA) e professor da Universidade Federal de Pernambuco (UFPE), onde também coordena o Grupo de Pesquisa em Comunicação, Música e Cultura Pop (Grupop). É autor de *Modos de experienciar música pop em Cuba* (Editora UFPE, 2021) e co-organizador de *Divas pop: o corpo-som das cantoras na cultura midiática* (PPGCOM-UFMG, 2020).

VANESSA OLIVEIRA é doutora em ciências da informação e da comunicação pela Universidade Paris 8, professora na Universidade Presbiteriana Mackenzie e na Pontifícia Universidade Católica de São Paulo (PUC-SP), e pesquisadora do projeto de extensão Realidade Latino-Americana, da Universidade Federal de São Paulo (Unifesp), e do Instituto Alameda. É jornalista com foco em editorias internacionais, tendo colaborado com veículos como TV Cultura, Rede Record e Radio France Internationale (RFI), da qual foi correspondente em Havana em 2013. É co-organizadora de *De bala em prosa: vozes da resistência ao genocídio negro* (Elefante, 2020), finalista do Prêmio Jabuti.

VINICIUS QUERZONE DE OLIVEIRA SOUSA é mestrando em política social na Universidade Federal do Espírito Santo (Ufes) e coordenador estadual do Movimento Policiais Antifascismo.

[cc] Editora Elefante, 2024

Esta obra pode ser livremente compartilhada, copiada, distribuída e transmitida, desde que as autorias sejam citadas e não se faça qualquer uso comercial ou institucional não autorizado de seu conteúdo.

Primeira edição, abril de 2024
São Paulo, Brasil

Dados Internacionais de Catalogação na Publicação (CIP)
Angélica Ilacqua CRB—8/7057

Entre a utopia e o cansaço: pensar Cuba na atualidade / organização de Aline Marcondes Miglioli, Fabio Luis Barbosa dos Santos, Vanessa Oliveira — São Paulo: Elefante, 2024.
384 p.

ISBN 978-85-93115-99-8

1. Ciências sociais 2. Cuba I. Miglioli, Aline Marcondes II. Santos, Fabio Luis Barbosa dos III. Oliveira, Vanessa

23-4368   CDD 300

Índices para catálogo sistemático:
1. Ciências sociais

---

elefante

editoraelefante.com.br
contato@editoraelefante.com.br
fb.com/editoraelefante
@editoraelefante

Aline Tieme [comercial]
Samanta Marinho [financeiro]
Sidney Schunck [design]
Teresa Cristina Silva [redes]

FONTES GT HAPTIK & PENSUM PRO
PAPÉIS CARTÃO 250 G/M² & LUX CREAM 60 G/M²
IMPRESSÃO BMF GRÁFICA